最新修订版

一张大事年表：
快读世界历史

孙 骁 / 著

团结出版社
UNITY PRESS

图书在版编目（CIP）数据

　　一张大事年表：快读世界历史 / 孙骁著. -- 修订
本. -- 北京：团结出版社，2017.7
　　ISBN 978-7-5126-5295-8

　　Ⅰ. ①一… Ⅱ. ①孙… Ⅲ. ①世界史－历史年表
Ⅳ. ①K108

　　中国版本图书馆 CIP 数据核字(2017)第 150783 号

出　　版：团结出版社
　　　　　（北京市东城区东皇城根南街 84 号　邮编：100006）
电　　话：(010) 65228880　65244790　（出版社）
　　　　　(010) 65238766　85113874　65133603（发行部）
　　　　　(010) 65133603（邮购）
网　　址：http://www.tjpress.com
E-mail：zb65244790@vip.163.com
　　　　　fx65133603@163.com（发行部邮购）
经　　销：全国新华书店
印　　装：三河腾飞印务有限公司

开　　本：170mm×240mm　　　16 开
印　　张：19.5
字　　数：348 千字
印　　数：4045
版　　次：2017 年 7 月　第 1 版
印　　次：2017 年 7 月　第 1 次印刷

书　　号：978-7-5126-5295-8
定　　价：40.00 元

目录

史前时代

古典文明时期

中世纪时期

近代文明时期

现代世界

距今约 3500 万年～3000 万年

原上猿生活在今埃及法尤姆等地区，为迄今所知最早的古猿

人类在地球上的历史，距今已有数百万年了。相比起地球 46 亿年的历史，人类历史不过是其中短暂的一瞬。人类的产生，并不是一朝一夕的事情，更不是"神创论"或者其他传说神话可以解释的。在近现代的考古发掘研究中发现，真实的起源是经过物种的进化，而人类的祖先则是某种不知名

地质年代：

地球约形成于距今 46 亿年前。从那时开始，地球经过的时间被划分为五个地质年代：太古代、元古代、古生代、中生代以及新生代。每个年代又分为若干个纪，每个纪又分为若干个世。而人类的出现是在新生代的第四纪（距今约 200 万年～300 万年）。

远古巨石阵

的古猿。

然而，古猿的种类也是相当繁杂的，究竟是哪一种古猿进化成了人类，现在依然没有确切的结论。到目前为止，人类所知的最早的古猿叫作原上猿。

原上猿，也称渐新古猿或者小古猿。它是一种灵长类动物，也是迄今为止发现的最早的早期古猿之一。这种古猿的化石与1911年在埃及的法尤姆被发现出土。原上猿是一种成群地生活在树上的攀援猿群，它们带有原始猴类的很多特征，例如体型大小如同家猫、吻部前突等。这些特征使得它看起来更像是一种原始的狭鼻猴。

原上猿的四肢已经开始有了分工，以此不同于其他灵长类猿猴。这就为之后手脚的分化创造了条件。以往人们一般都认为，原上猿是长臂猿的祖先，但目前认为，它很可能是处于接近猴类和猿类的共同祖先的位置。

当然，原上猿还远远不能算是真正意义上的人类，它和人类的差别是显而易见的。然而可以确定的是，它作为正在进化的猿类，与之后出现的古猿有着千丝万缕的联系。从"攀树的猿群"到"正在形成中的人"，是一个漫长而艰辛的过程。原上猿在这一过程中扮演了重要的角色。在地质年代的划分中，猿类从猴类分出，是在第三纪的渐新世。而原上猿正是这一时期最有代表性的灵长类动物之一。

而在原上猿之后，古猿们依旧在缓慢地进化着。经过了数千万年，腊玛古猿登上了历史的舞台。

古猿：

古猿是人类的祖先。在漫长的进化过程中，有一种古猿进化发展成为人类。古猿种类繁多，已知的具有代表性的古猿除原上猿以外，还有埃及古猿、森林古猿、西瓦古猿、腊玛古猿等。它们大多是居住在树林中的猿群，但是它们各自具有区别于其他灵长类动物的特征，并且具有一些与现代人类的相似之处。同样地，这些古猿也带有很多类人猿（如黑猩猩、猩猩等）的特征。因此，也有一种可能，现代人类与现代类人猿在进化的过程中是同一古猿的不同进化分支。

时间	代	纪	动物
四十六亿年前	太古代		无脊椎动物
二十五亿年前	元古代	震旦纪	
五亿七千万年前	古生代	寒武纪	
		奥陶纪	无颌类
		志留纪	鱼类
		泥盆纪	
		石炭纪	两栖动物
		二叠纪	
二亿三千万年前	中生代	三叠纪	爬行动物
		侏罗纪	鸟类
		白垩纪	
六千七百万年前	新生代	第三纪	哺乳动物
		第四纪	人类出现

表一　地球地质年代表

距今约 1400 万年 ~ 700 万年

腊玛古猿生活在今肯尼亚特南堡、南亚西瓦立克山地、中国开远和禄丰以及土耳其、匈牙利等地，为迄今所知最早的正在形成中的人

在渐新世之后，地球进入了中新世。中新世的地球，气候较为温暖，植物茂盛，各种动物都拥有相对适宜的生存空间。

经过两千万年的漫长时间，猿类也逐渐进化到了一个新的阶段。在距今一千多万年前，腊玛古猿已经存在于世界各地。

与之前的古猿不同，这种猿类主要的生存空间是森林边缘和开阔林地。它们的身高达到了近一米，体重也比更古老的猿类重了不少，并且已经可以用下肢行走。这些资料充分表明，腊玛古猿已经开始逐渐脱离森林，转向更开阔的地带生存，它们不再是纯粹的林栖动物。

腊玛古猿的化石，在世界上很多地方都有出土，如匈牙利的路达巴尼亚、希腊的庇尔戈斯、土耳其的山迪尔、巴基斯坦的波特瓦尔高原以及中国的陆丰等地。这些为数众多的化石出土，表

西瓦古猿：

西瓦古猿是中新世的古猿类之一，它的发现与腊玛古猿是密切相关的。几乎所有的西瓦古猿化石，都和腊玛古猿化石同时被发现。因此可以了解到，腊玛古猿和西瓦古猿是存在于同一时期的物种。还有一个有意思的地方，"西瓦"一词是印度大自在天神的名字。

古猿和类人猿的关系：

在现存的生物里，和人类最为接近的就是类人猿，包括长臂猿、猩猩、黑猩猩以及大猩猩。它们的外形看起来和人类有很多的相似之处。它们和人类一样，拥有共同的祖先——古猿。类如腊玛古猿、西瓦古猿、南方古猿，它们的化石显示出了很多类人猿的特征。当然，类人猿不是人类，人类的祖先也不是某种类人猿。人类与类人猿一样，都是某种古猿独立进化的后代，虽然相似，却唯一而独立。

明在距今1400万年～700万年的地球上，这种猿类曾是数量众多的古猿群体。

除此之外，腊玛古猿和同时存在的西瓦古猿、之后存在的南方古猿具有很多的共性。它们已经具有了一些和人类相似的特征，如吻部短缩、犬齿较小等。然而它们究竟是不是人类的祖先，在学术界还有一定的争论。从不同的学科角度出发，得出的结论是并不相同的。

然而可以肯定的是，腊玛古猿作为猿类进化的一个重要分支，它的特征与后来出现的从猿向人过渡的猿类有着很大的近似之处。活动范围也基本相同。

腊玛古猿的出现，是猿类进化中极其重要的一个阶段，这也意味着人类的出现已经不远了。

古猿类别和存在时间表		
类别	出现时间	所在地点
原上猿	3500万年～3000万年前	埃及法尤姆
埃及古猿	2800万年～2600万年前	埃及法尤姆
森林古猿	2300万年～1000万年前	欧、亚、非三洲
西瓦古猿	1250万年～1050万年前	与腊玛古猿同时被发现
腊玛古猿	1400万年～700万年前	欧、亚、非三洲
南方古猿	500万年～150万年前	非洲

表二　古猿类别和存在时间表

距今约 300 万年、400 万年
人类出现

从南方古猿被发现到现在，已经过去了86年的时间。早在20世纪20年代，南方古猿的研究曾经风靡一时，然而当时的人们对南方古猿并不了解。到20世纪70年代中期，随着更多的化石被发掘出土，对于南方古猿的研究才逐渐清晰起来。

南方古猿是可以确定的从猿向人过渡的生物。1974年，一具出土的人科动物化石——"露西女士"，为这种神秘而古老的人科动物揭开了神秘的面纱。南方古猿的体质特征和人类接近，已经可以直立行走，平均脑容量已经高达500毫升——虽然比人类小得多，但大脑的结构比较复杂，可能已经学会了使用语言交流。

南方古猿至少有两种：南方古猿非洲种（纤细种），南方古猿粗壮种。一般认为，非洲种的体态特征与现代人类有更多的相似之处，是人类的祖先。而粗壮种要么是在发展中灭绝，要么进

露西少女：

这具雌性南方古猿之所以会有这样一个名字，缘于披头士乐队的一首歌《Lucy in the Sky with Diamonds》。这是一个大约20岁的年轻女性，脑容量有400毫升。因为骨骼保存得比较完整，基本上可以确定这种古猿已经可以直立行走。她（它）的发现也使得对南方古猿的研究越发清晰起来。

一张大事年表 **快读世界历史**（最新修订版）

最早的人类：

迄今为止所知的最早的人属被称为"能人"。这种人类的化石最早发现于1960年的坦桑尼亚奥杜瓦伊峡谷。能人的平均脑容量为680～800毫升，比南方古猿要大许多。同时，能人的手骨和脚骨与现代人类相似，而不同于古猿。与能人化石同时被发现的还有用大块的石头做成的一些简易工具，以及用石头做成的窝棚地基。这说明能人已经是人类，不再是猿了。

化成为了今天的类人猿。

而之前发现的"露西女士"化石，则被命名为南方古猿阿法种，其地位还存在很多争议：有人认为，阿法种是最早的南方古猿，后来进化为不同的分支，即纤细种和粗壮种；也有人认为，阿法种是由纤细种进化而来；第三种观点看来，阿法种已经进化为最早的人属，和南方古猿并存于同一时代。这三种说法各有道理，真实的情况有待于更多的化石发掘和研究。

从猿到人类的出现，大约经过了一千多万年。即便是从南方古猿算起，也经过了约三百万年的时间。人类的祖先在漫长的进化过程中学会了制造和使用工具。当第一件石器被发现并打造出来的时候，也就标志着人类真正诞生了。

脑容量：

即颅腔的容量，以毫升为单位。现代人的平均脑容量为：蒙古利亚人种（黄种人）：1364毫升；欧罗巴人种（白种人）：1347毫升；尼格罗人种（黑种人）：1267毫升。脑容量在一定程度上决定了动物的思维可开拓性的空间，但并不代表脑容量越大智商越高，更不能表明人种的优劣。另外，不同个体的脑容量也并不相同，平均脑容量只能作为一个参考数据。人类在进化过程中的不同阶段，脑容量也是不同的，这也表明了现代人类和原始人类的区别。

猿人类别和存在时间表			
类别	生存时间	生存地点	脑容量（毫升）
KNM—ER1470 号人	170 万 ~ 300 万年前	东非	700
爪哇直立人	180 万 ~ 20 万年前	亚、非、欧三洲	800~1200
海得堡人	40 万 ~ 50 万年前	欧洲、非洲	1100~1400
元谋人	170 万年前	亚洲	650
蓝田猿人	80 万 ~ 75 万年前	亚洲北部	780
北京猿人	70 万 ~ 20 万年前	亚洲	1043
尼安德特人	12 万 ~ 3 万年前	欧洲、西亚	1200~1750

表三　猿人类别和存在时间表

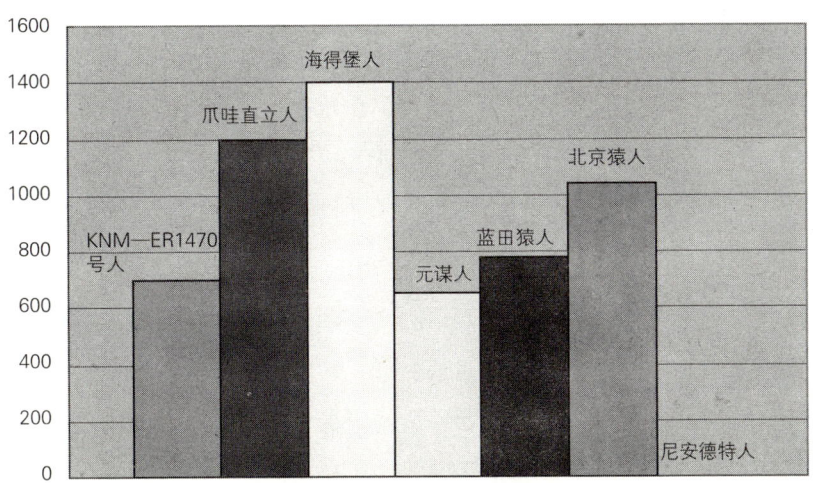

表四　猿人脑容量对比

距今约 200 万年、300 万年 ~ 1 万年

人类进入旧石器时代。打制石器流行，已使用火，晚期大量使用骨、角器。狩猎和采集业发展，血缘家族及母系氏族公社产生

人工取火：

旧石器时代最重要的发明之一。火最早的使用，是保存自然界的火种（如山火等）。火种保存在洞穴中，并不安全，容易引发火灾，同时也容易熄灭。经过了数百万年的学习和研究，人类发现可以用坚硬的石头与干燥的木块摩擦产生火苗。至此，人类才真正地掌握了取得火种的方法。

人类真正诞生，是在距今 300 万年前。猿类经过了数千万年的进化，刚刚演变为人。那时的人类，与现代人还是有很大区别的。一般来说，这个时期的人，被称为直立人或猿人。人类的历史从这里开始进入了石器时代。

石器时代，顾名思义，是人类将石器作为劳动工具的时期。在所有的直立人遗址的发掘中，或多或少的都发现了石质工具。根据石器的精细程度和生产水平的高低，石器时代又分为旧石器时代、中石器时代和新石器时代。

旧石器时代的石器比较简陋，多半是用几块石头相互击打制成的。而这些石器的作用也基本上都是用来砍、砸。同一时期也使用木器、骨器。远古直立人依靠采集和捕猎作为食物的来源，石器的发明使得他们具有了更强大的生存能力。这些原始的人类是当时地球上最为聪明的物种，他们不断地和恶劣的自然环境进行着抗争。当时的地球进入了更新世，气候也逐渐变得寒冷，人类要面临的最大问题，就是食物的来源和如何抵抗严寒。

旧石器时代的时间，大约从 300 万年前开始，至 15000 年前结束。在长达上百万年的时间里，人类依靠采集和捕猎来获取食物，然而，随着时间的推移，气候变得越来越冷，这也使得很多生物灭绝，生存环境也更加恶劣。直立人在漫长的探索过程中，逐渐学会了使用火来抵御严寒和烤熟食物。火的使用，是具有划时代意义的。这使得原始人类有了一件强有力的对抗自然的武器，让人类的祖先在冰河时期得以存活下来。

直至今日，火依然是生活中不可缺少的重要工具。在旧石器时代，火让很多大量过去不能吃的食物可以食用，从而大大增加了食物的来源；同时也让人类敢于探索未知的世界，不仅仅是躲在温暖的草原上或者洞穴里；火还让人类在与其他生物的搏斗中拥有了非力量性的优势，真正成为了生物中的主宰。这一切都说明，火的控制是人类历史中最为重要的事件之一。

人类第一次开始关注居住地之外的世界，并逐渐迁徙到世界各地，如美洲、澳大利亚等地。从此，原始的人类终于摆脱了自然的束缚，去世界的每一个角落开拓新的未来。与此同时，人类社会的第一种社会组织形式——氏族社会，也就逐渐产生了。

打制石器：

旧石器时代主要使用的原始石质工具。通常用于砍砸和刮削，如石斧、石锤等。打制石器通常用于捕猎和屠宰猎物，是旧石器时代最重要的工具和标志。打制石器的使用是人类和古猿的分水岭，它表明人类开始学会了使用工具改造和利用自然。现存的旧石器时代石器数量很多，但是同时期的其他工具，如骨器、木器等相对较少。但这并不代表其他工具的使用少于石器，仅仅是因为相比其他工具，石器更不易损毁。

冰河时期：

地球在 46 亿年的时间中有过很多次冰河期，距今最近的一次是在距今 200 万～300 万年前的新生代第四纪，这次冰期一直持续到大约 1 万年前才告结束。冰河时期气候寒冷，导致很多生物灭绝（如剑齿象）。人类祖先经历了这次冰河时期的考验，并在严酷的条件下有了新的进化和发展，成为了现代人类。有关地球冰河时期的详细数据参见表五。

　　最早的氏族制度，是母系氏族。在旧石器时代，社会发展水平极为低下，往往实行群婚，在这样的制度之下，人们只知道母亲，却不知道父亲，所以血缘只能按照母系来进行计算。母系氏族制度，就在这样的条件下逐渐建立了起来。

　　母系氏族是一个团结而紧密的血缘家族群体，近年来的考古发掘研究表明，旧石器时代的母系氏族遗址，大多是简陋而粗糙的。但是，相比能人时代的遗址，这些母系氏族遗址已经有了更为先进的生产技术。石器的制作也开始更加精细起来，这个时期发现的古人类化石也与现代人在外形上更加相似，平均脑容量也有了很大的提升。

　　在距今 15000 年前的世界，随着人类身体的进化越来越成熟，生产力也越来越高。这个时候的人类，向着文明的方向又迈出了重要的一步。农业革命，就要来临了。

冰河时期表		
冰期	发生年代	范围
前寒武纪中期大冰期	27 亿 ~ 23.5 亿年前	美国、加拿大南部、南非、印度、澳大利亚西部
前寒武纪晚期大冰期	9.5 亿 ~ 6.15 亿年前	苏格兰、挪威、中国、澳大利亚、非洲、格陵兰、北美
早古生代大冰期	4.6 亿 ~ 4.4 亿年前	法国、西班牙、加拿大、南美、北非、苏联新地岛
晚古生代大冰期	石炭纪中期至二叠纪初期	印度、澳大利亚、南美、非洲及南极大陆的边缘

表五　冰河时期表

距今约 170 万年

旧石器时代早期的元谋人生活在今中国元谋一带，已能制造和使用石器，已会用火

170 万年前的东亚大陆上，生活着元谋人。他们和所有的直立人一样，还没有完全地进化为现代人种，平均脑容量也仅仅只有 650 毫升左右。相比同时期的其他直立人，元谋人有着自己最重要的特点：最早使用火的猿人，就是元谋人。在元谋人遗址的发掘过程中，发现了两处密集的炭屑，同时，发现炭屑的地方也总是伴有动物化石，

旧石器时代人类塑像

元谋：

中国云南元谋县。"元谋"一词出自傣语，意为骏马。元谋人化石是在 1965 年被发现的，出土的化石为两颗青年男性门齿。元谋县位于金沙江附近，地理环境适宜古人类居住。在不远的云南开远，也曾发现森林古猿和腊玛古猿的化石。这在一定程度上反映了古猿向直立人进化的过程具有地域联系。

其中有些化石的颜色发黑，经检验可能为烧骨。由此推断，元谋人可能已经学会了使用火。

元谋人的特征，与之后发现的北京猿人有一些相似的地方，但显得更为原始。与化石同时被发现的还有数件石器，以及大量的动物肢骨碎片化石。这些化石有很明显的人工痕迹，很有可能是准备用来做骨器的。

元谋人的发现证明，至少在170万年前，人类已经开始逐渐摆脱茹毛饮血的时代，向着更为文明的生存方式发展。这也是人类历史上一座重要的里程碑。

约 70 万年 ~ 20 万年前

旧石器时代早期的北京人生活在中国华北地区

　　旧石器时代经过了两百多万年的时间。在这个阶段中，有些直立人灭绝了，也有一些直立人向着更先进的方向发展并壮大。北京人就是后者的典型代表。

　　北京人，全称为北京直立人。是生活在距今70 万年到 20 万年之前的直立人。1927 年，北京人的化石首次被发现于北京周口店龙骨山洞穴。北京人具有典型的蒙古人种的特征。相比元谋人，北京人显得要先进许多，他们的平均脑容量已经达到了1043 毫升。虽然这个数值比起现代人依然有很大差距，但是在当时的世界上，北京人却是最先进的人类之一。

　　与北京人同时被发现的，还有十万多件石器和大量的动物化石。这些石器大多很原始，基本都是砍砸器、刮削器、尖状器。北京人就是用这样的工具，劳动生产了数十万年。

北京人遗址：

　　北京人遗址是世界上出土古人类化石最多的遗址。共发现完整的头骨 5 个，以及其他部位化石若干。大量的研究表明，北京人与现代中国人种有很多相似之处，之后，在该遗址又发现了新时期时代的山顶洞人遗址，与北京人也有着极大的联系，可以肯定的是，北京直立人是现代中国人的直系祖先。北京人化石命途多舛，在第二次世界大战中丢失，下落不明。1987 年，北京人遗址作为其他著名的人类发祥地遗址被联合国列入"世界文化遗产"名录。

在北京人的洞穴中还发现了火的使用痕迹，木炭、烧骨、灰烬堆积在固定的地区，叠压很厚。如此大规模的用火，显然不是天然火可以提供的，而是有意识地对火控制使用，这说明北京人已经学会了人工取火。

同时，另一个发现证明，北京人的寿命往往都很短，有很大一部分人没有成年就夭折了。旧石器时代的自然条件恶劣，生产条件低下，这些原因使得北京人的生活异常艰苦。但正是在这样的条件下，人类的先祖顽强地生存了下来，创造了早期的原始文化，使人类社会开始一步步地走向新的文明阶段。

约 50000 年前
晚期智人出现，直立人完成向现代人的进化过渡

所谓的晚期智人，一般指的是距今 50000 年到 10000 年的古人类。从实际上看，这种人虽然还留有一些原始的特征，但是已经和现代人没有多大区别。他们的化石广泛地分布在世界各地，而且根据分布地区不同，也具有不同的特点。

例如，欧洲的晚期智人，具有代表性的有克罗马农人、普雷德莫斯特人等。这些化石在特征上都和今天的欧洲人有着极大的相似性，可以肯定，他们是欧洲人的祖先。

而非洲的晚期智人，如边界洞人、加洛巴人、奥草人等，在特征上也显出和现代非洲人的相似性。

在东亚地区，发现的晚期智人有山顶洞人、河套人等，这些人种也无一例外地显示出了亚洲人种的特征。

这些化石说明，晚期智人的形成，跟不同的

早期智人：

直立人向现代人进化过程中的过渡时期人类统称。最具有代表性的是尼安德特人（简称尼人）。尼人生活在距今 250000 年 ~ 28000 年前。他们比直立人更为先进，在体型和脑容量上也更接近现代人。但是依然有一些原始特征，比如眉脊粗壮、四肢较现代人更为发达等。虽然脑容量最高达到 1750 毫升，但实际上尼人远没有现代人那么聪明，相反，他们制作的石器也显得有些粗糙。尼人大约在距今 28000 万年前灭绝，但是经研究表明，现代人依旧带有少量的尼人基因。

晚期智人遗址：

晚期智人的遗址大多是隐蔽的洞穴，在洞穴中偶尔会留存下原始的艺术作品。最具有代表性的包括克罗马农山洞留下的大量精美的动物壁画，以及一些小型的雕塑。这些艺术品制作精巧，大多反映克罗马农人狩猎的场景，因此被称为"狩猎者艺术"。除克罗马农壁画之外，还有拉斯科洞穴壁画、撒哈拉沙漠中部的岩画、西班牙的阿尔塔米拉原始壁画等晚期智人遗址流存于世。

地域有很大的关系。晚期智人的出现，也体现了现代人种的形成。根据特征的区别，现代人种主要分为三个类别，即欧罗巴人种、尼格罗人种以及蒙古利亚人种。

各个人种虽然在肤色、外貌上有明显差异，在结构和智力上却没有任何不同。晚期智人在漫长的时间里，创造了璀璨的古代文明。这也揭开了人类历史新的一页。

约公元前 30000 年～前 10000 年
原始宗教出现

宗教的萌芽，大约是在旧石器时代的中期开始出现的。在这一时期，出现了最早的墓葬。在埋葬死者的时候，同时有一些动物、饰品，或者石器与死者埋在一起。由此可以推断，在这个时候，原始人类已经有了一种意识，认为死者依然需要生活用品。这是一种朦胧的灵魂观念。

自然崇拜是最原始的宗教形态之一。原始人通过对自然现象的观察，发现许多不能理解的事物，例如雷电、雨雪、日月星辰、河流山岳等。他们对此既充满了好奇，又满怀敬畏。于是，在他们的眼中，这些自然现象似乎是有生命和意志的，于是便对这些事物予以崇拜。

相应的，在不同的地区，因为自然环境的不同，这种崇拜也是有差异的。其中最常见的自然崇拜形式就是对日月星辰的崇拜。

另一种最原始的宗教形态就是图腾崇拜。

多神论：

这种思想最初的理念是"万物皆有灵性"。原始时代的人类认知能力有限，对身边的事物无差别地进行崇拜，认为所有事物都是被不可知的力量所创造的。这种理论经过后世的发展，成为了多神论的根本思想。多神论与多神教不同，前者指的是原始人类对一切事物中的非自然影响的盲目崇拜（信奉日月星辰、山川草木），后者则是指同一系统下崇拜多个主神的宗教（如道教）。

图腾，意为"它的亲属"，是一种标志着某种动物、植物或者其他事物的原始标记。在一定范围内生存的原始人，大多是有相同的血缘关系的，他们在生活中将一些与自己有密切关系的事物看做自己的亲族或者守护者，认为他们也和自己一样是有意志的生命，甚至认为这种事物就是自己的祖先。在此基础上对其加以崇拜，整个部族也会以此命名，这种原始崇拜就是图腾崇拜。

还有一种原始的宗教形态，便是巫术。原始人对自然的所知极为有限，时常幻想能够按照自己的意愿用某种方式去影响自然。由此，巫术就产生了。巫术最常见的形式是模仿和比拟，比如洒水求雨、模仿野兽祈求力量等。巫术的发展最终演变成为后世宗教的各种仪式。

宗教出现之后经过了漫长的发展期。在石器时代的末期，崇拜不再单一化，随着信奉的神明越来越多，多神论也就出现了。原始的巫师成为了僧侣，宗教也逐渐变成了有严密制度的机构，成为了人类文明发展中的一个重要组成部分。

各国民族图腾表	
国家	**图腾**
中国	龙
日本	菊花、樱花
韩国	木槿
新加坡	狮子
泰国	大鹏
孟加拉国	睡莲
尼泊尔	黄牛
以色列	烛台
苏丹	阿拉伯刀
也门	鹰

表六　各国图腾表

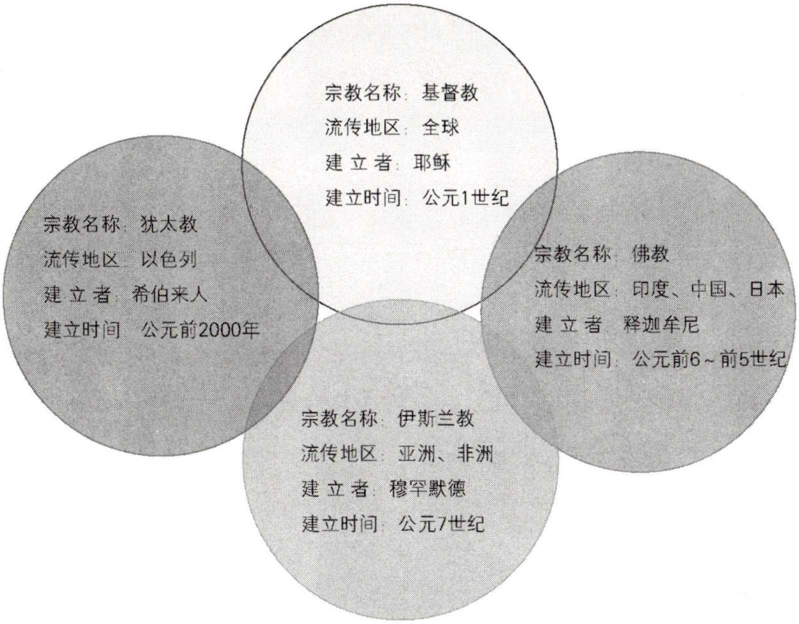

宗教名称：基督教
流传地区：全球
建 立 者：耶稣
建立时间：公元1世纪

宗教名称：犹太教
流传地区：以色列
建 立 者：希伯来人
建立时间：公元前2000年

宗教名称：佛教
流传地区：印度、中国、日本
建 立 者：释迦牟尼
建立时间：公元前6～前5世纪

宗教名称：伊斯兰教
流传地区：亚洲、非洲
建 立 者：穆罕默德
建立时间：公元7世纪

表七　世界主要宗教一览表

约公元前 1.5 万年～前 4000 年

人类进入中石器时代，发明并使用弓箭，细石器广泛应用，狩猎业发展

所谓的中石器时代，指的是旧石器时代向新时期时代过渡的中间时期。这一时期并没有持续很久，只有几千年。人类在这几千年中完成了原始文明向古典文明的过渡，可以说，中石器时代是一个承前启后的时代。

中石器时代出现的最大契机，便是地球气候

关于美洲的居民：

在印第安人的神话传说中流传，古代印第安人是通过亚洲东北部的白令海峡进入美洲大陆的。虽然这只能作为一种猜测，但现在已基本得到了世人的认可。这些远古居民在美洲创造了璀璨的古典文化（如玛雅文明），但因为与外界隔绝，始终保留着石器时代的原始风貌，直到近代地理大发现，这种隔绝才被打破，现代学者运用考古人类学对印第安人部落进行田野调查，才逐渐地对石器时代的各项制度和风俗有了更深一层的了解。

石制武器

的变暖。随着第四次冰河时期的结束，全球的气候和环境都发生了很大的变化，原来的冰川融化后变成了草原和湿地，生态系统较旧石器时代有了很大的不同。在这种情况下，人类的狩猎对象发生了变化，经济活动的内容也有了新的扩大。这一变化促使这生产工具开始逐渐地发生变革。

在中石器时代，石器的制作技术明显提高了——细小石器的出现是一个重要的标志，如石刀、雕刻器等。而细小石器中最为重要的一样工具，便是石箭头。这说明在中石器时代，人类已经开始使用弓箭狩猎，生产技术也因此有了很大的进步。

采集业和狩猎业的快速发展使生活资料得到了必要的保证。在此前提下，人类开始进一步的探索和挑战自然。最早的美洲和澳大利亚居民，大约就是在这个时期迁徙到美洲和澳洲大陆的。这些迁徙是人类历史上的壮举，人类的足迹开始遍布世界上的每一片土地。

西亚	中亚、南亚和东南亚	美洲	非洲
公元前9000年~前8000年	公元前6000年~前5000年	约公元前2500年	约公元前7000年

表八　世界各地区进入新石器时代时间表

约公元前 8000 年～前 2000 年

新石器时代农业革命，母系氏族的兴盛和衰落，国家诞生

父系氏族公社：

　　和母系氏族公社一样，这种制度也是原始社会的一种重要组织形式。因为农耕技术的发展，男子开始成为主要劳动力，在氏族中具有更高的地位。父权制是其最主要的特点。女子开始丧失和男子平等的地位，成为男子的附庸。父系氏族社会是原始社会的最终阶段，经过不断的发展，最终在此基础上产生了私有制，并演变出了国家。

　　人类在漫长的劳动实践中，逐渐观察并了解了一些植物的生长规律，从而掌握了一些原始的栽种技巧。在世界上不同的地区，因地域的差异，对栽种知识的掌握也并不相同。他们通过各自积累的经验，独立地发明了原始农业。

　　农业的产生，是世界历史上的一次大革命。这场革命给世界带来了前所未有的新变化。原本通过采集和狩猎为生的原始人类结束了以不断迁徙来寻找食物的生活，转为定居在一定的地域内栽种农作物。这样一来，人类的生活空间就相对固定下来了。

　　最早的农业，是通过"刀耕火种"的方式来进行的。人们先用石刀、石斧将树林和草原上的植物伐倒，然后将砍下的植物用火进行焚烧。焚烧后的土地比较松软，不用进行翻耕即可播种，加上草木的焚灰是一种极好的肥料，播种之后也不用再次施肥。到了第二年便可获得收成。这种耕种的模式虽然作物产量不高，但是获得的食物也基本上可以维持氏族人口的生存。这种耕作的方式被人类使用了数千年，直到近代还被一些欠发达地区的居民使用着，可见其影响的深远。

农业在世界范围内有三个主要的发源地，包括东亚、西亚以及中南美洲。西亚地区是最早的农业发祥地，早在 8000 年前，生活在这里的人民开始通过栽种作物来生存。而东亚地区最早大概在五千多年前开始种植粟，4900 年前，长江中下游地区开始种植水稻。一些蔬菜也已经开始种植。中南美洲农业的发源时间不详，但是作为玉米、豆类、马铃薯的原产地，在农业革命中的地位也是不可低估的。

伴随着农业革命，畜牧业也出现了。定居的生活使得人类有充足的时间和经历来饲养一些动物以供食用，而不是像以往那样只通过狩猎来获取肉类食品。狗和绵羊是最早为人类所驯养的动物。大约在一万年前，这些动物已经被人类所驯养作为食物来源和生活助手。而在此之后，又经历了一个漫长的驯化野生动物的过程。

畜牧业的完全形成，是在新石器时代的中期。距今约 7000 年前，西亚地区已经开始饲养猪、绵羊、牛等生物。大约在 4000 年前，人类驯化了马，并逐渐形成了游牧业。至此，农业和畜牧业基本上都形成了特有的模式和技术。

前文曾经提到，母系氏族制度大约形成于旧石器时代。这种制度延续了数百万年，终于在新石器时代达到了鼎盛阶段。随着生产力的提高，人类的数量也逐渐增多，依靠血缘婚或者族外群婚的方式来进行婚配已经不能满足现实的需要，因此，对偶婚的形式也逐渐出现了。母系氏族时期，对偶婚是以女子为中心的，一切生产资料都是公有，不存在私有财产和继承。在这种情况下，氏族首领往往由年长的女性所担任，通过氏族会议来决定整个部落的各项事务。

随着生产力的不断提高，物质资料逐渐丰富起来，部落中开始出现了剩余。这一变化直接导致了私有制度的出现。为了获得不同的物质资料，不同的部落之间出现了交换。随着交换的发展，为了适应各种货物之间有明确的价值尺度，一般等价物也出现了，这就是货币的产生过程。货币的产生加速了私有制度的

出现。

当私有制度被确立之后，阶级也随之产生了。拥有不等量财产的氏族成员，成为了最早的不同阶级的代表。财产较多的氏族成员拥有更好的生活条件，私有观念也就逐渐被加强了。这最终导致了大家族的解体，转为若干个一夫一妻的小家庭。为了确保自己的财产有明确的血缘继承人，父系氏族逐渐取代了母系氏族的地位。越来越多的小家庭开始和没有血缘关系的其他家庭居住在一起，形成了最早的农村公社。

经过数千年的过渡，氏族公社制度走向了解体。取而代之的是新的人类社会形式——国家。

新石器时代工具

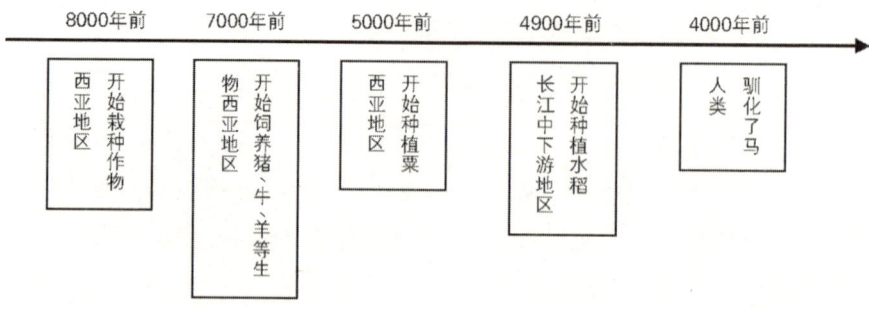

8000年前	7000年前	5000年前	4900年前	4000年前
西亚地区开始栽种作物	物西亚地区开始饲养猪、牛、羊等生	西亚地区开始种植粟	长江中下游地区开始种植水稻	人类驯化了马

表九　原始农牧业发源时间表

古典文明时期

约公元前 4000 年～前 3100 年
埃及进入前王朝时期，象形文字的出现

蝎王：

古埃及前王朝时期的著名君王，关于他的原始资料极少，仅有若干文物以及古埃及历史学家的笔下有所展现，且并不完善。因此，有关蝎王的身份依然是一个谜，有学者甚至认为他只是一位神话中的人物。然而可以肯定的是，在埃及统一之前，确实有首领曾多次发动统一埃及的战争，为埃及的统一做出过积极的贡献，或许这位首领就是蝎王。蝎王在埃及的地位相当于中国的黄帝，是古埃及王朝的首位奠定者。古埃及时期蝎王的标志代表着王权。

在古代的非洲东北部，尼罗河始终不停地冲刷着埃及这片神奇而富饶的土地。在数千年的冲击下，将两岸干涸的土地变为了黑色的沃土，这就是古埃及，人类最早的文明之一的所在地——尼罗河三角洲。

在古埃及人的文字中，他们称自己的国家为

古罗马斗兽场

"凯迈特"，含义是"黑土地"。古希腊著名的历史学家希罗多德曾说过："埃及是尼罗河的赠礼。"由此可以看出，尼罗河在古代埃及人的眼中，是如此的无私和慷慨。尼罗河的冲刷，将埃及分为了上埃及和下埃及两个部分。早在公元前4000年左右，埃及进入了前王朝时期。古埃及人生活在尼罗河的两岸，这些人有棕红色的皮肤、强壮的身材和结实的四肢。他们是最早的农夫，凭借着尼罗河赐予的财富过着安定而富足的生活。

随着氏族制度的日益解体，王权成为了古代埃及的统治权力。象征着王权的荷鲁斯鹰神，被古埃及人绘制在陶器上。古埃及的居民各自忠于自己的领袖，在首领的带领下，部落之间开始出现贸易、摩擦和战争。在长达千年的时间里，古埃及人逐渐掌握了金属的冶炼技术，并且把青铜运用于制造兵器和农具。随着军事实力的增长，统治者们开始渴望更多的土地。为了实现上下埃及的统一，各部落之间的王不断发动对其他部落的战争。

在埃及的希拉康波里，曾出土了一件古老的文物，名为"蝎王权标头"。在这枚金属的权标头上，刻画着一位头戴白色王冠的男子，而他的下方则绘制着一群在尼罗河河心岛上辛劳工作的奴隶。这说明最晚在蝎王时期，奴隶已经出现并大量运用于农业耕作。古埃及的阶级形成了，阶级社会也正式开始。而蝎王本人也很有可能是第一位统一上下埃及的首领。

象形文字：

象形文字并非古埃及所特有，在世界其他国家和地区也有过类似的发现。这种文字大多是由图画演变而来，想要理解其含义需要有较强的想象力、分析能力和语言学基础，而并非简单地通过图像进行猜想。法国学者商博良于1822年成功释读了古埃及的象形文字，这才使得这种古老而神秘的"文字祖先"展现出其真实的面貌。

与此同时，古埃及人还有一项重要的发明，那就是象形文字。这大约是在公元前3100年左右的事情。象形文字是由图画转变而来的。这种文字被广泛地绘刻在石碑、石柱、墓碑以及各种日常用具之上，是人类历史上一次非常重要的发明。

伴随着文字的发明，奴隶、金属的广泛应用，古埃及逐步走向第一个统一时期——早王朝时代。

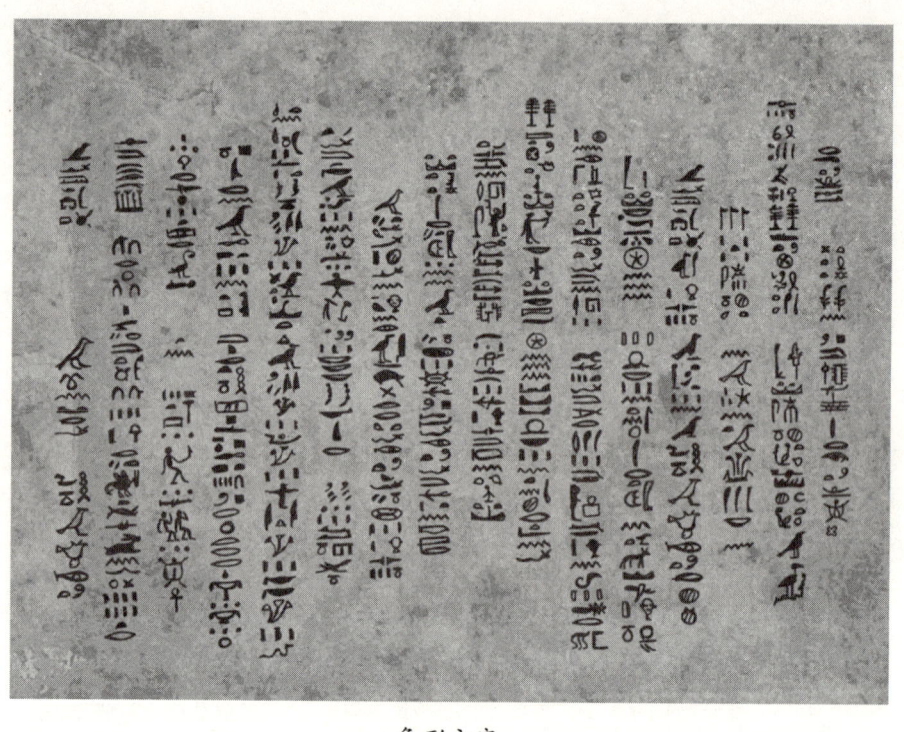

象形文字

约公元前 3100 年

美尼斯统一埃及，埃及早王朝时代来临

在古埃及祭司的笔下，埃及的首次统一是一个漫长的过程。传说大约在公元前 31 世纪，古埃及著名君王美尼斯统一了上下埃及，建立起了埃及历史上的第一个统一王朝。由此，埃及开始进入早王朝时期（包括第一王朝和第二王朝）。

传说美尼斯在统一了埃及之后，在上下埃及的交界处建立了一座要塞城市——孟斐斯（又称白城），埃及自此成为了一个统一的君主专制国家。然而，美尼斯存在的真实性却是值得怀疑的，因为直至今日，依然没有发现这位君王存在过的任何证据。所以现代的学者时常把他与有明确存在证据的纳尔迈视为同一个人。

且不论美尼斯是否真实存在，可以肯定的是，在公元前 3100 年左右，上下埃及第一次得到了统一，虽然这种统一并不稳定。在之后的数百年中，依然不断地爆发为统一埃及而进行的战争，这些

马斯塔巴墓：

埃及的金字塔举世闻名，众所周知，金字塔是法老的墓穴。然而，金字塔的出现是在第三王朝，在更早的第一王朝时期，国王的墓穴被称为马斯塔巴墓。这种墓穴在地下有很多的墓室，而且还有地上建筑。因为这种墓穴的样子形似现代阿拉伯人的院子中摆放的名叫马斯塔巴的长凳而得名。这种墓穴面积很大，除了国王的尸体外，还会有多达百人的陪葬者也埋在其中。第一王朝的国王大多有两个墓，一个在阿卑多斯，另一个在萨卡拉。大部分的学者倾向于萨卡拉的为真墓，阿卑多斯的只是纪念性的衣冠冢。

荷鲁斯和赛特：

荷鲁斯是古埃及的鹰神，是王权的象征，也是法老的守护神。在古埃及的神话中，他的形象是鹰头人身，荷鲁斯也是古埃及国王最早采用的头衔。赛特则是古埃及的战神，象征着力量与混乱。他的形象在古埃及神话中是豹头人身。相传这两位神明分管上下埃及，后来经过了80年的战争，荷鲁斯战胜了赛特，上下埃及得到了统一。古埃及神话中还有很多神祇。

战争或大或小，记载在历代君王的铭文或雕刻中，这说明埃及早王朝的统治并不稳固，对边远地区的控制力相对较弱。

到了第二王朝的末期，这种不稳定的情况才逐渐消失。有一位叫哈谢海姆威的国王首次使用了双重王衔（荷鲁斯和赛特），这一方面证明了埃及实际上真正得到了统一，另一方面也体现了王权的神化。

早王朝时期持续了大约四百二十年，埃及的文化和生产力都有了较大的发展，作为原始社会使用的主要工具石器，在这个时期已经开始逐渐消失，取而代之的是金属工具（铜质），金属工

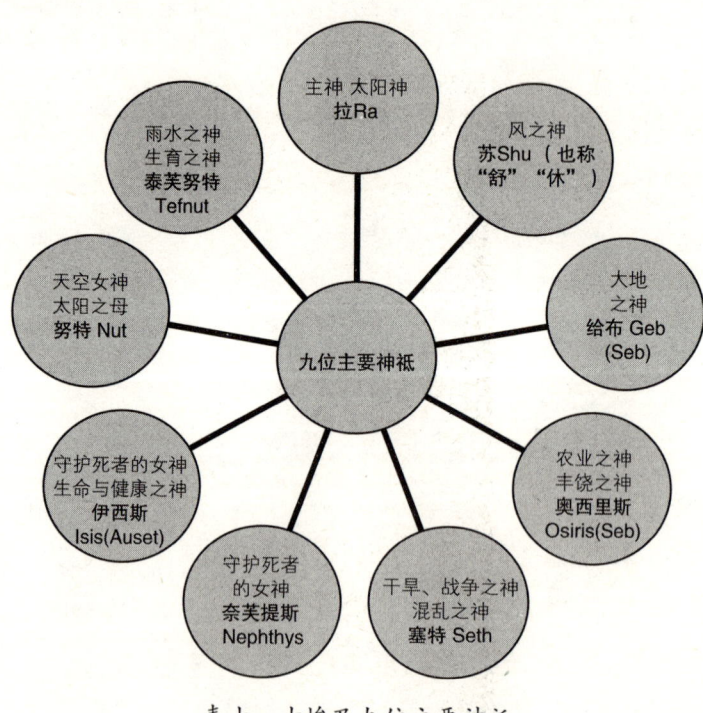

表十　古埃及九位主要神祇

具给农业带来了更高的效率，这也使得古埃及越发强盛。

大约在公元前2686年，纳特里克特建立了第三王朝，自此早王朝时期画上了句号。随着第三王朝的建立，埃及也进入了下一个时代——古王国时期。

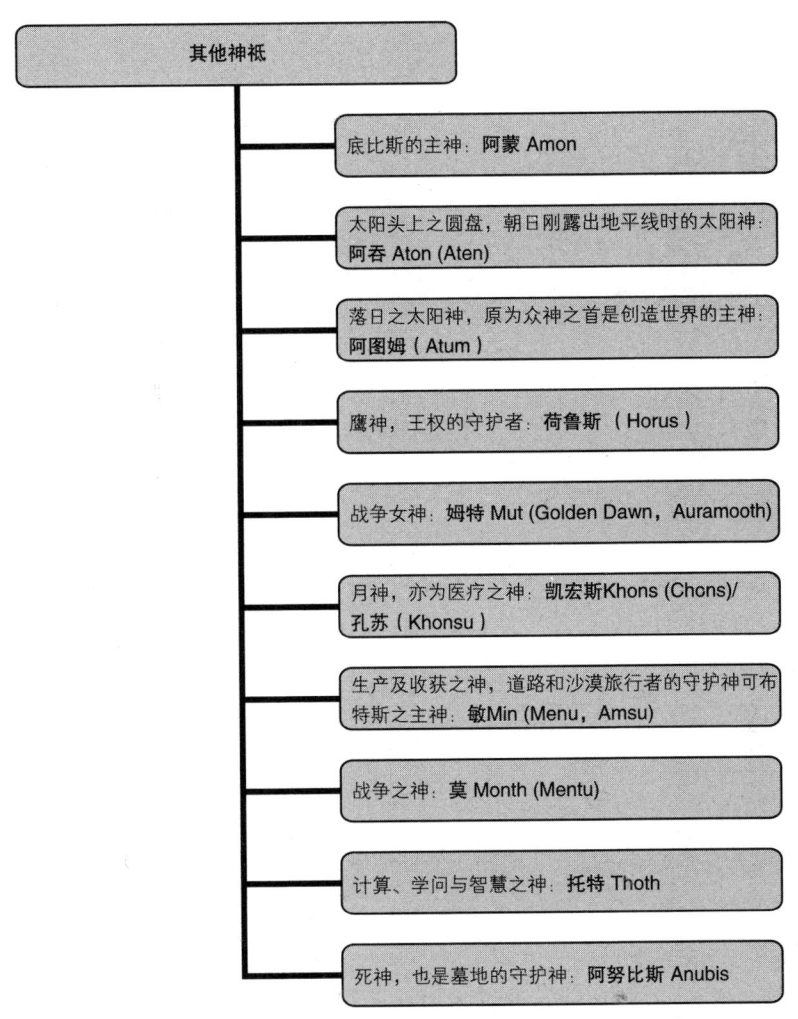

其他神祇

底比斯的主神：**阿蒙 Amon**

太阳头上之圆盘，朝日刚露出地平线时的太阳神：**阿吞 Aton (Aten)**

落日之太阳神，原为众神之首是创造世界的主神：**阿图姆（Atum）**

鹰神，王权的守护者：**荷鲁斯（Horus）**

战争女神：**姆特 Mut (Golden Dawn，Auramooth)**

月神，亦为医疗之神：**凯宏斯Khons (Chons)/孔苏（Khonsu）**

生产及收获之神，道路和沙漠旅行者的守护神可布特斯之主神：**敏Min (Menu，Amsu)**

战争之神：**莫 Month (Mentu)**

计算、学问与智慧之神：**托特 Thoth**

死神，也是墓地的守护神：**阿努比斯 Anubis**

表十一　古埃及其他神祇

公元前 2686 年～前 2181 年

埃及进入古王国时期，金字塔的出现，第一中间期

世界上有两个底比斯，一个在埃及，另一个在希腊。埃及底比斯在公元前88年被毁，现在只剩下断瓦残垣。但是从这些遗迹中依然可以看出数千年前底比斯的宏伟。据说第一中间期时期的底比斯，是世界上最繁华的城市，甚至拥有上百个城门。因此，希腊的伟大诗人荷马称它作"百门之城"。底比斯废墟中包括两座古老的神庙——卢克索神庙和卡纳克神庙。这两座神庙也是古埃及建筑史上的奇迹之一。1980年，底比斯被联合国列为世界文化遗产。

提起埃及，很多人会联想到金字塔。而金字塔最早出现的时代，就是四千多年前的古埃及古王国时期。这个时期的埃及法老修建了为数众多的金字塔，由于这个原因，这一时期也被称作金字塔时期。

古王国时期包括四个王朝（即第三至第六王朝），其中第三王朝的著名法老乔赛尔修建了第一座金字塔——绍赛尔阶梯金字塔。之后第四王朝的法老胡夫修建了最大的金字塔——胡夫金字塔，据说这座金字塔修建了三十年才完工。从古王国时期到第二中间期，埃及法老一直把金字塔作为自己的墓穴。现存于世的金字塔共有约80座。

除举世闻名的金字塔外，古王国时期的艺术和经济也获得了极大的发展。水利灌溉系统已经大规模修建并应用于农业生产，手工业的分工也更加明细，而这一时期留下的许多精美的青铜雕像，也证明了当时的埃及已经进入了青铜文明时代。

古王国时期的埃及，随着君权的神化，宗教在社会中的作用也变得日益重要。神庙占有大量的土地，祭司也成为了社会中地位显赫的一类人。他们掌握着祭祀、文化传播、历史记录、占卜凶吉等重要事务职权，是古王国时期不可或缺的存在。

在古王国时期，埃及的君权相较之前获得了很大的加强，法老拥有一切事务的决策权。在法老之下，由宰相（维西尔）来执行政令并处理政务。之下的各级官吏分工也比较明确，都直接听命于法老。法老除了拥有庞大的官僚组织之外，还拥有一支强大的军队，这支军队是维护其统治的主要力量。法老在各个地区设立诺姆（相当于州或者省），每个诺姆也有自己的守护神和象征，诺姆的行政长官称之为诺马尔赫（州长）。州长直接管理诺姆的政务并统帅地方军队。诺马尔赫在各自的诺姆都拥有很大的影响力，是古王国时期的贵族阶级。

古王国时期的埃及，其经济的进步是值得肯定的。但是当时的统治者把大量的金钱和资料用于奢侈的生活、修建墓葬和祭祀，这也使得王朝的内部矛盾越发尖锐。在公元前 2181 年，随着第六王朝的法老培比二世的死去，古埃及的统一局面也终于无法再继续维持下去。随后，埃及开始进入了第一中间期。

埃及第八王朝：

埃及第八王朝开始于公元前 2181 年，结束于公元前 2130 年，是一个短命的王朝。在 50 多年的统治时间里，埃及始终处于战乱之中。直到现在都没有发现可靠的文献资料来反映当时的情况。这也是古埃及史上的一段空白时期，有待未来有更多的发现来探其究竟。

第一中间期的时间并不长，仅有不到两百年的时间。它包括了五个王朝（第七至第十一王朝，其中第十王朝和第十一王朝是南北分立的政权，同时存在）。第七王朝是动荡的，它只有短短的七十天的统治时间，却一共出现了七十位法老。这说明在古王国的末期，各诺姆的诺马尔赫都拥有一定的势力，在当时的埃及出现了数十个诺姆割据自立的局面。这些小国之间不断地爆发兼并战争，使得第一中间期的古埃及人民饱受战火之苦。

局势的越发混乱，终于引发了大规模的奴隶暴动。而且这时候埃及还受到了来自西亚的贝督因人的入侵。整个国家处于崩溃的边缘。位于埃及中部的赫拉克列奥波里在这个时候逐渐地强大起来，统一了中部和北部的埃及，建立了第九王朝和第十王朝。但是，虽然该王朝力量强大，却依然没有统一埃及。底比斯在埃及南部建立了埃及第十一王朝，经过多年的征战，终于战胜了第十王朝，重新统一埃及。

自此，第一中间期结束，埃及进入了中王国时期。

名称	高度（米）	建筑时间	修建法老名	备注
胡夫金字塔	146.5	约公元前 2670 年	胡夫	最大的金字塔
哈夫拉金字塔	143.5	约公元前 26 世纪	哈夫拉	建有狮身人面像
门卡乌拉金字塔	66.5	约公元前 26 世纪	门卡乌拉	发现法老木乃伊

表十二　世界闻名的三座金字塔

胡夫金字塔

公元前 2040 年~前 1786 年

埃及进入中王国时期

中王国时期的埃及包括两个王朝（第十一与第十二王朝），第十一王朝建立与埃及第一中间期时期，时间为公元前 2133 年。在公元前 2040 年，第十一王朝统一上下埃及，中王国时期的历史从这里开始。

统一埃及的法老叫作孟图霍特普二世，他被后世认为是和美尼斯一样伟大的国王。数年的战乱导致埃及的经济水平下降，人口骤减。因此，第十一王朝担负起了复兴往日辉煌的责任。然而，在第十一王朝的初期，王权并不稳固，地方上的诺姆依然拥有较强的实力。为避免重蹈第一中间期时期的覆辙，第十一王朝的法老着手削弱地方的实力。但是地方上的贵族在长期的分裂割据中积攒了强大的力量，法老的努力收效甚微。

到了第十一王朝的末期，争权夺利的情况变得极为严重，在公元前 2000 年前后，大臣阿蒙涅

玻璃制造业的出现：

大约在公元前 3700 年，埃及人就已经学会制作玻璃了。玻璃美观、耐用，可以作为器皿或者装饰物，在古典时期的世界上有很大的价值。而玻璃制造业的正式出现，则是在古埃及的中王国时期。当时制作的玻璃制品只是有色玻璃，具有浓厚的埃及特色。这一时期的玻璃制品到现代依然有留存。

姆赫特掌握了实权，他发动了政变，建立了第十二王朝。第十一王朝从统一埃及到灭亡，只有短短的四十多年时间，这说明了当时王权的弱小。

第十二王朝的法老继位后采取强硬的手段来对付地方诺姆的诺马尔赫以及贵族势力，经过数位法老多年的整顿和斗争，王权变得前所未有的强大。而埃及的经济，也呈现出了新的繁荣景象。第十二王朝的国力有了极大的提升。

在第十二王朝的统治时间中，埃及开始了大规模的扩张。历代国王都时常发动对外的侵略战争。经过多年的奋战，埃及的版图进一步拓展，奴隶数量大大增加，奴隶制度更加稳固，埃及的国势蒸蒸日上。可以说，在经过两百余年的纷乱之后，当时的埃及第十二王朝达到鼎盛，成为了世界上最发达的国家之一，它使埃及重振声威，恢复了往日的自信与强大。

埃及中王国时期王朝一览表			
王朝	时间	开国法老	大事记
第十一王朝	公元前2060年~前2000年	孟图霍特普一世	在公元前约2040年统一埃及
第十二王朝	公元前2000年~前1786年	阿蒙涅姆赫特一世	将首都迁往法尤姆绿洲的伊塔威，实行垦荒和灌溉计划以增加这一地区的农业产量，修建防御建筑（大公墙），抵御外敌

表十三　埃及中王国时期王朝一览表

公元前 1786 年～前 1567 年
埃及进入第二中间期，喜克索斯人入侵

所谓的第二中间期，实际上是埃及第二个分裂割据的时代。第二中间期和第一中间期一样，时间并不是很长，从公元前 1786 年至公元前 1567 年，共有两百多年的历史。在这一时期中包括了埃及第十三王朝到第十七王朝，其中有几个王朝是同时存在的。

在中王国末期，王国的内部矛盾和外部矛盾都被激化，埃及很快便衰落下来。埃及第十三王朝建立之后，爆发了贫民大起义，这场起义的范围很广，在许多文献资料中都有所记载。暴动的结果，第十三王朝龟缩到底比斯附近苟延残喘，北方尼罗河三角洲地区出现了第十四王朝，与第十三王朝相对立。

埃及的分裂也使得国家的国防能力下降。在第十四王朝建立后不久，喜克索斯人开始入侵埃及。这些马背上的游牧民族逐渐地渗透进入尼罗

第十六王朝：

埃及第十六王朝是喜克索斯人建立的王朝，它和第十五王朝同时存在于埃及北部尼罗河三角洲地区。然而，第十六是第十五王朝的属臣，历代的国王均由第十五王朝的国王册封。公元前 15 世纪中期，和第十五王朝一起被雅荷默斯一世所灭亡。

河三角洲地区，他们擅长骑射，身穿金属铠甲，分裂的埃及面对如此强大的敌人毫无招架之力。喜克索斯人最终在三角洲地区站稳了脚跟，建立起了第十五和第十六王朝，统治着大半个埃及，与第十三和第十四王朝对立并存。

在喜克索斯人的王朝建立之初，实力极其强大，曾一度迫使南方的第十三王朝和其后的第十七王朝向它称臣纳贡。而埃及本土的王朝对喜克索斯人的要求无力拒绝，只得一一照办。喜克索斯人崇拜埃及的赛特神，和埃及人一样，他们的领袖也称自己为法老，同时称为"拉之子"。

喜克索斯人不断向埃及人民提出无理的要求来满足自己的欲望，这是对埃及人民的极大侮辱和伤害。在这样的形势下，民族仇恨使得埃及人民变得团结，一致对外。反抗底比斯人统治的抗争，始终没有停止过。直到公元前 15 世纪上半叶，南方的底比斯掀起了驱逐喜克索斯人的战争，经过多年的战争，最终取得了决定性的胜利。

公元前 1580 年，第十七王朝的法老雅赫摩斯一世终于将所有的喜克索斯人都驱逐出境，建立了统一而强大的埃及第十八王朝。第二中间期就此结束。埃及步入新王国时期。而建立第十八王朝的法老雅荷默斯一世，他也被认为是与早王朝时期法老美尼斯、中王国时期法老孟图霍特普二世一样开辟了新时代的伟大国王。

喜克索斯人：

喜克索斯人是埃及附近的游牧民族，也是古典文明时代见于记载最早使用骑兵战法的民族之一。这些牧人骁勇善战，埃及的步兵在其面前不堪一击。但是喜克索斯人的骑兵并不具有后世的骑兵那样的战斗力，只是具备了骑兵的雏形。喜克索斯人为埃及带来了新的军事思想和战术，这些技术全都被埃及人运用于驱逐喜克索斯人的战争中。另一方面，喜克索斯人的统治客观上加强了埃及与西亚地区的沟通。

赛特：

喜克索斯人所崇拜的赛特神，是埃及九位主要神祇之一。它代表着力量、战争与混乱，是一位著名的"战神"。它的形象通常是豺头人身，在某些绘画遗迹上也被描绘成拥有其他动物特征的神祇。埃及神话在不同时期有着新的建构，赛特的象征意义也随之逐渐产生变化。喜克索斯人崇拜赛特，可以看出他们崇尚力量，时常发动战争。

埃及最重要的三位法老			
姓名	在位时间	所处王朝	主要事迹
美尼斯	约公元前 3100 年	第一王朝	统一了埃及，开启了法老统治时代，建立了在人类文明史上具有长期影响力的王国。
雅赫摩斯一世	约公元前 1550 年~前 1525 年	第十七王朝	将喜克索斯人彻底逐出埃及，使埃及获得复兴。并恢复了埃及对努比亚的传统控制。他的王朝标志着埃及史上新王国时期的开始。
孟图霍特普二世	约公元前 2040 年	第十一王朝	战胜了宿敌赫拉克列奥波里王朝，于公元前 2040 年统一了埃及，开始了中王国时期。曾竭力削弱地方政权，加强中央集权，但成效不大。

表十四　埃及最重要的三位法老

约公元前 4300 年～前 2800 年

两河流域苏美尔文明铜石并用时代，楔形文字的产生

在埃及的东方，是富饶的西亚地区。西亚地区有着得天独厚的地理环境优势和丰富的资源，是人类文明的重要发祥地。聆听数千年前的历史回音，底格里斯河和幼发拉底河自美尼亚群山发源，日夜兼程地向着东南方向奔流而去。这两条大河流淌过的土地，被称为美索不达米亚平原（又称两河平原）。

在两条大河的中间地带，是肥沃的土地，气候适宜，风景如画。这块神奇的土地丰饶而美丽，在希腊人和希伯来人的眼中，这里宛若《圣经》里描绘的伊甸园。它分为两部分，北部叫作亚述，南部叫作巴比伦尼亚。南部巴比伦尼亚地区又分为南、北两部分，北部称为阿卡德，南部则叫作苏美尔。

每年的春季，冰川上的积雪融化，洪水泛滥成灾，将南部平原地区浸灌。在人类没有学会防

两河平原现状：

现在的两河平原居住着信奉伊斯兰教的阿拉伯人，他们建立的国家为伊拉克，首都在巴格达。距离巴格达 90 公里左右便是古巴比伦城的遗址。自 1991 年爆发海湾战争以来，伊拉克境内许多古老的遗迹遭到破坏，难以重建。伊拉克盛产天然气和石油（两河流域有丰富的石油资源），曾经的国歌名为《两河流域的圣土》。

43

欧贝德人：

早在公元前 5000 年左右，生活在两河平原苏美尔地区的原始居民被称作欧贝德人。公元前 4300 年左右，苏美尔人进入苏美尔地区，和欧贝德人逐渐融合，成为了苏美尔地区的主要居民。欧贝德人的起源至今仍是未解之谜。

洪技术之前，南方地区并不适宜居住。而北部的亚述山地，居住着最早的两河流域的居民，他们在旧石器时代就已经在这里生活了。

直到公元前 4300 年，南部的苏美尔地区才逐渐被迁徙至此的民族开发出来，这些人就是后世所称的苏美尔人。他们掌握了农业和灌溉的技术，在肥沃的两河平原南部过着富饶的生活。那是在新石器时代的早期，人类刚刚走进文明的门槛。智慧的苏美尔人学会了熔炼金属，成为了最早进入青铜时代的古文明之一。在发现的文物中，有一座手握权杖的男性雕像。权杖代表着王权，这说明苏美尔人已经进入了军事民主制阶段，氏族社会开始逐渐走向解体。在公元前 3100 年左右，早期的城邦国家逐渐出现并初具规模，到公元前 2800 年，在整个巴比伦尼亚地区，已经形成了数十个奴隶制城邦，其中最出名的包括埃利都、乌鲁克、拉伽什、基什等。

苏美尔文明并不是独立存在的。在公元前 3000 年左右，一支游牧民族迁徙到了阿卡德，他们被称作阿卡德人。他们说着和苏美尔人不同的语言，在巴比伦尼亚定居下来。与此同时，许多其他的民族也逐渐地迁徙到两河流域附近，如阿摩利人、亚述人、迦勒底人、库提人、埃兰人等。他们聚集在两河平原的周围，不断地侵入巴比伦尼亚，在漫长的时间里与阿卡德人和苏美尔人相互影响，共同创造了两河流域的璀璨文明。

巴比伦尼亚的古老文化如同一颗闪耀的明珠，

照亮了两河平原的每一寸土地。而在两河流域的众多文明之中，巴比伦的成就最为显赫，因此，两河流域的文明又被称为巴比伦文明。

公元前4000年末，苏美尔人创造了最早的文字，这些文字由图画符号和线形符号组成。到了公元前3000年左右，苏美尔人创造出了楔形文字，他们用削成三角形尖头的木杆当笔，在泥版上写字，写出来的文字形成了自然的楔形，这就是楔形文字的由来。

经过了一千多年的发展，奴隶制城邦已经走向成熟，而两河流域文明也进入了苏美尔早王朝时期。

楔形文字

民族	概况
阿摩利人	约公元前 2000 年进入两河流域，塞姆语系民族，后建立古巴比伦王国。
亚述人	塞姆语系民族，生性好战，后建立亚述帝国。
迦勒底人	闪米特人的一支，他们于公元前 1000 年初来到两河流域南部定居。
库提人	约公元前 2191 年进入两河流域，后建立库提姆王国。
埃兰人	生活在两河流域的东南地区，达罗毗荼语民族，建立埃兰王国。

表十五　两河流域部分民族概况表

两河流域新石器时代文明表		
名称	时间	特征
哈逊纳文化	约公元前 6000 年~前 5400 年	世界上最早产生彩陶的文化。
欧贝德文化	约公元前 4300 年~前 3500 年	掌握初步人工灌溉技术，从事农业生产，但畜牧业和渔猎活动在经济生活中仍起重要作用；劳动工具大部分为石器和骨器，但已开始出现铜器。苏美尔人已进入军事民主制阶段。
哈雷夫文化	约公元前 5400 ~前 4000 年	此时期两河流域北部地区居民在人类历史上首先开始利用天然铜；畜牧业与农业分离而成为各自独立的生产部门；手工业和农业也出现分工；出现了制陶工场、陶窑，手工业已成为社会上独立的生产部门。

表十六　两河流域新石器时代文明表

公元前 2800 年～前 2371 年

苏美尔文明早王朝时期，城邦争霸，乌鲁卡基那改革

在早王朝时期，苏美尔各城邦之间为了争夺土地和霸权，展开了长期的战争。很多城邦先后称霸巴比伦尼亚，成为一时的主宰。比较著名的有基什、乌鲁克、拉格什（或称拉伽什）等。在长期的征战中，巴比伦尼亚地区形成了两大军事同盟，北方同盟以乌尔和乌鲁克为霸主，而南方同盟的霸主则是基什。

长期战争导致了严重的不良后果，城邦的阶级矛盾显得尤为尖锐。大量的平民破产或是战死，战败被俘者则成为奴隶。这使得城邦的经济遭到了严重的破坏。而城邦的统治者为了维持奢侈的生活，依然在不断地压榨和剥削平民来支付昂贵的军费。其中，在拉格什城邦，这种情况显得尤为明显。

拉格什王卢伽尔安达除了对平民横征暴敛之外，还公然侵吞神庙财产，引起了社会各界的一

> **卢伽尔：**
>
> 卢伽尔是苏美尔城邦国王的称号之一。苏美尔城邦国王有三种称号，分别是"恩""恩西"和"卢伽尔"。其中，卢伽尔是较为强大的城邦国王的称号，但实际上这三种称号时常混用，并无太大区别。这些称号在苏美尔文学作品中常有提及。

神庙经济：

在苏美尔城邦经济生活中，神庙是城邦经济的中心。神庙在社会经济中的重要地位是逐渐形成的。神庙土地是氏族部落的共同财产。国家形成后，这类土地转变成城邦国有经济，土地数量大大增加。除此之外，苏美尔神庙也是远古时代建筑艺术的重要代表。

致不满。在这种情况下，贵族乌鲁卡基那趁机推翻了卢伽尔安达的统治，成为新的拉格什王。

乌鲁卡基那继位之后，进行了一系列有利于缓和城邦矛盾的改革，他废除了卢伽尔安达时期的弊政，采取了一些对平民有利的措施。同时还增强了祭司、贵族的权力。这些改革缓和了城邦内部的矛盾，对当时的社会经济发展有着一定的积极作用。

然而，乌鲁卡基那的改革仅限于拉格什城邦，而且改革并没有得到显著的效果。积弊已久的拉伽什城邦在乌鲁卡基那执政八年之后，被乌玛王卢伽尔扎吉西占领，这座城市也遭到了灭顶之灾。乌鲁卡基那的改革以失败而告终。

卢伽尔扎吉西称雄一时，除拉格什之外，他又陆续征服了一些其他的城邦，北方霸主基什也败于他手。卢伽尔扎吉西英勇无敌，大有一统两河流域的势头。他建立了联邦式的国家联盟，整个两河流域形成了初步的统一。

然而，这种统一只是形式上的，各城邦依然拥有一定的独立性。战败的基什一蹶不振。这时候，一名叫作萨尔贡的青年趁机夺取了基什的政权，开始了寻求霸权之路。那是公元前2371年，这一年注定将成为苏美尔文明新的转折点。阿卡德王国即将登上历史舞台。

公元前 2371 年～前 2191 年

阿卡德王国的繁荣与衰落，库提人的入侵

阿卡德王国的建立者萨尔贡一世，有一段传奇的身世。据说，在公元前 24 世纪的某一天，一个农夫在幼发拉底河畔挑水时发现了一个沿河漂下的芦苇篮。篮里装着一个出生不久的男婴。这位农夫救起了可怜的婴儿并收养了他，这名男婴就是萨尔贡。

传说萨尔贡的母亲是一位女祭司，而他的父亲身份卑贱，萨尔贡则是两人的私生子。当时王国的规定，祭司是不可以生子的，于是萨尔贡诞生后就被他的母亲放在竹篮中投入了幼发拉底河。后来他被农夫救起，长大后成为了一名园丁，因为工作出色而受到了基什国王的赏识，让他做自己的近臣。萨尔贡自此才得以施展自己的政治抱负。

基什城邦在与卢伽尔扎吉西的战争中失败，国王向乌玛投降，这引起了基什人民的强烈不满。

阿卡德城：

阿卡德城位于两河流域南部偏北方，是商道的集中点，地理位置优越，是古典文明时代最繁荣的城市之一。城中有著名的哀库尔神庙，这座神庙被阿卡德王国第四位国王纳拉姆·辛摧毁，据说这一行为导致了诸神的不满，因此引来了蛮族摧毁了阿卡德王国。这些传说记录在苏美尔史诗《阿卡德咒》中。阿卡德城的遗址至今仍埋藏在地下，没有被找到。

闪米特人：

又称塞姆人，起源于阿拉伯半岛的游牧民族。阿卡德人是闪米特人的一支，在两河流域留下了璀璨的文明，建立了阿卡德王国。后来阿卡德王国被库提人所灭，而库提人和阿卡德人一样，也是闪米特人的分支。现代的阿拉伯人、犹太人都是古代闪米特人的后裔。

萨尔贡抓住了这一有利的时机，推翻了国王的统治，成为了新的城邦首领。他继位后依然沿用基什国号，称基什王。待地位巩固之后，他又建立了新都阿卡德城，阿卡德王国正式建立了。

萨尔贡继位后整顿了国政，加强了部队的建设，建立了两河流域第一支常备军，使阿卡德很快强大了起来。萨尔贡一生征战，先后曾出征过34次。他把这些事情刻在了碑文上，来彰显自己的功勋。他击败的第一个对手，便是乌玛王卢伽尔扎吉西。

卢伽尔扎吉西在与萨尔贡的战争中彻底失败，失去了往日的荣耀。他被套上了拴狗的绳圈，在恩利尔神庙前被烧死祭神。之后萨尔贡挥师南下，降服乌尔，毁灭其首都乌鲁克，又征伐拉格什，洗剑于波斯湾。苏美尔早王朝时期的城邦基本上都被他摧毁，贵族势力也自此一蹶不振。萨尔贡成为了两河流域唯一的霸主。

然而，战争却没有停止。萨尔贡接着又挥师东进，远征埃兰，攻取了苏撒等城市，使埃兰成为了属国。经过多年的征伐，萨尔贡统一了两河流域，建立了强大的阿卡德王国，他自称为"天下四方的主人"。自此，天下混战不已，民不聊生的时代终于宣告截止，归于一统。

萨尔贡建立的国家，君权是独一无二的存在。他在全国上下施行专制统治。在他统治的后期，也曾因为他的独断专行引发了一场全国范围的人民起义，萨尔贡本人也差点在这场起义中丢掉性命。

阿卡德王国的第四位国王，叫作纳拉姆·辛，他继位后领导阿卡德王国展开了新一轮的扩张，使王国有了更大的疆域，他自称为"普天下之王""四方之王"。这也是阿卡德王国最后的黄金时代，在他死后，阿卡德王国逐渐地走向了衰落。

在长期的征战生涯中，阿卡德人被苏美尔人的先进文化所吸引，渐渐地改变了原有的生活方式，也开始像苏美尔人一样，进行农业生产。同时，他们还学会了楔形文字和历法。随着阿卡德人忘却了昔日沙漠里的游牧生涯，也忘却了马背上的武艺，他们渐渐地被苏美尔人所同化，再也不是当初那个挥舞着马鞭和长刀在战场上无往不利的原始民族了。

约公元前2191年，另一支游牧民族库提人入侵两河流域，衰弱的阿卡德王国无力抵挡这些强悍的战士，最终被他们灭亡。

阿卡德王国世系表		
国王	时间	备注
萨尔贡一世	约公元前 2371 年~前 2316 年	统一两河流域南部，建立阿卡德王国
里姆什	约公元前 2315 年~前 2307 年	镇压了国内各地的起义
玛尼什吐苏	约公元前 2306 年~前 2292 年	向伊朗西南部扩张，击溃了 12 个城市的同盟军
纳拉姆·辛	约公元前 2291 年~前 2255 年	先后镇压了乌鲁克、温玛等地的起义，并将其势力扩展到叙利亚、阿拉伯等地
沙尔卡利沙利	约公元前 2254 年~前 2230 年	此时王国日渐衰落，约公元前 2230 年被两河东部的古提（库提）人所灭

表十七　阿卡德王国世系表

公元前 2113 年

乌尔第三王朝的建立

乌尔第一、第二王朝:

乌尔始建于公元前30世纪上半叶。乌尔第一王朝、乌尔第二王朝属于美索不达米亚历史上的苏美尔早王朝时期。据古泥版书上的记载，乌尔第一王朝约在公元前2500年称霸于两河流域。而著名的"乌尔王陵"或许就是这个时期的产物。之后拉格什称霸两河流域，征服了包括乌尔在内的苏美尔诸城邦，乌尔第一王朝结束。但是拉格什的统治时间极为短暂。至公元前2360年左右，拉格什被乌玛王卢伽尔扎吉西打败，而卢伽尔扎吉西又被萨尔贡击败，在萨尔贡统一两河流域之前，乌尔城邦的统治王朝便是乌尔第二王朝。

库提人是游牧民族，他们灭亡了阿卡德王国之后，并没有在两河流域建立统一的国家，对苏美尔地区的统治也非常薄弱。苏美尔各邦趁机复兴起来。

约公元前2120年，乌鲁克王图赫加尔击败了库提人，将他们赶出了两河流域。随后不久，乌尔王乌尔纳木又战胜了图赫加尔，统一了巴比伦尼亚地区，建立了乌尔第三王朝。

苏美尔人重拾往日的辉煌，恢复了对两河流域南部的统治。乌尔第三王朝也因《乌尔纳姆法典》的颁布而闻名于世。不过，这也是苏美尔人最后的辉煌时期了。

《乌尔纳姆法典》是世界上现存已知的最早法典，岁月的流逝使得这部法典如今只剩下一些残篇，难以再一窥全貌。然而在这部法典中，乌尔纳木用法律的形式确定了自己对两河流域的最高统治权。法典的序言中说："神明在众人中选择了他（乌尔纳木）。"这一序言也是两河流域的君权神化的开端。

到了乌尔纳木的儿子舒尔吉统治时期，国王已经被视为如同神明一样的存在。而舒尔吉也被称为"神舒尔吉"。他的儿子阿马尔·辛则被称为"给全国民众以生命之神"。君权的神化，也证明了乌尔第三王国统治时期中央集权的加强。原本的城邦变成了地方行政单位。"恩西"也开始由国王任免。贵族的势力大不如前了。

乌尔第三王朝的强大毋庸置疑，但是其国内的矛盾也极为尖锐，奴隶制国家的经济命脉由奴隶的劳动来支撑。为数众多的奴隶使乌尔第三王朝的声望达到了顶峰。然而好景不长，随着国家的发展，对奴隶数量的需求也越来越大，剥削也越来越多。这一方面导致了自由民的分化与破产，另一方面也使得大量的奴隶开始逃亡。当时流传一句谚语："来自草原的人会进入城市，并将城里的人赶走。"正如谚语中提到的一样，不久之后阿摩利人便骑着马从草原而来了。

乌尔第三王朝的末王叫作伊比辛。在他的统治时期，王国的实力已经大不如前了。而伊比辛本人也不再拥有王国初期那样的强大君权，对全国失去了控制力，全国的局势动荡不安。许多地方的城邦逐渐脱离了王国的统治宣布独立。其中最著名的便是伊辛城，这座城市的叛乱给了衰落的乌尔第三王朝沉重的一击。

埃兰人与埃兰王国：

埃兰人是生活在两河流域东部的民族，语言为埃兰语。这种语言与古达罗毗荼语相似，由此可知埃兰人与古达罗毗荼人有密切的联系。埃兰的历史分为三个时期，埃兰大约在公元前2700年开始建立国家，至公元前549年被波斯帝国所灭亡。后成为波斯帝国的一个重要行省（胡泽行省）。

　　阿摩利人挥舞着长刀向乌尔第三王朝展开了侵袭，他们和东部的埃兰王国结盟，不断地掠夺和侵占乌尔第三王朝的土地。伊比辛被长期的战争折磨得焦头烂额，毫无招架之力。公元前2006年，埃兰人发动了规模庞大的远征，伊比辛在这场战争中被俘，乌尔第三王朝的历史也就此画上了句号。伊比辛本人被掳到了埃兰，从此销声匿迹，关于他最后的命运，再无任何消息。

　　乌尔第三王朝是苏美尔人最后的王朝，它的灭亡也宣告了苏美尔人在世界历史舞台上的谢幕，但是，在之后悠久的历史岁月里，苏美尔人的文明却传承了下来，成为了古典文明的重要部分。

　　而苏美尔人生存过的遗迹，被黄沙埋藏在了地下，人们寻找了几十个世纪都没有再找到它的任何踪迹。人们只得哀叹这古老的文明已经随风而逝。直到19世纪，古老的城垣才重见天日，往日的文明又再次呈现在人们的眼前。

公元前 1894 年～前 1595 年
古巴比伦王国建立、兴盛与衰亡，《汉谟拉比法典》的颁布

乌尔第三王朝覆灭之后，两河流域南部重新回到了分裂的状态。独立的城市纷纷开始争夺新的霸权。埃兰人在灭亡乌尔第三王朝之后不久退回了东方。而阿摩利人却在两河流域生存下来。此时，曾经的乌尔重镇伊辛也建立了王朝，与由阿摩利人建立的拉尔萨王朝展开了争霸战。公元前 1894 年，另一支阿摩利人的首领苏木阿布姆建立了巴比伦城邦，古巴比伦王国的历史便从这里正式开始。

古巴比伦王国的首都就是巴比伦城，这座城市位于幼发拉底河的中游，地理位置十分优越。在建国之初，巴比伦的实力非常弱小，只是一个依附于邻国的小邦。而此时的伊辛王朝与拉尔萨王朝的争霸战争正进行得如火如荼，日趋激烈。伊辛王朝继承了乌尔第三王朝的实力，在初期的争霸战中有一定的优势。而拉尔萨王朝经过多年

> **海国王朝与加喜特王朝：**
>
> 又称海土王朝，巴比伦第二王朝。汉谟拉比死后，他的儿子无力维持帝国的统一。巴比伦尼亚南部靠近波斯湾的领土宣布独立，建立了第一海国王朝。之后古巴比伦王国被赫梯所灭亡，加喜特人在其后统治了巴比伦地区，约公元前 1570 年建立了加喜特王朝，与海国王朝并存。约公元前 1450 年，加喜特王朝灭亡海国王朝，重新统一巴比伦尼亚。加喜特王朝统治巴比伦尼亚的时间大约是公元前 1570 年～前 1150 年。被伊兰人所灭亡。

巴比伦城：

古巴比伦王国的首都，位于两河流域的中心地带，是底格里斯河和幼发拉底河最接近之处。在阿卡德语中，巴比伦一词的意思是"神祇之门"，是巴比伦尼亚人民心目中的圣土。在其全盛时期，是世界上最繁华的城市。它的建筑灿烂辉煌，雄伟壮丽，是古典文明时期的杰出代表。古巴比伦王国灭亡之后城市也随之衰落变成了废墟。这座历史名城现在仍深埋于地下。

的发展，在其末王耶姆特巴尔统治时期达到了极盛，扭转了整个战局。耶姆特巴尔领导军队不断地进攻伊辛王朝，严重削弱了伊辛王朝的实力。到公元前 18 世纪前期，拉尔萨已经统一了南部和中部的巴比伦尼亚。

而此时的古巴比伦王国，在相对安稳的环境里积攒了足够的实力。公元前 1728 年，古巴比伦王国的第六位国王汉谟拉比继位。他是一位极具军事能力和政治能力的伟大君王。他一继位，便着手开始发动统一两河流域的战争。他首先击败了衰落的伊辛王朝，转而向东击败了伊兰。接着，汉谟拉比又继续南进，灭亡了拉尔萨王朝，使分裂了近两百年的两河流域再次归于统一。

汉谟拉比是一位贤明的君主，他统一两河流域之后，建立了完善的中央集权专制制度。在他继位的第 30 年，颁布了举世闻名的《汉谟拉比法典》。

《汉谟拉比法典》堪称古巴比伦王国时期最著名的成就。整部法典被刻在一块黑色的玄武岩石柱上。因此，这部法典又被称作《石柱法典》。整部法典至今依然保存完整。用 282 条法律规定了各个方面的绝对要求。这部法典完整地反映了古巴比伦王国的社会风貌。

汉谟拉比拥有至高无上的君权，在他统治巴比伦时期，古巴比伦王国达到了极盛。无论是政治、经济、军事还是文化方面，都达到了古巴比伦文明的最高峰，奴隶制度也获得了空前的发展。

《汉谟拉比法典》

据史料记载，古巴比伦王国拥有大量的奴隶用于经济生产。然而，这也导致了古巴比伦王国的不稳定性，阶级矛盾极其尖锐。在汉谟拉比死后，国内时常爆发大规模的奴隶暴动，王国统治受到强烈的冲击。与此同时，东部的加喜特人也开始入侵巴比伦。这进一步导致了古巴比伦王国的衰落。

正当古巴比伦王国开始走向衰落的时候，位于北方的赫梯王国逐渐强盛起来。赫梯国王穆尔西里一世不断发动对邻国的侵略战争，他统领兵马于公元前1595年入侵古巴比伦王国，兵临巴比伦城下。昔日强大的巴比伦没有办法重拾往日的辉煌，在赫梯的进攻下土崩瓦解。虽然一场宫廷政变迫使赫梯的部队不得不火速班师回朝，然而他们带给巴比伦的破坏已经不可挽回。古巴比伦王朝的历史就此结束。

时至今日，汉谟拉比的辉煌之城依然在两河平原的地下深埋，记载着那段辉煌的岁月。

名称	国家	颁布时间	颁布者	内容
《乌尔纳木法典》	乌尔第三王朝	约公元前2113年～前2006年	乌尔纳木	保护奴隶占有和私有制经济，镇压奴隶和贫民的反抗。
《汉谟拉比法典》	古巴比伦	约公元前1792年～前1750年	汉谟拉比	竭力维护不平等的社会等级制度和奴隶主贵族的利益，比较全面地反映了古巴比伦社会的情况。
《摩奴法典》	古印度	约公元前2世纪～公元2世纪	摩奴	是古印度婆罗门教的经典，印度人生活法规之基准。
《德拉古法典》	雅典	公元前621年	德拉古	严刑峻法，维护奴隶主贵族利益。

表十八　古代法典

古巴比伦文明国家一览		
国名	建立时间	民族
阿卡德王国	公元前2500年前后	闪米特人的一支——阿卡德人
乌尔第三王朝	公元前2111年～前2003年	苏美尔人
古巴比伦王国	公元前十九世纪中	巴比伦人

表十九　巴比伦文明国家一览

约公元前 19 世纪～前 8 世纪
赫梯人建立赫梯王国，赫梯王国的兴盛与灭亡

当两河流域文明处于辉煌之中的时候，生活在小亚细亚地区的哈梯人也逐渐进入了文明时代。公元前 19 世纪，哈梯人在小亚细亚地区建立了初具规模的赫梯帝国。

赫梯王国的历史，大致分为三个阶段，包括古王国时期、中王国时期以及帝国时期（又称新王国时期）。大约在公元前 3000 年～前 2000 年，亚述帝国在小亚细亚地区建立了若干商业殖民地，这些殖民地经过长时期发展，形成了最初的赫梯国家雏形。当时的哈梯人首领阿尼塔征服了小亚细亚地区的亚述殖民地，建立了最早的赫梯国家。约公元前十七世纪，赫梯进入了古王国时期。

最初的赫梯极具扩张性，国家领域一度从地中海扩大到黑海，在公元前 17 世纪，赫梯征服了广大的地区成为了一个强盛的奴隶制国家。然而这也导致了赫梯王国的尖锐阶级矛盾，在整个赫

王子们的奴隶的起义:

古王国时期，赫梯的统治者每征服一地，就派自己的王子到那里去进行统治。因为奴隶制度的残酷性，这些地区往往受到沉重的剥削和压榨，这也激起了当地居民的强烈反抗，奴隶暴动时有发生。因此，所谓"王子们的奴隶的起义"，其实质就是这些地区的人民起义。

梯古王国时期，奴隶起义时有发生，其中最出名的就是"王子们的奴隶的起义"。公元前17世纪末，赫梯的国王摩尔西里一世联合了贵族阶级镇压了这次起义，他积极地建设赫梯的军事，并且于公元前1595年出兵两河流域南部，灭亡了古巴比伦王国。但是他没有在巴比伦尼亚地区长久地停留下去，只在巴比伦城大肆抢掠后便返回了小亚细亚，在这种积极的扩张政策下，赫梯成为了西亚地区最有影响力的国家之一。

但是在古王国时期，赫梯王国的内部统治却是薄弱的，摩尔西里一世成为了这种薄弱统治的牺牲品，在他灭亡古巴比伦王国之后不久，这位强大的征服者却死于一场宫廷阴谋。赫梯王国也由此开始陷入了数十年的王位争夺战之中，这场内战导致赫梯王国的矛盾越发尖锐，改革也由此而显得迫在眉睫，于是在公元前16世纪后期，新继位的赫梯国王铁列平对王位继承制度进行了一次重要的改革。

铁列平的改革内容，最主要的便是长子继承制。经过他的改革，赫梯王国的内部关系得到了缓和，王权也变得更加巩固。也正是同一时期，赫梯颁布了《赫梯法典》，使得赫梯王国的国家秩序更为稳固，国力也更加强大。

铁列平死于公元前1500年，赫梯在此时进入了中王国时期。到目前为止，没有发现这一时期与赫梯有关的历史资料。使其成为了赫梯历史上的一段空白时期。

海上民族：

海上民族指的是公元前13世纪开始横行在地中海东南地区的以腓力斯丁人为代表的古代民族联合。他们往往极具侵略性，是具有海盗性质的航海者集团。在几个世纪中，他们接连入侵西亚和北非地区，摧毁了赫梯帝国等古老的强国。埃及第十九王朝和第二十王朝时期曾与海上民族有过两次大规模的会战。公元前10世纪，海上民族最终被击败，在历史中消失。

公元前1450年，赫梯进入了新王国时期。随后的两百余年时间中，赫梯帝国空前的强大，积极地对周边地区展开了征服战争。公元前14世纪上半叶，在叙利亚地区，赫梯同埃及展开了争霸战争。当时，埃及的国王埃赫那吞在埃及进行了一系列宗教改革，无力东顾，赫梯趁机出兵叙利亚征服了这里的广大土地。埃及第十九王朝法老们为了夺回这一地区的领地与赫梯进行了长达近百年的战争。其中，在法老拉美西斯二世统治时期，赫梯国王姆瓦塔路与他进行了一场重要的会战——卡迭石会战。

这场会战发生于公元前1300年，战场就在叙利亚地区的卡迭石城下。拉美西斯二世率领的军团被赫梯军队包围险些遭到了俘虏，所幸援军及时赶到才击败了赫梯军队。这场战争使得两国的国力都受到了严重的损失，最终只得以缔结和约的方式收场，因为条约刻在银板上，所以叫作《银板和约》，它的签订终结了赫梯和埃及近百年的争霸战争。

长期的战争使得赫梯国力下降，国内外的形势开始变得严峻。公元前13世纪末，腓力斯丁人（即海上民族）强盛起来，席卷了整个东地中海地区，赫梯王国也在这场突如其来的变故中遭到了毁灭性的打击，王国被肢解，变成了若干个城市国家。直到公元前8世纪，这些零星存在的赫梯小王国被强大的亚述帝国彻底毁灭。

赫梯文明自公元前3000年萌发至公元前8世纪彻底消亡，历经两千余年的时间，是西亚古文明的重要组成部分。它璀璨的文化在历史的岁月长河中一直流传，经久不息。

约公元前 2500 年～前 1000 年
亚述帝国处于早期、中期亚述时期

两河流域的北方，是亚述地区。古典文明时代，亚述地区地形多为山地，与两河流域的南部不同，这里不会受到洪水的侵袭，因此，在旧石器时代这里就已经有居民居住了。公元前 3000 年左右，一支使用塞姆语的民族来到了这里，他们被后世称为亚述人。

亚述历史分为早期亚述、中期亚述和新亚述三个时期。早期亚述并不强大，曾依附于阿卡德王国。公元前 22 世纪，在阿卡德王国灭亡之后，亚述逐渐形成了统一的国家。亚述的商业贸易相当发达，同西亚、北非等广大地区有密切的商业联系，还曾在小亚细亚地区建立了商业殖民地。在早期的西亚、北非古文明诸强国的争霸过程中，亚述扮演着商人和文化传播者的角色。

公元前 19 世纪，亚述王沙马什阿达德一世开始对周边地区进行侵略活动，小亚细亚地区东部

尼尼微：

古亚述帝国的重要都市，新亚述帝国首都。它位于两河流域北部，是古典文明时期两河流域著名的商业大都市。在《圣经·旧约》中曾有这样的记载："耶和华必伸手攻击北方，毁灭亚述，使尼尼微荒芜，干旱如旷野。"公元前 612 年，该城被米底和巴比伦联军毁灭，仅剩下断壁残垣。一直到近代，尼尼微这座城市的位置所在却是一个不解之谜，直到 19 世纪，这座埋藏在地下数千年的历史名城被考古学家们所发现，千年古城才终于被世人所知。

小亚细亚：

　　土耳其的亚洲部分被称为小亚细亚，是古代亚洲重要的商业地区，因为地处欧亚交界处，具有重要的战略意义，自古典文明时期以来就是兵家必争之地。同时，这里也是多个不同民族的发源地。古代赫梯帝国便建立于此。

也曾被亚述征服。在他之后，亚述的势力又逐渐衰弱。到了公元前 16 世纪，亚述又依附于巴比伦尼亚的加喜特王朝。但是，军事的软弱并没有让亚述灭亡，正相反，它依靠大规模的商业贸易活动，在几个世纪中积累了众多的物质财富，到公元前 15 世纪末期，亚述强大起来进入了中期亚述时期。

　　此时的小亚细亚地区，另一个奴隶制强国赫梯也已经崛起，此时的亚述无力与其在该地区争夺霸权，但是，此时的亚述统治者们还是在不断寻找机会，扩大自己的势力，准备向外扩张。随着加喜特王朝的衰落，亚述人摆脱了对他们的依附转而进攻巴比伦尼亚，曾一度攻陷巴比伦城，并将城中的神庙和王宫洗劫一空。而之后加喜特王朝虽然也曾再度崛起并征服亚述，却再也不具备彻底灭亡亚述的实力，由此，不得不承认亚述独立存在的事实。

　　亚述两次同米坦尼作战，彻底占有了它的全部国土，到公元前 13 世纪初，亚述甚至威胁到了赫梯的安全，迫使赫梯不得不与他们的对手——埃及缔结合约。

　　之后不久，赫梯帝国受到了海上民族的入侵，被肢解成若干个城市国家；加喜特王朝也被伊兰人所灭，取而代之的是伊辛第二王朝。伊辛第二王朝的崛起，遏制了亚述对外扩张的势头。与此同时，亚述爆发了严重的内部危机，同时受到了阿拉美亚人的入侵，这使得亚述遭到了严重的削弱。

直到公元前 12 世纪末，亚述才有了再起的机会，控制住了巴比伦力量的增长。当时，继位的蒂格拉思皮利泽一世引导亚述帝国走向了中期亚述的巅峰时代，他连年进行对外侵略战争，成为了两河流域地区的霸主。

直到阿拉美亚人和迦勒底人入侵两河流域，亚述帝国被击败，分崩离析，直到公元前 10 世纪，亚述帝国才得以重建，迎来了新亚述时期。

小亚细亚的赫梯人	古希腊、古罗马	中国	欧洲大陆
公元前1400年	公元前1000年	公元前6世纪	公元前500年

表二十　铁器时代时间进程表

公元前935年～前612年

亚述帝国的兴衰，亚述进入铁器时代

公元前1000年左右，亚述帝国进入了新亚述时期。这个时期对于亚述来说，是不可多得的黄金时代。

从外部因素来看，当时的西亚、北非强国中，赫梯帝国已经被海上民族所击溃；埃及帝国进入了后王朝时期，实力大不如前，根本无力进行对外扩张；南方的巴比伦尼亚也进入了衰弱时期，虚弱无力；北方的乌拉尔图虽颇具实力，却也非亚述帝国的敌手。上述的种种使得亚述有了称霸的良好条件。而从内部因素来看，亚述帝国在这时候进入了铁器时代，经济生产力和军事力量都大为增强，具备了对外扩张的基础实力。

从公元前10世纪开始，亚述开始积极地进行对外扩张。公元前9世纪前期，亚述国王希尔帕二世征服了北部叙利亚。他的后继者沙尔马纳塞三世又不断地进攻南部叙利亚，经过三次大规模的战争，确立了对整个叙利亚地区的领导权。

至公元前 8 世纪中期，提格拉特帕拉沙尔三世继位后进行了军事改革，建立了一支强大的多兵种部队，并利用这支部队打败了乌拉尔图，又迫使巴比伦尼亚与亚述合并，最终统一了两河流域，奠定了亚述帝国的疆域版图。

然而，亚述帝国的征服战争并没有因此而停止。公元前 8 世纪后期，萨尔贡二世击败了以色列，又再次击败乌拉尔图，并且同米底王国展开战争，取得了东北方的巨大胜利。他的后继者辛那赫里布镇压了国内的人民起义，为了防止巴比伦的再起，他摧毁了巴比伦城。

乌拉尔图：

公元前 9 世纪在小亚细亚地区的古王国，建立者为乌拉尔图人。建国后时常受到亚述帝国的侵扰，与亚述进行了数个世纪的战争。公元前 8 世纪，乌拉尔图被亚述国王萨尔贡二世击败，从此一蹶不振，无力再与亚述为敌。公元前 7 世纪末，曾与亚述结盟，共同对抗米底王国和新巴比伦王国的入侵，与公元前 6 世纪初被米底人所灭。

公元前 7 世纪，亚述帝国出兵埃及，攻下了孟斐斯城。但是，亚述对埃及的控制并不稳固，很快埃及便获得了独立。至此，亚述帝国的征服活动才画上了句号。

亚述的征服战争，带有很大的野蛮性，每征服一处，必然大肆抢掠，使该地区的经济受到严重的破坏。这种不计后果的掠夺导致亚述在这些地区很难建立长久而稳固的统治，各地的人民起义时有发生。与此同时，连年的征战也让亚述的经济背负沉重的负担，而亚述掠夺来的资源又大多用于新的战争和王室挥霍，这使得亚述逐渐衰落了下去。

公元前 626 年，巴比伦尼亚宣告独立。亚述派遣管理巴比伦尼亚地区的迦勒底贵族那波帕拉沙尔自立为王，建立了新巴比伦王国。随后不久，新巴比伦王国与米底人结盟，向亚述帝国展开了进攻，公元前 612 年，亚述首都尼尼微被联军攻陷，亚述帝国就此灭亡。

亚述帝国是人类历史上的第一个铁器帝国，新亚述时期的亚述帝国经过连年征战，建立的国家横跨亚、非两大洲，其规模是空前的。亚述帝国灭亡后，西亚地区再一次地陷入战乱与分裂，直到波斯帝国出现，这些地区才再次得到统一。

公元前 1230 年～前 586 年

以色列犹太国家的兴衰

以色列犹太人的历史，最早可以追溯到公元前 16 世纪左右。在巴勒斯坦地区居住着迦南人。埃及人的势力扩张到叙利亚巴勒斯坦，在这里建立了许多小国家。而以色列犹太人的祖先（希伯来人）在不久之后也到了这里。

据《圣经》所说，以色列犹太人经过长期的斗争，占领了巴勒斯坦原有居民迦南人的许多土地，在此基础上逐渐进入了部落军事民主制时代。

这个时期，以色列犹太人尚未形成国家，在以色列犹太史上这个时期被称作士师时代。从公元前 1230 年～前 1020 年，士师时代包括了两百多年的时间，在这段时间中，以色列犹太人逐渐地形成了自己的特有文化和独立国家。

公元前 13 世纪末，以腓力斯丁人为首的海上民族横扫东部地中海地区，并入侵到了巴勒斯坦地区，以色列犹太人跟他们进行了长期而激烈的

《圣经》中记载的以色列犹太历史：

据《圣经》记载，犹太人的先知亚伯拉罕在公元前 2000 年左右带领着人民从两河流域来到了巴勒斯坦地区，由于气候干旱，一部分人后来前往了埃及。几百年后，他们的首领摩西又率领他们经过千难万险离开埃及返回巴勒斯坦。《圣经·旧约》是犹太教的经典，同时也是有关犹太人历史的一部史书。

斗争，战争持续了近两个世纪，最终犹太人获得了胜利，与此同时，以色列犹太人的国家形成了。

公元前1020年，以色列犹太国家进入王国时代，他们的第一位君主名叫扫罗，他领导着以色列犹太人与腓力斯丁人英勇作战，将腓力斯丁人打败，但是，他在犹太部落中并不受欢迎，因此在位时间并不长。公元前1000年，犹太人的领袖大卫背叛了扫罗，致使他战死于与腓力斯丁人的战斗之中。扫罗虽然取得的成就有限，但是他在一定程度上促进了以色列犹太民族的觉醒和统一。他死后，以色列部落的实力大为减弱，为后来犹太人首领大卫称王提供了条件。

扫罗死后，大卫依靠腓力斯丁人的力量统一了以色列和犹太人。他继位后又将腓力斯丁人逐出以色列犹太国家。他在位40年，在此期间夺取了耶路撒冷，并定都于此。从此，耶路撒冷成为了以色列犹太人的圣城。在大卫的领导下，以色列犹太国家逐渐走向强盛，之后，他又带领以色列犹太人展开了大规模的侵略战争，扩大了国家的版图。但是，长年的战争加重了人民的负担，国内的矛盾日益尖锐。

大卫死后，他的儿子所罗门继位。在《圣经》中，所罗门被描绘为聪慧贤明的君主，他和埃及、推罗结为了盟友，大力发展海外贸易（尤其在红海一带），并且将国家划分为十二个行省，建立起一套较为完善的税收、劳役制度，巩固了以色列犹太国家的统治。但是，所罗门在位期间奢侈

应许之地：

在《圣经·旧约》中记载，亚伯拉罕受到了耶和华的赞赏，赐予他"流奶与蜜之地"，也就是巴勒斯坦地区。经过亚伯拉罕、摩西、约书亚几代先知的不懈努力，以色列犹太人终于到达巴勒斯坦。这就是应许之地的由来。后来，应许之地被进一步阐释为圣城耶路撒冷。

无度，这引起了人民的不满，在他死后不久，国家就分裂为南方的犹太王国和北方的以色列王国。

以色列王国存在了约两百年便从历史中消失，犹太王国却断断续续地存在到罗马人统治之初。犹太王国的命运是悲惨的，亚述人、埃及人、迦勒底人、波斯人、希腊人、罗马人都曾征服过它。在公元前586年，迦勒底人建立了新巴比伦王国，两次征服了犹太王国，并攻陷了圣城耶路撒冷。城中的居民们都被俘虏至巴比伦尼亚。直到新巴比伦王国灭亡，他们中的一部分人才重返故土。

以色列犹太人在漫长的苦难历史中，逐渐形成了属于自己的宗教——犹太教。犹太教后来衍化出了基督教，但是绝大多数以色列犹太人仍坚信本族的犹太教。

罗马人统治巴勒斯坦地区后，犹太人无力反抗，随后他们散居到了世界各地。值得赞叹的是，在数千年的时间里，他们一直保持着自己的宗教信仰和习俗，始终未被同化。直到现在，世界上许多国家中依然有犹太人存在。而他们曾经生活的巴勒斯坦地区在公元7世纪被阿拉伯人占领，后来成为了阿拉伯人居住的地方。

姓名	大事记
亚伯拉罕	《圣经·旧约》中说，在人类遭遇洪水之后，挪亚的家族便繁衍到各地，其中有个名叫亚伯兰的闪族人，受神的指示，辗转迁徙到迦南的幔利橡树林。上帝令亚伯兰改名为亚伯拉罕，并使他家业大兴，后得一子以撒。一天，耶和华命他将以撒作为牺牲献给耶和华。亚伯拉罕正欲将儿子放上祭坛动刀砍杀时，天使飞来不准他杀子，告诉他这是上帝试探他是否虔诚。从此，上帝便授命亚伯拉罕为世上的代理人，连后来的耶稣降生也属于他第五十二代的后辈之事。
摩西	《圣经·旧约》前五本书的执笔者。带领在埃及过着奴隶生活的以色列人，到达神所预备的流着奶和蜜之地——迦南。神借着摩西写下《十诫》给他的子民遵守，并建造会幕，教导他的子民敬拜他。
约书亚	摩西死后，神选立约书亚为以色列人民的首领，继续摩西的工作，将百姓带进迦南地区。

表二十一　以色列犹太人先知表

公元前 626 年～前 539 年

新巴比伦王国时期，空中花园的建造，犹太教的诞生

公元前 626 年，迦勒底人在巴比伦尼亚地区宣告独立，脱离了亚述帝国的控制。迦勒底人领袖那波帕拉沙尔称王，建立了新巴比伦王国。公元前 621 年，新巴比伦王国联合米底王国灭亡了亚述帝国，重新统一了两河流域南部。

新巴比伦王国的疆域，除两河流域南部外，还包括叙利亚、巴勒斯坦和腓尼基。这三个地区与新巴比伦王国的关系，始终贯穿在新巴比伦王国的历史中。

其中，叙利亚在公元前 604 年归顺新巴比伦王国。当时的巴比伦王国国王尼布甲尼撒二世刚刚继位，他是一位非常著名的国王。当时，巴勒斯坦地区和腓尼基对新巴比伦王国的态度不明，而埃及也始终想夺回自己在该地区的统治权。面对这一复杂形势，尼布甲尼撒二世首先迎娶了米底王国的公主阿米蒂斯为王后，巩固了与米底王国的同盟。

吕底亚王国：

吕底亚王国是公元前 1000 年存在于小亚细亚西部的一个国家。当米底王国和新巴比伦王国灭亡亚述帝国时，吕底亚王国已经成为了小亚细亚地区的一个大国，它与米底王国展开了争夺亚述帝国遗产的战争，战争长达六年，双方相持不下。公元前 585 年 5 月 28 日，两军在决战时被当天发生的一次日食吓坏，以为自己受到了神明的谴责，于是缔结了和约，这场战争才告停止。公元前 546 年，吕底亚王国被波斯所灭。

米底王国:

米底人是公元前 2000 年左右迁徙到伊朗高原的民族,公元前 8 世纪,形成了国家。公元前 7 世纪,米底王国开始向外扩张,曾与新巴比伦王国联合,灭亡了亚述帝国。还曾多次进攻波斯、吕底亚王国等国家和地区。公元前 550 年,米底王国被波斯所灭,成为了波斯帝国的一部分。它的首都埃克巴塔那成为了波斯的第二个首都。

犹太教:

以色列犹太民族信奉的宗教,在"巴比伦之囚"时期发展成熟。该教为一神教信仰,信奉上帝耶和华。教义中坚信以色列是上帝的选民,以色列比其他任何民族都优秀,经典为《圣经·旧约》,至今仍在世界各地流传,而世界各地的以色列犹太人也把坚信犹太教作为民族认同的根据。

然后,在公元前 597 年,他首次出兵巴勒斯坦,攻占了耶路撒冷,并在那里扶植起了一个傀儡政权,以统治犹太人。然而好景不长,在公元前 590 年,这个傀儡政权投靠了埃及法老普萨姆提克。埃及法老普萨姆提克趁机出兵占领了西顿,这让新巴比伦王国一时显得处境堪忧。尼布甲尼撒二世整顿了国家的后防,修筑起了一条防范米底人的长城,公元前 587 年,他第二次进军巴勒斯坦,并于次年再次攻陷犹太人的圣城耶路撒冷,至此,犹太王国彻底灭亡,埃及也不得不放弃了对巴勒斯坦的野心。

在这一次对巴勒斯坦犹太王国的战争中,尼布甲尼撒二世俘虏了犹太人的国王,并将巴勒斯坦地区的犹太人大部分掳往巴比伦尼亚,史称"巴比伦之囚"。这也对犹太教的形成和发展起到了重要作用。

除了对外的战争之外,尼布甲尼撒二世还有两个最重要的成就,第一个是大规模建设巴比伦城。在他的建设下,巴比伦城成为了当时世界上最繁华的城市,城中建筑雄伟,寺庙高耸,十分繁华。

而第二个成就便是修建了古代世界七大奇迹之一的空中花园。相传,这座花园是为了他的王后米底公主按照米底王国的风貌而修建的,它位于底格里斯河河畔,高达 25 米,边长 120 米,成正方四角锥体。花园中种有全年翠绿的树木,远看仿佛一座葱郁的山丘。可叹的是,这座花园仅

巴比伦空中花园

仅存在了不到三百年，于公元前 3 世纪被毁。

尼布甲尼撒二世统治时期是新巴比伦王国的极盛时期，但是国内阶级矛盾和民族矛盾依然非常尖锐，在他死后不久，崛起于伊朗高原西南部的波斯人便入侵了巴比伦尼亚，将新巴比伦王国灭亡，国王也成为了波斯人的俘虏。

新巴比伦王国的历史是短暂的，但是经济相当繁荣，在两河流域的文明史上留下了光辉的一笔。

名称	国家	修建时间	毁灭时间
埃及吉萨金字塔	埃及	约公元前 2700 年~前 2500 年	
奥林匹克宙斯神像	古希腊	公元前 470 年	公元前 470 年
阿尔忒弥斯神殿	古希腊	约公元前 550 年	公元前 356 年
摩索拉斯基陵墓	古巴比伦	约公元前 6 世纪	
亚历山大灯塔	埃及	约公元前 300 年	十四世纪
巴比伦空中花园	巴比伦	公元前 6 世纪	
罗德岛太阳神巨像	古希腊	公元前 282 年	公元前 226 年

表二十二　古代七大奇迹

公元前 1570 年～前 1085 年

埃及新王国时期，埃赫那吞宗教改革

公元前 1570 年，埃及进入新王国时期。第十七王朝的末代法老卡美斯以及他的弟弟——第十八王朝首位法老雅赫摩斯一世领导了反抗喜克索斯人的战争。第十七王朝位于下埃及地区的底比斯，在公元前 16 世纪之前，一直依附于喜克索斯人建立的第十五王朝和第十六王朝。卡美斯领导的反喜克索斯人战争取得了重大胜利，但未能将喜克索斯人赶出埃及。

卡美斯的弟弟雅赫摩斯继续进攻喜克索斯人，公元前 1553 年，他终于占领了喜克索斯人的首都阿瓦利斯，这些入侵者终于被驱逐出境，埃及也重新获得了独立和统一。而雅赫摩斯建立的第十八王朝也标志着埃及从此进入了新王国时期。

新王国时期包括三个王朝（第十八至第二十王朝），在这一时期，埃及进入了新的繁荣阶段，同时，也展开了历时约百年之久的对外扩张战争。

第一位女性法老：

第十八王朝的法老哈特舍普苏特是古代埃及历史上第一位女性法老，同时也是埃及古代三大美女之一。她在位期间，中断了一直以来为征服亚洲进行的远征，转而进行和平贸易，这使得埃及的国力得到充实，之后的法老图特摩斯三世进行大规模的远征也成为可能。

72

战争最早是由雅赫摩斯一世发起的，他进攻了南方的努比亚和叙利亚、巴勒斯坦，他的继任者阿蒙霍特普一世继续出兵努比亚，同时还向利比亚进攻。在他之后，继任者图特摩斯一世向周边的邻国米坦尼王国发起了进攻，奠定了埃及帝国的基础。

公元前 1504 年，图特摩斯三世继位，他在位的 54 年中不停地对外征战，击溃了叙利亚联军、米坦尼王国，震慑了整个西亚，使亚述和巴比伦尼亚也不敢小觑埃及。这位法老一生征战十七次，建立起了一个横跨西亚、北非的奴隶制帝国，是埃及帝国的完成者。

然而，图特摩斯三世在每次战争胜利后，都要给神庙很多战利品。阿蒙神庙祭司集团是埃及的重要政治力量之一，当图特摩斯三世死后，神庙集团力量更加庞大，逐渐危及王权，到了阿蒙霍特普三世统治时期，法老感到自己的统治受到了威胁，因此这位法老决心削弱神庙祭司集团的实力：他在底比斯为阿吞神（太阳神）修建了一座神庙，表明了对阿吞神的崇拜，在一定程度上限制了阿蒙神庙祭司集团。

当然，阿蒙神庙祭司集团并不甘示弱，他们展开了反攻，企图插手法老的继承，然而计划最终宣告失败。阿蒙霍特普四世（阿蒙霍特普三世之子）继位为法老。这位新上台的法老对阿蒙祭司集团忍无可忍，采取了强硬的手段，发动了宗教改革。这次宗教改革的影响是巨大的，改革一

埃赫塔吞：

即埃及中部城市阿马尔那，是埃赫那吞改革时期的埃及新都。在埃及语中，埃赫塔吞的意思是"阿吞的视界"。在埃赫那吞改革时期，埃及的艺术呈现出一种清新的特点，常被称为阿马尔那风格。埃赫那吞改革失败后，埃赫塔吞被废弃，成为了一片废墟，被世人所遗忘。十九世纪才被重新发掘。

埃赫那吞雕像

开始，他就提出了废除对阿蒙神的一切崇拜，转而崇拜阿吞神。他将自己的名字改为了"埃赫那吞"，并且没收了阿蒙神庙的所有财产转交给阿吞神庙，又将首都迁到了阿马尔那，将其取名为"埃赫塔吞"。

埃赫那吞以法老的身份领导了宗教改革，但是在改革过程中遭到了神庙势力的顽强抵抗。改革持续了十多年，在埃赫那吞死后，最终宣告失败，他的继承者图坦哈蒙放弃了改革的成果，恢复了原有的信仰，埃及的首都也迁回了底比斯。神庙势力再次崛起，比以往更为跋扈，王权和神庙势力再度结盟，对神庙的势力更为依赖。

在埃赫那吞改革期间，埃及无暇顾及西亚领地，这些地方纷纷脱离埃及的统治，其中一部分投到了赫梯的保护之下，这引起了后来的法老对赫梯的不满，继而爆发了埃及与赫梯的争霸之战。

战争开始于公元前14世纪，第十九王朝的数位法老多次与赫梯作战，稳定了埃及在西亚地区的局势，但是赫梯在西亚地区仍然有很强的势力。埃及在这一时期未能完全恢复全部属地，到了公元前13世纪，法老拉美西斯二世统治埃及，他将埃及和赫梯之间的争霸战争推到了最高峰。

赫梯此时的国王名叫姆瓦塔鲁，他为了与埃及争霸，将首都迁到了小亚细亚南部的达塔什，拉美西斯二世也不甘示弱，他在尼罗河三角洲的东部地带营建了新都培尔—拉美西斯，并且组建了近三万人的庞大军团。

在公元前1297年，拉美西斯二世出兵叙利亚，姆瓦塔鲁针锋相对，集中了两万战车兵于叙利亚的卡迭什城，准备和埃及军队决一死战。赫梯的军队埋伏在卡迭什城周围将埃及军队层层包围，拉美西斯二世中计被围，为避免失败的命运，急忙派人去调遣援军，好在援军及时赶到，才使得他逃过一劫，并击败了追击的赫梯军队。

在这场战争中，埃及和赫梯均损失惨重，无力再战。于是，双方只得各自退兵，这标志着埃及和赫梯之间争霸战争的结束。到公元前1283年，赫梯的新任国王哈吐什尔要求与埃及缔结合约，拉美西斯二世表示同意。合约的签订标志着两国之间近百年的争霸战争正式结束。

卡迭什会战

之后不久，海上民族入侵埃及，埃及虽然顶住了他们的进攻，但也遭到了沉重的打击，从此一蹶不振。到了第二十王朝时期，埃及在亚洲的大部分属地再次丧失，埃及的国内也是矛盾尖锐，民怨四起。内外矛盾的发展，导致了埃及的再度衰落。王权也变得极为软弱，无法与神庙祭司集团相抗衡。公元前1085年，阿蒙神庙祭司赫利霍尔篡位，代替了第二十王朝的统治，这标志着埃及新王国时期的结束，自此，埃及进入了后王国时期。

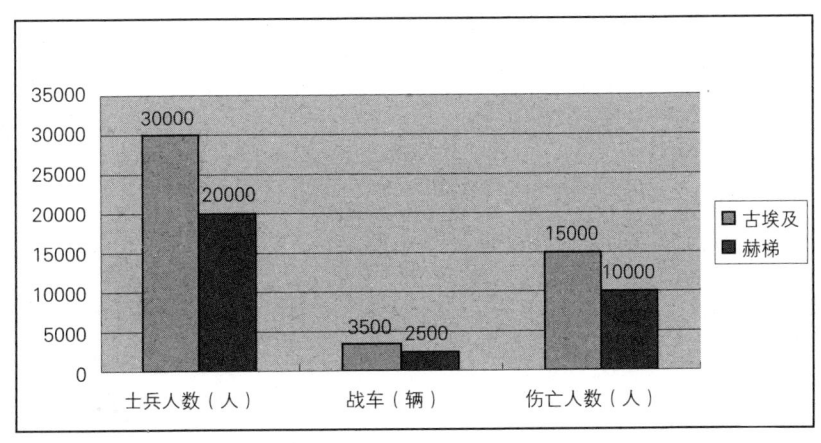

表二十三　卡迭什会战兵力对比

公元前 1085 年～前 332 年
埃及进入后王国时期

公元前 1085 年，随着第二十王朝的最后一任法老拉美西斯十一世被神庙祭司赫利霍尔篡夺了王位，新王国时期画上了句号。埃及进入了古典文明时期的最后一个阶段——后王国时期。后王国时期历时七百余年，包括十一个王朝（第二十一至第三十一王朝）。这个阶段的埃及王国国势衰微，在数百年的时间中逐渐丧失了它的强国地位，再也没有恢复往日的自由与辉煌。

后王国时期分为两个阶段。第一个阶段是第二十一至第二十六王朝时期，在这个时期中，分裂、复兴、衰亡相继发生，法老至高无上的权力也受到了威胁，往日的荣耀一去不返了。

与此同时，埃及也分裂成了南、北两部分。在第二十一王朝的初期，埃及的政治中心转移到北方，当时统治北方的法老叫作斯门德斯，他是第二十一王朝的建立者。而埃及的南方，却掌握在以赫利霍尔为首的阿蒙神庙政权手中。赫利霍

波克霍利斯改革：

古埃及第二十四王朝法老波克霍利斯所实施的改革。改革废除了债务奴隶制，目的是为了缓解国内自由民的分化，缓和阶级矛盾。然而这次改革收效甚微，具体结果如何不得而知。后世希腊梭伦的改革或许受到了这次改革的启发，汲取了有用的精华。

尔以底比斯为中心，掌控的政权与第二十一王朝相对立。在这样的形势之下，埃及日益混乱，逐渐走向衰微。

在新王国时期，有大量的利比亚人以雇佣军的身份进入埃及。这些人在尼罗河三角洲地带留了下来，逐渐形成了一股强大的势力，到公元前945年，这些利比亚人的首领舍尚克发动了叛乱，没遭到任何有力的抵抗就将弱小的第二十一王朝推翻，建立了第二十二王朝。当时的巴勒斯坦地区，以色列犹太王国进入了强盛阶段，君主所罗门迎娶了第二十二王朝的一位公主，与埃及保持着友好的关系。然而，所罗门死后，以色列犹太王国发生了分裂。第二十二王朝的法老趁机出兵巴勒斯坦，并占领了耶路撒冷，埃及辉煌一时。

然而，南方的神庙集团拒绝承认第二十二王朝的合法性，以此来与法老争权夺利。由于神庙的干预和对抗，第二十二王朝很快便走向了衰败。

第二十三王朝是在第二十二王朝后期出现的，同样也是利比亚人所建立；第二十四王朝略晚于第二十三王朝建立，建立者是埃及北方的豪强贵族；埃及南方的努比亚脱离了埃及的控制，建立了第二十五王朝。这三个王朝都与第二十二王朝并存过，埃及已经进入了四分五裂的全面内乱时期。

这样的动乱使得埃及彻底失去了其强国的地位，也使得西亚强国有了可乘之机。公元前7世纪，亚述帝国两次攻入埃及，占领孟斐斯。统治埃及

石窟墓：

埃及新王国时期以后法老的墓葬形式，又称岩墓。主要分布在底比斯两岸的山谷地带，这一地区成为王陵谷。岩墓中通常保存着国王的木乃伊及随葬品，目前最完整的石窟墓是图坦哈蒙墓。

《亡灵书》：

又称死者之书，古埃及法老陪葬的书籍。放置于陵墓和棺材中，是人类历史上最早的文学作品，内容大多是记录国王的一生，为其歌功颂德，同时也保留了大量的埃及神话和传说，大多被发掘于金字塔或石窟墓中。

的各个王朝渐次灭亡，埃及处于亚述帝国的控制之下。

公元前 730 年，亚述帝国委派在埃及的统治者普萨美提克驱逐了亚述帝国的军队，建立了第二十六王朝。这使得埃及人从亚述帝国的统治下解脱出来，同时也结束了长达四百多年的分裂局面，再次统一了整个埃及。国家的统一使得埃及恢复了往日的繁荣，国家一度强盛长达一百多年。因此，这个时期也被称为"复兴时代"。

第二十六王朝时期，埃及与亚述、新巴比伦、努比亚（第二十五王朝残余势力）等国作战，取得了一定的成效，埃及帝国隐有复兴之势，然而，强大的新巴比伦王国国王尼布甲尼撒二世的出现，却使得这一切成为了泡影。埃及又逐渐地衰落下去。

公元前 558 年，居鲁士建立波斯帝国，开始对外扩张，埃及也是波斯帝国的主要进攻目标。公元前 526 年，居鲁士之子冈比西斯远征埃及，埃及没有力量与之相抗衡。次年，波斯占领了埃及，埃及再次沦为外民族的领地。

第二十七王朝是由波斯国王冈比西斯建立的，而事实上，当时的埃及只是波斯的一个行省。直到公元前 404 年，波斯人才被暂时赶出了埃及。

第二十八王朝的建立者是反抗波斯人的英雄的后代。这个王朝统治的时间也很短，随后建立的第二十九王朝和第三十王朝，依靠神庙祭司集团的支持，勉强维持着独立统治，继续反抗着波斯。

公元前343年，波斯卷土重来，国王阿塔薛西斯三世亲自率领三十万大军进攻埃及。第三十王朝的末代法老涅克塔尼波二世率军抵抗，终因寡不敌众而遭到了失败。无奈之下他只得逃亡努比亚，宣布退位，第三十王朝就此结束。这也是最后一个由埃及本土人统治埃及的王朝。

第三十一王朝和第二十七王朝一样，都是由波斯人所统治的时期。公元前333年，马其顿首领亚历山大大帝灭亡波斯，占领了埃及。第三十一王朝就此结束。至此，延续了近3000年的法老统治时代宣告结束。埃及人长期沦为希腊、罗马统治下的臣民。

古代埃及文字形体的演变	
字体	特征
象形文字	目前所知的最早构成体系的古埃及文字材料，是象形文字，产生于公元前3000年。
祭祀体文字	是为了实用和方便，而将象形文字的符号外形加以简化创造的字体。
世俗体文字	祭祀体文字的草写形式。与祭祀体文字对比，世俗体文字的连写形式更简单，已不具有图画特点，它的书写方向从右往左，保留了祭祀体文字的传统。
科普特文字	古埃及文字发展到最后一个阶段的文字，深受希腊文、《圣经》文学的影响。

表二十四　古代埃及文字形体的演变

公元前 558 年～前 330 年
居鲁士二世建立波斯帝国，高墨达暴动，波斯帝国的扩张与灭亡

高墨达：

逐渐被史家所接受，高墨达实际上就是冈比西斯的弟弟巴尔迪亚。冈比西斯死后，他继承了王位，被阴谋篡位的大流士所杀，《贝希斯顿铭文》是大流士精心编造的谎言。这种观点有待进一步的研究证实。

波斯是古代伊朗地区的一个强大民族。在历史的长河中，他们建立的国家被其他国家称为波斯帝国。据亚述帝国的铭文记载，波斯人在公元前 9 世纪时依然处于游牧部落阶段。

波斯帝国的建立是在公元前 6 世纪中叶。建立者叫作居鲁士二世，他是波斯阿黑门尼德氏族的成员，而这个氏族便是波斯最强大的氏族部落。

公元前 558 年，居鲁士二世称王。那时的波斯仍处于米底王国的统治之下。5 年之后，居鲁士二世起兵反抗米底王国。经过 3 年的战争，米底王国灭亡，波斯成为了伊朗高原的新主宰。

公元前 549 年，居鲁士二世又发动了对埃兰王国的战争，埃兰王国有着悠久的历史，但在波斯人的进攻下显得衰弱无力，很快就灭亡了。之后的两年中，波斯统一了小亚细亚大部分地区和伊朗高原，变成了西亚地区的强大帝国。

然而，居鲁士二世的野心不止如此，在接下

来的二十年中，他领导着波斯的军队展开了更大规模的征服战争。吕底亚、大夏、新巴比伦王国依次被他征服，波斯帝国的疆域变得前所未有的辽阔。这为波斯后来的疆域奠定了初步的基础。

公元前530年，居鲁士二世在进攻中亚地区时战死。他的儿子冈比西斯继承了王位，同时也继承了他父亲的野心。征服战争继续进行下去，公元前526年，冈比西斯远征埃及，此时的埃及陷于分裂，无力抵抗波斯的入侵，最终被冈比西斯所征服，波斯在埃及建立了第二十七王朝。

波斯在埃及的统治并不稳固，起义时有发生。公元前522年，冈比西斯在埃及的军事活动受挫，此时的波斯国内发生了著名的高墨达暴动。

高墨达是波斯贵族，他抓住了人民反对暴政和战争的心理，自立为王，号召人民支持他，放弃冈比西斯。这次暴动得到了波斯人和米底人的响应，声势浩大，对冈比西斯构成了严重的威胁。此时的冈比西斯只得率军从埃及返回，在途中，冈比西斯却意外地死去了。

暴动没有因为冈比西斯的死而停止。出身阿黑门尼德氏族的贵族青年大流士抓住了机会，在米底的一座堡垒中杀死了暴动的主谋高墨达和他的主要追随者，暴动至此才宣告停止。

大流士镇压了暴动之后，成为了波斯帝国的新国王。他在位的时期，又进一步征服了印度河流域和巴尔干半岛部分地区。至此，波斯帝国成为了世界历史上第一个横跨欧、亚、非三洲的大

波斯与伊朗：

波斯帝国这个名字是古代世界各国对伊朗的称呼，一直沿用到近现代。公元1935年，伊朗政府正式请求世界各国政府停止使用"波斯"，改用"伊朗"称呼自己。早在公元前6世纪，大流士自称为雅利安人。波斯人也是雅利安人的一支。雅利安人一般指的是印欧语系的古民族。

帝国。

在这个帝国强盛的背后，却也是矛盾重重。大流士一世为了巩固其统治，开始了一系列的改革。改革的主要内容有划分行省、实行军区制度、统一货币等。这次改革进行得比较成功，加强了波斯对各征服地区的控制力，也使得波斯帝国更加强大。

在之后的两百年中，波斯帝国始终处于强盛之中，并和地中海强国希腊展开了著名的希波战争。希波战争前后共有两次，均以波斯的失败而告终，直到公元前387年，波斯人才利用希腊各城邦内部的矛盾，通过威逼的手段实现了控制希腊的目的。

然而，公元前4世纪兴起的马其顿成为了波斯帝国的克星。亚历山大大帝是世界古代历史上著名的征服者，他带领着马其顿的强大军队入侵波斯帝国，经过10年的征战，最终将波斯帝国灭亡，在波斯原有的土地上建立了庞大的亚历山大帝国。

波斯从游牧民族部落演变为一个地跨欧、亚、非三洲的帝国，只用了短短的几百年时间。波斯以一个落后民族的身份，征服了世界三大文明中心，并维持其统治达两百余年，是古典文明时期的一大奇迹，它汲取了传统文明中的精华，对西亚北非的古文明作出了总结，同时，波斯也为后来的统治者希腊和罗马留下了丰富的文明遗产，起到了承前启后的巨大作用。

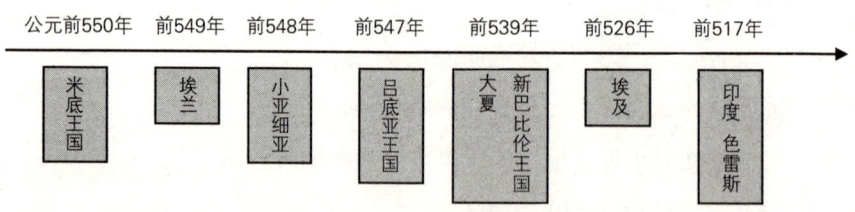

表二十五　波斯征服时间表

约公元前 2300 年～前 1700 年
印度河流域早期文明的兴盛和衰落

古代印度是历史上的一个地理概念，指的是现在喜马拉雅山以南的整个南亚地区。"印度"是由我国唐代僧人玄奘所译。目前大体上可以推测印度河流域的早期文明大约是从公元前 2300 年开始的。而这个时期的文化则被称为哈拉巴文化。

哈拉巴文化是早已被人们遗忘的文化，在存世的文献中，甚至连关于它的传说都没有，更不用说与那个时代有关的历史记录了。近些年来的发掘，哈拉巴文化代表性的文物有数枚远古印章，而类似的文物在两河流域遗址也有发现。据此推断出印度河流域文明开始的时间大约是公元前 2300 年。

哈拉巴文化遗址出土了大量的石器以及金属制品，同时还发现了许多原始的农业作物遗迹，这说明哈拉巴文化已经进入了文明时代。而哈拉

古印度人种：

在旧石器时代，古印度就已有人类居住，直到文明出现的前夕，整个南亚地区都一直有人类居住的痕迹，有关这些古代居民的人种问题，现在还没有找到确切的答案，他们当中大概有矮黑人、原始澳大利亚人、蒙古利亚人和达罗毗荼人，这些人种至今还生活在南亚的不同地区。

哈拉巴文化的灭亡：

　　哈拉巴文化没有任何现存文字资料记载，只有大量的考古遗迹，它们的衰亡一直以来都是一个难解之谜，各界有不同的推测，有人认为衰亡原因是自然灾害；也有人认为是竭泽而渔的生产导致；还有一些人认为是雅利安人入侵的结果，但这些说法都没有确切的证据，真实的原因还有待发掘。

巴文化的城市遗址也证实了这段古文明的繁荣。

　　哈拉巴文化有自己的文字，但是目前为止尚未释读成功。因此，哈拉巴文明的创造者至今还未确定。它衰落的原因也没有找到答案，但可以肯定的是，在公元前 1500 年以后，雅利安人入侵的时候，哈拉巴文明就已经衰亡了。

　　在哈拉巴文化衰亡以后，古印度的历史便进入了吠陀时代。在吠陀时代的初期，说着印欧语的雅利安人来到了古印度西北地区。根据《史诗》中的传说，雅利安人不断地征战成为了印度河上中游和恒河上游的主宰。这也标志着印度地区开始逐渐出现了国家，而印度原始时代的氏族部落组织已经解体，不复存在。

公元前 1500 年 ~ 前 600 年

印度进入吠陀时代，雅利安人开始建立国家

早期吠陀时代的雅利安人尚未完全进入文明社会，仍处于由氏族部落向国家演变的过渡时期。这一时期迄今为止没有重大的考古发现，但是有大量的文字传说保存在印度的《梨俱吠陀》这部宗教文献中。

"吠陀"一词，原意是知识。《梨俱吠陀》是最早出现的宗教文献，大约成书于公元前 12 世纪 ~ 前 9 世纪。其中某些部分可能产生得更早，在公元前 15 世纪或许就已经出现了。整部书中反映的时代被称为早期吠陀时代。

《梨俱吠陀》的编者是雅利安人，这是一个大约在公元前 1500 年进入印度的民族。他们原是游牧民族，在进入印度地区后，畜牧业是他们主要从事的经济行业。雅利安人的生活较为原始，但已经出现了阶级的分化。在《梨俱吠陀》中最早提到了种姓制度，这说明在这一时期，雅利安

《奥义书》：

后期吠陀时代的一种文献，用来解释吠陀文献。书中宣扬了唯心主义和多神论思想，为婆罗门教和种姓制度打下了思想理论基础，同时，书中阐述的一些哲学观念也促使古印度早期哲学思想的形成。同一时期的文献还有《梵书》和《森林书》。

《耶柔吠陀》：

　　古印度四大吠陀之一，书中记载了大量的祭祀祷词，书中的诗词大多选于《梨俱吠陀》。文体包括诗歌、散文、祝词等。反映了公元前1200年~前900年的古印度后吠陀时期的文化面貌，对古代印度历史的研究有极其重要的意义。

人的国家就要诞生了。

　　印度地区的国家形成于后期吠陀时代。所谓的后期吠陀时代，指的是另外三部宗教文献——《沙摩吠陀》《耶柔吠陀》《阿达婆吠陀》中反映的历史时期。在这个时代中，整个恒河流域都已经有了雅利安人的踪迹，种姓制度也是在这一时期才完全形成。

　　种姓制度，指的是印度的等级制度。在古代印度，人民被分为四个瓦尔纳等级。第一个瓦尔纳是婆罗门，婆罗门主要是掌管宗教祭祀的祭司；第二个瓦尔纳是刹帝利，刹帝利则是充当武士和君主的人；第三个瓦尔纳是吠舍，吠舍是平民，没有任何特权，但他们也是社会上的公民；最后一个瓦尔纳是首陀罗，首陀罗是奴隶或雇工，他们的大部分都不是雅利安人，过着悲惨的生活。种姓制度完全形成之后，每个瓦尔纳的人都不得任意改变自己的种姓，而不同瓦尔纳的人在法律上是完全不平等的。

　　婆罗门教，也是在后期吠陀时代发展成形的。婆罗门教是多神教，它为了保护贵族阶级的利益，极力宣扬种姓制度，为高级种姓的特权进行辩护，宣称"造业""轮回"等欺骗性的学说，很大程度上禁锢了人民的反抗心理，为各个国家的长期统治制造了有利条件。

　　吠陀时代持续了六百多年，是古印度文明的形成与发展时期，留下了特色鲜明的文化遗产。后期吠陀时代形成的国家大多是一些小国，统治也并不稳固。大约在公元前 7 世纪，古印度的北部产生了一些比较重要的国家，印度逐渐形成了一致的格局，进入了列国时代。

四大吠陀		
名称	时间	主要内容
《梨俱吠陀》	公元前 15 世纪	上古诗歌的总集，是印度现存最重要、最古老的诗集
《沙摩吠陀》	公元前 900 年～前 600 年	祭师所唱的歌词及旋律
《耶柔吠陀》		有关祭祀祭司所唱咒文及其注解等的集成
《阿闼婆吠陀》		巫术、咒语、赞歌的汇集

表二十六　四大吠陀

约公元前 566 年

乔达摩·悉达多（佛陀）的诞生，印度进入列国时代

公元前 430 年，大臣希苏那伽推翻了摩揭陀国王的统治，继承了摩揭陀的王位。他在位期间，摩揭陀又征服了阿般提、居萨罗和拔沙，摩揭陀空前强大。

约公元前 364 年，摩诃帕德摩·难陀推翻了希苏那伽王朝的末王，建立了难陀王朝。当时的摩揭陀已经统一了恒河流域地区，做好了向印度河流域推进的准备。然而，在统一战争开始之前，马其顿亚历山大大帝的东征却打断了这一切的发生。

亚历山大入侵印度是在公元前 327 年，他征服了整个旁遮普地区，次年返回希腊，仅在印度留下了一部分部队驻守。亚历山大走后，印度人民掀起了反抗马其顿人的起义。在起义胜利后，义军领袖月护王挥师东进，推翻了难陀王朝，建立了孔雀王朝。

从公元前 6 世纪开始，印度开始有了明确的历史。这一时期的印度，有许多大小不等的国家，在佛教的文献中，提到了"十六大国"，其中包括鸯伽、伽尸、摩揭陀、居萨罗、拔祇、末罗、拔沙、居楼等国家。但是，其实除了这十六个大国，还有许多小国家同时存在。

随着恒河流域的开发，古印度的政治中心逐渐向东转移，从公元前 6 世纪到公元前 4 世纪，列国之间由分立逐渐走向统一。这是一个承前启后的时代，在印度历史上有重要的意义。

在十六大国中，大部分都是君主专制国家，但也有例外，比如拔祇和末罗采用的就是共和国制。这两种体制一直并存于整个列国时代，发挥了重要的作用。

在列国时代，印度地区的商业逐渐繁荣起来，已经有了大型的商队和商业城市，而商人大多由吠舍担任。但因为种姓制度的束缚，除婆罗门外，各阶级中都产生了强烈的不满，这说明种姓制度已经成为了一种限制奴隶制发展的障碍。因此在当时的印度出现了反对婆罗门教的佛教和耆那教。

列国时代的十六大国中，最先兴起的是伽尸，它长期与居萨罗进行争霸战争，并时常进攻鸯伽和摩揭陀。后来，居萨罗逐渐强盛，反而击败了伽尸，并且将其兼并。之后，摩揭陀开始兴起，他们的著名国王瓶沙王建都于王舍城，稳定了边界的形势，全力征服了鸯伽。他的儿子弑父篡位，又开始进攻拔祇，经过十六年的战争，成功将拔

佛陀与早期佛教：

佛教是印度列国时期诞生的本土宗教。与耆那教最大的区别是宣扬"众生平等"。佛教是在公元前 6 世纪产生的，其创始人是佛陀。大约在公元前 566 年，乔达摩·悉达多出生于迦毗罗卫城。他是释迦族首领净饭王之子，自幼便喜欢思考人生真谛。在他 29 岁那年，他抛妻弃子外出修道。出家修行七年之后，在一次长达七天七夜的冥想中，他终于认为自己已经得道。他被人们称为"佛陀""释迦牟尼"，在恒河流域传播佛教达四十余年，约在公元前 486 年去世。之后佛教继续传播，最终成为了世界三大宗教之一。

一
张
大
事
年
表

快读世界历史（最新修订版）

佛陀

祇兼并。至此，摩揭陀成为了恒河流域的霸主。

佛教、耆那教、婆罗门教的对比		
名称	创始人	主要教义
佛教	佛陀	众生平等、生死轮回，因果
耆那教	勒舍婆	苦修消业、生死轮回，否认种姓、强调人性
婆罗门教	雅利安人	造业轮回、种姓制度、梵我一致

表二十七　佛教、耆那教、婆罗门教的对比

约公元前 324 年~前 187 年

亚历山大大帝入侵印度，印度孔雀帝国的兴衰

公元前 327 年，马其顿亚历山大在灭亡了波斯帝国之后入侵印度西北部地区。亚历山大大帝的部队极具战斗力，加上士气高昂，作战经验丰富，在他们入侵印度后，当地的众多小国不具有与之抗衡的实力，最终被亚历山大击败。

亚历山大大帝没有在印度做过多的停留便返回了西方。当他走后，印度人民掀起了反抗马其顿人的起义。在这次大起义中，一个名叫旃陀罗笈多的人成为了起义军的首领。他就是著名的月护王。

月护王领导的义军成功地消灭了驻守在印度的马其顿人，收回了旁遮普地区，势力也得到了增长。在获得胜利之后不久，他就开始了对难陀王朝的战争。月护王的军事实力强大，经过几场战争后，难陀王朝战败，首都华氏城也被月护王

月护王：

月护王旃陀罗笈多是孔雀帝国的建立者。他出身寒微，在位期间为孔雀帝国的强盛建立了基础。他本人是一名耆那教教徒。在他的晚年，放弃了王位出家，遵照耆那教的教义进行苦修。然而，这位伟大的国王却在苦修中因为绝食而饿死。

阿育王与圣法：

阿育王是孔雀帝国的第三位国王。他在位时统一了北部印度，使孔雀帝国达到了鼎盛。然而，长年的征战使得大量的人民死去，阿育王本人也以残酷暴力的形象被世人所认知。他在基本统一了国家之后，对国策进行了重大的修改，他为战争中的伤亡而忏悔，成为了一名佛教徒，并大力宣扬"圣法"。

圣法的主要内容是劝人向善、尊老爱幼等。阿育王希望以此来稳定其统治。然而，他这项政策的收效甚微。孔雀帝国也在他死后走向了分裂。

攻破，至此宣告灭亡。而月护王则成为了新的统治者，建立了孔雀王朝。

孔雀王朝这个名字的由来，与月护王有很大的关系。据说他生于一个养孔雀的家族，出身寒微。他建国之后，致力于抵抗亚历山大部将塞琉古的反攻，取得了胜利，成功地维护了国家的统一。他的儿子宾头沙罗继承了他的王位，并向南方继续用兵，扩大了王国的领土。到了月护王的孙子阿育王在位时，这位勇武的国王继续进行扩张战争，基本统一了印度地区。印度第一次成为了统一的国家。而孔雀帝国经过了三代国王的拼搏，也终于达到了鼎盛时期。

然而，鼎盛时期并不长久，阿育王统治的后期，孔雀王朝就开始走下坡路了。阿育王虽极力维护帝国的统治，但是收效甚微。在他死后，帝国很快便陷入分裂，孔雀王朝继续在恒河流域维系了近50年的统治，直到公元前187年，孔雀王朝末王被大臣普西亚米陀·巽加所杀，孔雀帝国就此结束。

孔雀帝国是印度历史上第一个统一的王朝（印度南部地区仍处于独立之中），在古印度的历史上具有非凡的意义，为印度真正的形成统一国家奠定了第一块基石。

印度早期王朝一览		
名称	统治时间	建立者
难陀王朝	公元前364年~前324年	摩诃帕德摩·难陀
孔雀王朝	公元前324年~前187年	旃陀罗笈多
巽伽王朝	公元前187年~前151年	普西亚米陀
甘华王朝	公元前75年~前30年	婆薮提婆

表二十八　印度早期王朝一览

公元前 187 年～公元 320 年

印度南北诸王朝割据时期，外来民族入侵，贵霜帝国的兴衰

巽加帝国建立后，印度北部暂时回归到了统一的状态下。在巽加王朝统治的初期，国王举行了两次马祭，也曾力图抵御来自大夏人的侵袭。但是，此时的印度国力日衰，在同这些来自大夏的希腊人的战斗中屡遭失败，很快，巽加王朝的领土只剩下摩揭陀地区。公元前 75 年，巽加王朝的末王被杀，取而代之的是甘华王朝。

甘华王朝统治的时间很短，只有 45 年。它和巽加王朝一样，都没有带领印度走向强盛和统一，很快就在外民族的入侵和内部的动乱中灭亡了。

下一个王朝是安度罗王朝，和它并存的是羯陵伽。羯陵伽强盛一时，曾打败摩揭陀占领王舍城，但是这种强盛未能持久，在卡罗维拉王死后不久，国家很快便走向分裂，从此销声匿迹。

此时的北印度已经处于严峻的分裂局势之下，安度罗王朝的统治者也很快就被西北部的塞种人

马祭：

印度的一种祭祀。在印度语中称为阿斯瓦利达。这是印度最高规格的祭祀，通常由国王亲自主持，仪式长达数月之久。具体的内容是：选择一匹最优秀的良马，举行仪式后让他自由驰骋，国王带领军队紧随其后。这匹马所到之处，如果是本国领土，则命令当地百姓举行祭祀活动；如果是敌国领土，则由国王带领部队对该地进行战争。这种祭祀是婆罗门教的祭祀方式，在古印度历史上有很大的影响力。

月氏人：

月氏是中国先秦时代的居民部落之一，曾在中国的西域地区游牧，在先秦时期与匈奴发生过多次战争。后被匈奴人击败，分裂为大月氏和小月氏两部，其中大月氏迁徙到中亚地区。公元前2世纪末，乌孙击败大月氏王，大月氏被迫再次南迁。公元前1世纪初，月氏逐渐强盛起来，击败了大夏，随后建立起了庞大的贵霜帝国，逐渐侵入到印度地区。月氏人的迁徙和贵霜帝国的建立在中亚地区造成了深远的影响。

赶出了德干高原西部，仅在东部地区活动。这样的情况持续到公元2世纪初期，安度罗再次兴起，才将塞种人赶出了德干高原。安度罗王朝的统治持续到了公元3世纪，随着国家的衰落，安度罗走向了分裂，不复存在。

公元1世纪，月氏人中的贵霜部落建立了贵霜王朝，并经由中亚逐渐侵入到北印度地区，开始进行统治。随着安度罗王朝的衰落，贵霜帝国有了可乘之机。公元1世纪末，贵霜帝国已经基本控制了印度西北部，他们的国王与中国的汉王朝建立了较好的关系，曾一度归属为汉朝的属国。

公元3世纪，贵霜帝国逐渐走向分裂，安度罗也在这一时期销声匿迹。旃陀罗笈多领导的笈多家族逐渐强盛起来，结束了纷乱的局面，建立了笈多王朝，为印度的古文明时期画上了句点。印度从公元前15世纪的吠陀时代开始，始终保持着自己鲜明的文化特色，同时也是人类文明最古老的发源地之一。在漫长的时间里印度留下了许多珍贵的文化遗产，不愧为古典文明中的一朵奇葩。

印度神祇

约公元前 21 世纪～前 3 世纪末
古中国华夏文明的兴盛与发展

华夏文明是最古老的文明之一，它起源于公元前 21 世纪左右，当时，中国人就建立了第一个统一的王朝——夏王朝。

夏王朝是中国历史上的第一个王朝。这一时期中，华夏文明开始由氏族部落向国家过渡。随着华夏族群的逐步凝聚和统一，夏王朝逐渐强大起来，统治了东亚的大片区域。《史记》中的记载，夏王朝的国都叫作阳城，建立者叫作启。夏王朝在统治初期有过一次严重的内部变乱，称为"太康失国"。至第六王时，夏王朝逐渐走向中兴，而在其后又逐渐地衰落下去。大约在公元前 16 世纪，夏王朝的统治者荒淫无道，逐渐引起了全国人民和周边邦国的不满，最终引发了诸侯的叛乱，夏王朝被商国所灭。

商王朝统治时间大约是公元前 16 世纪～前 11 世纪中叶，其建立者叫作汤。商国王为维护其统治，

夏文化:

夏文化主要分布于今中国境内河南、山西一带。近年来出土的文物表明，夏王朝已经进入青铜时代。但是因为史料和文物的稀少，这一时代的历史尚未成为世界所公认的信史。夏文化的遗址中出土了大量的礼器，这也说明在当时的中国，已经出现了大规模的祭祀活动，文明高于新石器时代，国家已经建立。

春秋：

中国历史上的一个时期，根据孔子作《春秋》一书的书名而得名。属于周王朝统治时期。在这一时期中，黄河流域兴起了许多小国（大多由周王朝分封），它们之间长期混战，造成了国家的分裂局面。同时这一时期也是中国文化的形成阶段，在中国历史上具有重要地位。

不断地迁都，最终在殷稳定了下来。因此，商王朝也称为殷商。商王朝最著名的统治者武丁，曾多次发动对东亚南部地区部落的战争，扩大了商王朝的疆域。但他的远征也消耗了国力，在他之后，商王朝很快衰落了。

商王朝的末王叫作纣，他也曾大规模对东亚南部用兵。长期的战争引起了国内人民的强烈不满。而此时，中原地区的周国逐渐强大，发动了灭商的战争。周国国王姬发领导的军队得到了广大奴隶的支持，在牧野与商军展开了决战。商军临阵倒戈，商王朝就此灭亡。

周王朝统治初期，商王朝在东亚的东部地区还有很大势力。周王朝的著名统帅周公对这些地区发动了征服战争，才最终统一了全国。周王朝有两个国都，分别叫作镐京（西都）、洛邑（东都）。在周公统治时期，国家逐渐建立了较为完善的经济和政治体制，分封体制也是在这一时期形成的。

但是周王朝的强大仅仅是一时，在公元前841年，周王朝的国君厉王引起了人民的不满，很快就被赶出了都城，由两位国公共同代替国王进行统治，这使得王权逐渐开始衰落。之后的宣王曾一度中兴，但他的继任者幽王很快就被来自北方的犬戎部落所杀。西周的历史也至此结束。

而西周的统治者并没有结束自己的统治，他们迁都到了洛邑，在这里继续维持着王朝的统治，在这个时期中，周王朝的国王逐渐失去了自己的权威，而由他分封的诸侯逐渐强大起来，展开了规模庞大的兼并战争。这一时期在中国历史上称为春秋战国时期。

春秋战国时期，周王朝仍然是名义上的最高统治者，但是其实际统治的地区不过百里，已经不具有实际的国家统治权。各地的诸侯数量很多，在长期的兼并战争中，一些小国渐次灭亡，留下了十余个强大的诸侯国。其中最强大的一个就是秦国。

秦国的国王注重改革，增强了国力，公元前256年，周王朝的末王死后，秦国著名国王嬴政没有再拥立新的周王，周王朝灭亡。而秦国在之后不久便发起了进行统一的战争。经过三十多年的征战，至公元前221年，秦国基本上灭掉了其他的诸侯国，建立起了统一的秦帝国。秦王朝的统治没有持续多久，因为它的统治方式过于残暴，所以仅在15年后，它就在人民起义的浪潮下土崩瓦解。自此，中国结束了长期以来的分裂战乱，一个新的王朝——汉王朝，就此建立了。

汉王朝统治中国四百余年。在统治前期，王朝加强了全国思想的统一，儒家文化在这一时期成为中国的统治思想。历经汉文帝和汉景帝的积极治理，在汉武帝时期汉王朝达到了鼎盛。这一时期的中国扩大了疆域，驱逐了北方入侵的匈奴等少数民族，并在中亚地区开辟商路，加强了与世界的交流。之后王朝陷入衰落，到公元1世纪时爆发了严重的内乱，之后的皇帝虽然力图恢复王朝的繁荣，但很难有所作为，后期统治者大多

楚汉争霸：

秦王朝灭亡之后，农民起义军的首领项羽和刘邦为争夺国家的统治权，进行了长达5年的争霸战争。西楚霸王项羽性格暴戾，而汉王刘邦较为仁和。在战争中。项羽失去了人民的支持，最终在垓下败给了刘邦，兵败自刎。楚汉争霸是汉王朝建立过程中重要的一次战争，它的胜利也标志着汉王朝的正式建立。

信任宦官，朝纲腐败，最终导致了大规模的人民起义。公元 2 世纪末，汉王朝逐渐陷于分裂，公元 3 世纪初宣告灭亡，中国进入了分裂的三国时代。

华夏文明王朝时间表			
名称	建立者	都城	时间
夏	启	阳城	约公元前 2070 年
商	汤	殷	约公元前 1600 年
周	姬发	镐京和洛邑	约公元前 1046 年
秦	嬴政	咸阳	公元前 221 年
汉	刘邦	长安	公元前 202 年

表二十九　华夏文明王朝时间表

约公元前 20 世纪~前 8 世纪

古希腊爱琴文明的兴衰，线形文字的出现，荷马时代的来临

人类最初的文明在西、亚北非地区形成后，地中海东部地区成为了这两大文明区域的最大受益者。一方面，先进的生产方式带动了地中海东部地区的发展；另一方面，古老的先进文化最先传播到了地中海东部地区，也使得该地区很快脱离了原始面貌，逐渐走向文明阶段，新的文明中心渐次成型。

其中，最为突出的是爱琴文明。爱琴文明的由来，是因为该文明遗址处于今天的爱琴海地区。爱琴海地处地中海东部，在古代历史上，爱琴海和希腊有着极为紧密的联系。爱琴文明经过数百年的发展，和希腊组成了统一的文化区——古希腊文化区。这便是西方文明的源泉。大约在公元前 20 世纪，希腊爱琴地区进入了青铜时代。这时候希腊才先后在克里特和希腊半岛形成了早期的国家。而爱琴文明，便是迈锡尼文明和克里特文

克诺索斯王宫：

这座王宫是古代米诺斯人修建的，修建时间大约在公元前 22 世纪~前 17 世纪。王国几经扩建，占地约 22000 千平方米，西楼上下共三层，而东楼上下共有五层。整个宫殿围绕着一个长方形的庭院建成，宫殿内部工艺精巧，艺术风格独特，一些墙壁上还有克里特文明时期的壁画，极其优美。在王宫中首次发现了一些刻有线形文字A的泥版，这也是古希腊最为重要的文化遗产之一。

特洛伊：

特洛伊是公元前 16 世纪希腊人渡海建立的殖民城邦，位于小亚细亚西部，在今土耳其的希萨利克。公元前 13 世纪末，希腊同盟进攻特洛伊，旨在掠夺特洛伊的财富。战争持续了约 10 年，这座古城市被攻破，最终毁于战火。19 世纪中期，这座历史名城被重新发掘出土，1998 年被列为世界文化遗产。

明的统称。

克里特是一个大岛，岛上在公元前 3000 年左右就已经形成了克里特文明，这一时期被称为克里特文明时期。大约在公元前 2000 年，克里特岛上形成了早期的城市国家——米诺斯。米诺斯的首都是克诺索斯，这座城市在当时大约有 8 万人口，在当时的地中海地区足可称为最大的城市，它是米诺斯的政治、经济中心，修建有富丽堂皇的古代宫殿。因为长期与外隔绝，使得克里特文明独具特色。在一千多年的时间中，这种文明独立发展，没有受到来自外界的影响。而岛上的居民也独自创立出了一种古老的文字，即线形文字 A。

线形文字 A 是一种古代克里特岛上使用的文字，迄今为止尚未解读成功。因此，对于克里特岛上的早期历史，目前所知甚少。然而可以肯定的是，克里特岛上的早期居民并不是希腊人，并且已经建立了奴隶制的城市国家。而在线形文字 A 之后，又在此文字的基础上诞生了线形文字 B，这种文字大概形成于公元前 17 世纪左右。1950 年，线形文字 B 已经被解读成功，而文字中所反映的希腊历史，也揭开了神秘的面纱。

线形文字 B 的使用者是迈锡尼人，他们是最早迁徙到希腊本土的希腊语民族。因此，线形文字 B 也叫作迈锡尼线形文字。希腊半岛地区最早的居民并不是希腊人，原始居民包括米诺斯人、卡利亚人等。大约在公元前 2500 年前后，一支印欧语系希腊语的民族迁徙到了希腊半岛南部。在长期的生活中，这一民族与当地的原始居民逐渐融合在希腊地区形成了一个新的群体，即迈锡尼人。形成了迈锡尼，即最早的希腊人。迈锡尼文明也自此发源。

大约在公元前 16 世纪，迈锡尼人开始在希腊本土建立国家。他们充分汲取了克里特文明的先进文化，同时也充分保持了自己的原有风格。大约在公元前 1450 年，迈锡尼人占领了米诺斯的王宫。克里特文明至此衰落。而爱琴文明的中心，也转移到了希腊半岛迈锡尼地区。这一时期被称为迈锡尼文明时期。

迈锡尼城是迈锡尼文明的中心。这座城市位于伯罗奔尼撒半岛和阿提卡半岛的连接处，临海居高，地理位置优越，它的附近还有梯林斯城，它们共同构成迈锡尼王国。迈锡尼王国在当时的希腊半岛最为强大。

与迈锡尼王国同时存在的，还有斯巴达、雅典、底比斯等城市国家。这些国家奉迈锡尼为盟主，组成军事同盟联合作战。迈锡尼文明达到了鼎盛时期。

大约在公元前 12 世纪，海上民族开始席卷地中海地区，迈锡尼文明也在这些强盗的入侵下受到严重打击。古希腊的神话中，模糊地提到这一时期希腊王朝更迭频繁，战乱四起，经济也趋于衰退。在这种情况下，各个城市国家被迫走上了武力对外掠夺的道路，其中最著名的便是希腊同盟与中亚城市国家特洛伊之间爆发的特洛伊之战。

荷马史诗：

相传由古希腊盲诗人荷马创作的两部长篇史诗《伊利亚特》和《奥德赛》的统称。相传荷马生活于公元前 9 世纪～前 8 世纪，但是没有确切的证据，荷马存在的真实性依然成谜。而荷马史诗最早也是作为民间文学口头传唱，荷马如果确有其人，应该是将两部史诗整理定型的作者。史诗中描绘了公元前 12 世纪～前 9 世纪的古希腊社会风貌，是古希腊重要的文献资料。

古代法典

据说希腊联军和特洛伊之间的战争持续了十年，最终依靠"木马计"攻入了特洛伊城，获得了胜利。但是，这场得来不易的胜利并没有使希腊得到复兴，相反，同盟中的各邦在战争中元气大伤，国力锐减，日益衰落了下去。大约在公元前1150年，多利亚人趁着希腊各邦尚未恢复元气的时候大举入侵迈锡尼，迈锡尼文明灭亡。

可叹的是，多利亚人灭亡迈锡尼之后，并没有建立自己的国家。希腊的文明传统断绝了两百多年。从公元前11世纪到公元前8世纪，希腊退回到原始社会阶段——黑暗时代，反映这一阶段的历史记载在荷马史诗《伊利亚特》和《奥德赛》中，因此，这一时代又被称为荷马时代。荷马时代孕育了日后的希腊民族，而史诗本身也为希腊文明奠定了一块最重要的基石。

约公元前 8 世纪～前 6 世纪
古希腊进入古风时代，希腊城邦形成，斯巴达和雅典崛起

希腊的荷马时代延续了将近三百年。在这三百年中，希腊回归到了原始社会的形式之下，国家既无首领也无官僚机构，只有零星的城市作为堡垒而存在。然而，就是在这个时期的希腊，缓慢地开始了铁器革新和文艺复兴。

希腊的文艺复兴进程缓慢，整个荷马时代都在进行。受到古代东方文明的影响，希腊人缓慢地发展着：通过和腓尼基人的接触，他们学会了使用腓尼基字母，在经过希腊人修改后，适用了希腊语，这使得希腊开始有了成熟的文字体系；货币铸造的兴起、采石业的恢复以及造船业的进步都使得希腊的经济有了进一步的发展；手工业的发展也在陶器制造等方面有所体现；公元前 778 年，第一届奥林匹克运动会在希腊举行，使希腊各地的人民有了共同的节日。

铁器的使用最早是在多利亚人入侵之时。多

提秀斯：

迈锡尼文明时期的英雄。神话传说中，克里特岛上的米诺斯王朝国王有一个牛头人身的儿子，叫作米诺陶洛斯，国王把他安置在一个迷宫中，时常送给他一些童男童女作为食物。提秀斯为了为民除害，走到了迷宫的终点将米诺陶洛斯杀死。他后来便成为了雅典的国王。雅典的提秀斯改革借用了这位神话中的英雄的名字，实际上改革的实施者另有其人。

希洛特:

斯巴达城邦国有奴隶的统一称呼。相传在斯巴达城邦成立之初，征服了拉哥尼亚地区，攻陷了希洛斯城。斯巴达人将城中的所有居民作为奴隶对待，让他们进行劳动生产。这便是希洛特一名的由来。之后，斯巴达每攻陷一地，便将当地的居民变为希洛特。希洛特在斯巴达城邦中地位极其低下，受到严酷的迫害和压榨，每年都要按时挨打，为的是牢记自己的奴隶身份。

古希腊七贤:

指的是古希腊古风时代的七位贤者。除了在雅典进行改革的梭伦外，还有奇伦、泰勒斯、毕阿斯、庇塔库斯、佩里安德、克莱俄布卢。这七位高贤生于不同的城邦，却无一例外对希腊的发展做出了重要贡献。他们都是希腊古风时代的杰出人物，在不同的领域拥有伟大的建树。

利亚人将战火和铁器一起带到了希腊，在随后的几百年中，铁器的冶炼和制造逐渐发展，被希腊人广泛地运用于生活中的各个方面。以上的种种事迹表明，荷马时代的希腊，虽然发展缓慢，但依然留下了大量的珍贵财富，为之后到来的古风时代打下了坚实的基础。

公元前8世纪中期，随着生产力的发展，城市国家再一次建立并巩固了。希腊各地的城市结合自己周边的农村，建立了小型的国家。因为每座城市都是一个独立的国家，故称为希腊城邦。希腊城邦的数量很多，其中最著名的是斯巴达和雅典。

斯巴达是希腊面积最大的城邦国家，建立者是多利亚人。它的国家制度很有特色。据传说，早在斯巴达城邦建立之初，一位名为来库古的伟人制定了一系列制度和法规。大约在公元前825年~前800年之间，来库古完成了他的改革。

来库古是否确有其人，现在无从考证。但可以肯定的是，斯巴达制度完整严密，在其立国之初确有像来库古这样的立法者为之做了详细的规划。通过来库古改革，斯巴达建立了双王制、公民大会制和全民兵役制等制度，同时建立了新的部落和选区，国家组织的户籍取代了原来的部落血缘联系，这也为后来斯巴达的强盛打下了重要的基础。

斯巴达的兵役制度在整个世界历史上都是极为特殊的。国家为了让公民完全脱离生产专门进行军事操练，就在经济方面向全国的公民提供了保障：按户籍分给公民土地。这些土地是世袭占有的，但是不允许买卖。同时，土地上的劳动者也由国家奴隶（希洛特）来担任。在此基础上，斯巴达的所有青年公民一律过军营般的集体生活，整日操练，时刻准备听命出征。

这样的兵役制度使得斯巴达有了一支极为强悍的公民部队，在整个希腊半岛都难逢敌手。公元前 8 世纪中期到公元前 7 世纪中期，斯巴达对其邻邦美塞尼亚发动了两次大规模的战争，完全征服了该地区，使其居民成为希洛特。通过这两次战争，斯巴达的兵役制度得到了强化，经济也有了进一步的发展。到了公元前 6 世纪后期，斯巴达已经成为希腊南部伯罗奔尼撒半岛的绝对霸主。

斯巴达为了确保自己的霸主地位，在伯罗奔尼撒半岛上建立起了伯罗奔尼撒同盟。这个同盟的实质是斯巴达的强权统治，同盟中的各城邦鉴于斯巴达的强大武力而不得不受其控制。整个伯罗奔尼撒半岛上除了阿哥斯，都是同盟的成员。斯巴达是同盟的领导核心。

在整个希腊半岛上，唯一可以和斯巴达抗衡的城邦国家便是雅典。无论在武力上还是在领土面积上，雅典和斯巴达相比都不相上下。然而雅典和斯巴达不同的是，它所施行的是原始的民主制度。

雅典城邦建立的时间和斯巴达大致相同，在建国之初，同样有一次重大的改革——提秀斯改革。提秀斯是迈锡尼时代的人物，这次改制也是托古改制。但是这次改革给雅典的影响确实巨大而深远。改革建立了中央议事会和行政机构，通过协议建立了国家，同时将国内公民分为贵族、农民和手工业者三个等级。其中，贵族充任官职，执行法律，农民和手工业者进行生产，并在公民大会中拥有一席之地，这一制度为后来雅典的贵族政治确立了基础。

公元前 8 世纪，雅典统治者被称为执政官。执政官最初是终身制，后来经过发展，任职时间大大缩短。在公元前 683 年已经变成了一年一任，这使得雅典的贵族政治达到了顶峰。

这时的执政官各司其职，但是都具有压迫平民的性质。严重的土地兼并和债务奴隶制度致使大量的农民和手工业者破产，无以为生。在这样的情况下，

105

梭伦改革开始了。

梭伦出身贵族，是古希腊七贤之一。他既是英雄、诗人，又是一位体察民情的政治家。公元前594年，他出任雅典的执政官，开始推行改制。这次改革首先颁布了《解负令》，以法律的形式废除了债务奴隶制度，解放了平民。之后不久又改革了等级划分制度，原有的制度是永久不变并世袭的划分方式，梭伦将它改为按照财产的多寡来划分公民等级。最后梭伦又设立了新的政权机构，贵族统治受到了很大的限制。

随着上述几项改革的实施，雅典逐渐成为了一个民主、富有、强大的城邦。梭伦在改革完成后功成身退，没有再参与雅典的政治活动。而他的好友兼继承人庇西特拉图，建立起了僭主统治，雅典在他统治时期继续施行梭伦改革的各项措施，终于走向了极盛。

庇西特拉图之子希庇亚斯统治时期逐渐走向了腐朽，统治终于被群众所推翻。之后不久雅典又再次进行了克里斯提尼改革。这次改革建立了十个新的部

阿尔忒弥斯神殿

落选区，使得旧的氏族血缘关系无法再影响选举；新成立的五百人会议作为部落最高权力机构，使民主政治完全彻底的得到了实施；改动了雅典军队的组成，使雅典的军队战斗力得以加强，"陶片放逐法"的颁布彻底防止了僭主统治出现的可能性。

经过这些改革的雅典，民主政治成为了其根本标志，同时也使它成为了阿提拉半岛上居于统治地位的城邦，与斯巴达并雄于古风时代的希腊。

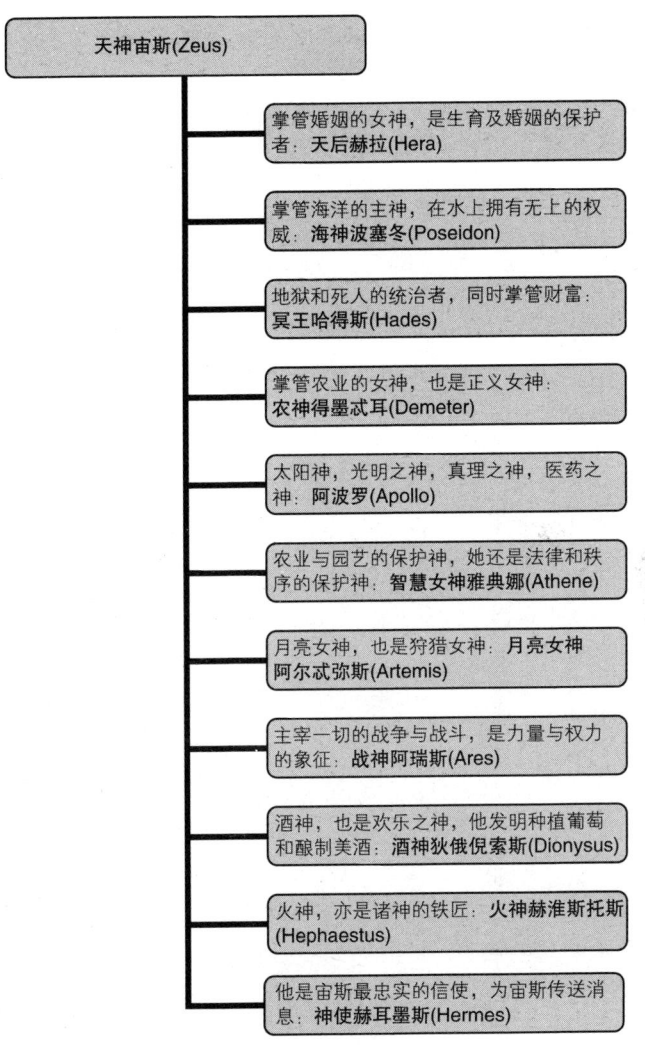

表三十 希腊主要神祇一览表

约公元前5世纪～前4世纪中期
希腊进入古典时代，希波战争爆发

斯巴达三百勇士：

公元前480年，波斯国国王薛西斯一世统率五十万大军、战舰千余艘，大举进攻希腊，并向希腊各城邦发出劝降书，希望小邦们不战自降，这其中就包括斯巴达。勇猛的斯巴达国王李奥尼达亲自率军抵御强敌。在一次战役中李奥尼达腹背受敌，他命令希腊联军的主力迅速撤退，以保存实力。自己亲率三百名斯巴达勇士垫后。与汹涌而至的数万波斯军展开了殊死搏斗。最终，三百名斯巴达勇士战死，但他们也让波斯军队在攻破温泉关的一战中付出了两万人死伤的惨痛代价。

希腊城邦在公元前5世纪左右已经拥有了很大的规模。虽然各城邦之间不相统属，但共有的血统、节日、文化和地域等因素使得整个希腊半岛依然是一个有机的整体。在当时的西亚地区，波斯逐渐崛起，成为了最强大的国家。随着希腊和波斯的强大，两国之间不断地出现摩擦与纷争。这使得战争逐渐成为解决两国矛盾的唯一手段。

波斯和希腊的矛盾由来已久，从波斯建国之初就一直存在。波斯急于扩张自己的领地，在向地中海方向扩张的过程中，吞并了一些小亚细亚地区的希腊城邦。希腊各邦奋起自卫，这是战争最早的渊源。到了公元前500年，小亚细亚地区的希腊城邦米利都发生了大规模的起义，起义波及整个爱奥尼亚地区（小亚细亚沿岸一带），雅典也派兵予以支持。然而，起义最终被波斯镇压，而波斯也以雅典派兵援助为借口，渡海入侵希腊本土。这就是希波战争的开端。

第一次希波战争爆发于公元前 492 年，波斯军队从色雷斯海岸出发，水陆并进前往希腊。但是海军行进到希腊的阿多斯海角时遇到了飓风，几乎全军覆没。于是波斯只得仓促回军，未及交战就退回了亚洲地区。这次入侵使得希腊本土各邦统一起来，决心共同抵抗波斯的侵略。

在希腊各城邦中，抵抗态度最坚决的便是斯巴达和雅典。由于这两个城邦在希腊居于领导地位，其他各邦没有提出反对意见。于是希腊组成了以斯巴达和雅典为首的统一联军。此时的雅典刚刚完成克里斯提尼改革，正处于极盛时期。由于波斯的入侵，雅典公民的爱国热情被极大地激发起来，积极地进行备战。

两年后，波斯国王大流士再次派遣大军入侵希腊。首先入侵的目标便是雅典和另一个城邦厄律特利亚。波斯军队战斗力强大，一战之下，厄律特利亚遭到了毁灭性的打击，城市被毁，居民沦为奴隶。波斯军队稍作休整，屯兵在了距离雅典不远的马拉松，对雅典虎视眈眈。

与这支不可一世的骄横之师不同，雅典的军队是临时拼凑的公民军。波斯陆军大约有五万人，其中包括了两万铁甲骑兵。雅典的军队基本由重装陆军组成，人数不过一万。雅典处于明显的劣势。

两军在马拉松展开了决战，雅典军队士气极其高昂，在清晨时分向熟睡中的波斯军队发起了总攻。波斯军队仓促应战，毫无招架之力，骑兵

薛西斯：

公元前 485 年，波斯王大流士一世死了以后，他的儿子薛西斯继承王位。薛西斯为实现父亲的遗愿，发誓要踏平雅典，征服希腊。为此，他精心准备了四年，动员了整个波斯帝国的军力。参加远征的士兵来自臣服波斯的四十六个国家、一百多个民族。薛西斯一世死于一场宫廷政变。他的宰相阿尔达班谋杀了他，并拥立阿尔塔薛西斯一世（可能是薛西斯一世的儿子）为国王。

不及上马就被杀死，于是波斯军很快战败，溃不成军。整场战斗中，波斯阵亡6400人，而雅典只阵亡192人。这场以少胜多的战役使得雅典人打破了波斯人不可战胜的神话，增强了希腊人保家卫国的决心与自信。

第一次希波战争以雅典的胜利而告终。波斯军队虽然败退，但国力并没有因此受到严重的打击。另一方面，雅典虽然取胜，但希腊受国力所限，不可能对波斯加以追击。希腊和波斯进入了暂时的对峙时期，双方都为下一场战争积极做着准备。

波斯方面，大流士死后，薛西斯继位，他积极地动员全国的人力、物力，修建更多的战船，准备一举消灭整个希腊同盟。希腊方面，雅典开始组建提洛同盟，成立了一支统属于雅典的强大海军，实力猛增数倍。虽然雅典的海军在数量上不及波斯，但也是一支不可小觑的海上力量。因此，在第二次希波战争中，海战便成为了至关重要的一个环节。

此外，在斯巴达和雅典的努力下，所有的希腊城邦日趋团结。公元前481年，希腊31个城邦在斯巴达集会，建立了全希腊的同盟，一致对抗波斯的入侵。大会推举斯巴达为希腊同盟的统帅，而雅典统帅希腊海军。

随着两国准备停当，第二次希波战争也拉开了帷幕。公元前480年，薛西斯亲率海陆大军共五十多万，入侵希腊半岛。其中包括了15万海军、上千艘战船。这支大军浩浩荡荡地沿着地中海海岸朝着希腊而来。而此时的希腊，共有11万陆军和400艘战船，加上城邦的地域局限，部队极其分散，调动不易，劣势依然非常明显。

这种形势对于希腊来说异常严峻。波斯人的部队到达了希腊中部的温泉关，在这里和希腊人展开了首次大战。温泉关依山傍海，地形险要，易守难攻，守关的军士们抱了必死的决心和波斯决战。而波斯的军队占有绝对的数量优势，面对只有数千人的希腊军也是自信满满。

温泉关的守军共有7200人，其中最精锐的便是由斯巴达王——李奥尼达亲自统帅的300名斯巴达战士。面对来势汹汹的波斯军，这些斯巴达战士异常英勇，在战斗中以一当十，让波斯人的数次进攻都毫无进展且损失不小。波斯军连续进攻数日，始终没有攻破防线。

然而，很快薛西斯找到了一条通往温泉关后面的小路，并迅速派遣部队迂回到了温泉关的后方。面对前后夹击的形势，斯巴达王李奥尼达果断地下令除斯巴达战士外，所有的部队撤离关口，向后方转移。而他自己统领着全体斯巴达战士死守在温泉关上，阻止波斯大部通过。斯巴达人的勇武在这场战争中达到了极致，不到三百人的数量竟然阻挡了波斯大军整整一日。最终李奥尼达和所有斯巴达战士全部战死，而波斯军也被斯巴达人所震慑，士气受到了很大的打击。波斯军虽然最终攻破了温泉关，但在胜利的同时也使得军队数量和士气都遭受了不可估量的损失。

温泉关战争的战略影响也是巨大的，它成功地让联军主力在希腊的后方完成了撤离和集结。当薛西斯的大军夺取了温泉关之后，他虽然成功地攻破了数个城邦并攻占了雅典，但等待他们的只有一座座的空城和即将来临的失败。

到了这一年的秋季，希腊和波斯的海军在萨拉米湾展开了决战。波斯海军的主力大舰虽然有明显的数量优势，但因为受到萨拉米湾的地形限制，很难和机动性极强的希腊小型舰船对抗，战争持续了一天，波斯海军损失了三百余艘大型战船，而希腊仅仅损失了四十艘。波斯海军受到了无法挽回的损失，狼狈逃走。而薛西斯本人目睹了这一切的发生，却无能为力。只能无奈地接受了失败的事实。

随着萨拉米海战的胜利，整个战局都起了根本的变化。随后的普拉提雅战役更是给了波斯陆军致命一击。希腊集结了24个城邦的全部兵力，由斯巴人人统领，在普拉提雅地区向波斯发动了最大规模的进攻，战争持续了12天，波斯陆军一败涂地，作鸟兽散，只有少量部队得以返回波斯。

薛西斯本人也逃回了波斯本土，接下来的战争形势趋于明朗化，希腊人追击着败退的波斯军，进一步解放了被波斯控制的小亚细亚地区沿岸的希腊城邦。波斯经此一战，再也没有能力发动对希腊的大规模战争了。两国之间于公元前449年缔结了合约，波斯承认了小亚细亚地区希腊诸邦的独立，并承诺不再与希腊为敌。这场战争正式宣告结束。

希波战争以希腊的胜利告终，这也影响了整个世界的格局。此后，东西方的世界并立并存，一直延续至今。希腊的胜利为后来的文明发展奠定了基础，而波斯虽然失败，却没有从根本上触动它在本土的统治，两国沿着各自的方向继续发展，形成了东西方不同文明并存的大格局。

希腊主要城邦一览		
名称	建立时间	特征
雅典	约公元前 1000 年	文化古城
斯巴达	约公元前 7 世纪末	严格的公民军事训练制度
科林斯	约公元前 16 世纪上半叶~前 12 世纪	陶器享有盛名，造船和航海业都有很大发展
奥林匹亚	约公元前 8 世纪	古代希腊宗教祭祀和体育竞技中心之一，奥林匹克运动会发祥地

表三十一　希腊主要城邦一览

公元前 431 年～前 404 年
伯罗奔尼撒战争

公元前 5 世纪的雅典，在希波战争后成为了希腊最有实力的城邦之一。它的海军纵横于地中海东部地区，促使雅典的霸权统治逐渐建立。公元前 478 年，雅典在提洛岛成立了提洛同盟，这个同盟实际上是雅典维持霸权的工具，亦称雅典海上同盟。

同时，雅典的民主政治在希波战争后取得了新的进展。当时担任雅典领袖的是伯里克利，他引领着雅典达到极盛。雅典在公元前 5 世纪，经济、文化达到了全面繁荣，但是他的霸权不断受到其他城邦（例如斯巴达）的严重挑战，终于引起了希腊半岛上著名的内战——伯罗奔尼撒战争。

伯罗奔尼撒战争历时二十余年，从公元前 431 年开始战争进入第一阶段。战争的起因是雅典拘留所有境内的底比斯侨民，底比斯是伯罗奔尼撒同盟的成员，雅典的这种行为必然招致伯罗奔尼

西西里远征：

公元前 314 年，雅典出兵西西里，企图占领该地区，扩大自己的领域。战争初期雅典取得了一定的胜利，然而随后发生了月食。迷信的雅典人听信了先知的预言，等待了 27 天才决定军队的动向，这使得雅典贻误了战机，被西西里地区的叙拉古人所击败。最终迎来了全军覆没的命运。

羊河之役：

公元前 405 年，雅典海军重建，但是军力已大不如前，为了取得在与斯巴达的战争中的海上优势，雅典海军出兵羊河口。斯巴达海军统帅莱山德以逸待劳，在羊河口附近按兵不动，任凭雅典人如何叫阵都不为所动。很快雅典人产生了麻痹情绪，士气也受到了影响。莱山德趁机进攻，打了雅典海军一个措手不及。战役导致雅典海军全军覆没，再也没有力量与斯巴达争霸，遂与斯巴达和谈。

撒同盟的仇视，战争遂不可免。同年 6 月斯巴达军侵入雅典，战争全面展开。

斯巴达的军队占领了雅典周边的村落，农民纷纷逃入雅典城中，人口的激增导致了瘟疫的发生，大量人民在瘟疫中死去，其中也包括雅典执政官伯里克利。伯里克利死后，提洛同盟内部出现了很大的分歧和矛盾，最终，主和派占据了上风，决定和谈。因此，在第一阶段的战争中，虽然斯巴达和雅典互有胜负，但最终双方仍缔结了和约，暂时休战，约定保持 50 年的和平。

事实上，和平并没有持续那么久，公元前 415 年，雅典的主战派得势，撕毁了和约，开始发动西西里远征。然而雅典发动的这场海上远征事与愿违，没有得到胜利之神的眷顾。雅典远征部队遭遇了惨败，全军覆没。这场惨败导致雅典实力大损，海军基本损耗殆尽，再也无力重建。同时这也给了斯巴达出兵的理由，此后斯巴达不断出兵进攻雅典，控制了雅典的北部地区。雅典的经济因此受到了严重破坏，很快便走向了崩溃。而斯巴达却借此机会与波斯达成协议，靠其资助建立了一支海军，大大增强了军事力量。加上其原有的陆军优势，在战争中已成必胜之势。公元前 405 年，羊河之役爆发，战争中雅典海军被全歼，被迫求和。

公元前 404 年，雅典和斯巴达签订和约，和约规定提洛同盟必须解散，雅典也不得再建立海军，并加入伯罗奔尼撒同盟。从此，雅典光辉不再，成为了听命于斯巴达的二等城邦。这次战争致使希腊国内损失严重，很快进入了城邦危机阶段，古典文明由全盛走向衰落。

这场战争虽然只是希腊的内战，但其规模之大，人员损失之重却是在古代战争中前所未有的。这也使得希腊国力锐减，整个希腊世界江河日下，很快衰落下去。

公元前 4 世纪晚期 ~ 前 2 世纪中期
希腊马其顿统治时期，腓力二世侵略希腊

随着伯罗奔尼撒战争拉上了帷幕，古希腊文明开始走向了衰落，其中最显著的表现便是城邦危机。城邦危机的主要表现是：各城邦经济衰退，各地爆发大规模的平民起义（如棍棒党起义等）。尽管希腊的城邦制度仍然得以苟延残喘，但是群众的激进却表明现有体制很难长期维持下去了。

随着城邦危机的加剧，各大城邦混战不已，在伯罗奔尼撒战争之后，斯巴达成为希腊霸主开始独断专权，这引起了其他诸城邦的不满。另一方面，波斯也从中离间。于是，在公元前 395 年爆发了科林斯战争，雅典、科林斯、底比斯等城邦在波斯的支持下联合起来反抗斯巴达，斯巴达疲于应付，不得不向波斯请和，雅典趁机恢复了海军，渐渐复兴。但是，希腊已成颓势，小亚细亚地区各城邦又再次被波斯统治，使希波战争的成果全部丧失。

神圣战争：

希腊神圣战争共有三次，此处特指第三次神圣战争。公元前 355 年，底比斯人和福基斯人因为长期的矛盾，引发了战争。福基斯人奇袭并且占领了德尔菲神庙，随后将神庙中的资产当作了军费来雇佣军队。腓力二世借机出兵，以保卫神祇的名义进一步控制了希腊。

马其顿人：

马其顿人是生活在希腊北部地区的民族。他们不是纯粹的希腊人，但是深受希腊文化影响，使用希腊语。公元前 5 世纪，马其顿人在巴尔干半岛北部建立马其顿王国，逐渐崛起。后来入主希腊，成为了希腊实际上的统治者，而之后的亚历山大大帝东征更使得马其顿人成为了声名远播的民族。

而斯巴达的霸权也逐渐走向末路，公元前 371 年，底比斯击败斯巴达，次年解散了伯罗奔尼撒同盟，底比斯成为了新的霸主。雅典之后不久组成了第二次海上同盟，于公元前 362 年击败底比斯，建立了新的霸权统治。仅仅 5 年之后，雅典的霸权引起了希腊内部的同盟战争，雅典在强大的联合军进攻下失败，第二次海上同盟宣告解体。数十年的混战使得各城邦都不再具有称霸的实力，这为马其顿王国的兴起提供了必要的条件。

马其顿位于希腊北部，与希腊的关系较为紧密。在公元前 7 世纪，马其顿人建立了奴隶制国家，他们的发展程度虽然不及希腊人，但是希腊内部的长期混战给了马其顿可乘之机。公元前 4 世纪，马其顿把希腊的先进文化引入了宫廷，逐渐强大起来。

公元前 359 年，腓力二世继位成为马其顿的国王，他加强了王权，改革了兵制，提高了军队的战斗力。腓力的改革使马其顿成为巴尔干半岛的军事强国，此时的希腊内争犹酣，腓力打起了征服希腊的算盘。

公元前 355 年，"神圣战争"爆发，腓力二世趁机南进，爱琴海北部一带陷入马其顿统治之下。这引起了雅典的不安，于是在公元前 338 年，雅典和底比斯结盟，与马其顿的军队进行决战，联军大败，这场战役决定了希腊城邦未来的命运，从此以后，希腊城邦实际上失去了政治独立，处于马其顿的控制之下。

公元前 337 年，腓力二世在科林斯城召开全希腊会议，成立了科林斯联盟，除斯巴达外，几乎所有的希腊城邦都成了联盟的成员，腓力二世为同盟的最高领袖，全权统率军队，并向波斯宣战。

公元前 336 年，腓力二世征集各邦军队准备发起远征。然而在战争开始之前，他却意外地遇刺身亡，于是这场震动整个古代世界的大战便只得由他的儿子亚历山大来完成了。

公元前 334 年～前 327 年
亚历山大东征

腓力二世猝然辞世，这使得希腊出现了大规模的骚动。马其顿本身是凭借征服而强大起来的，腓力二世一死，许多被征服的地区便背叛了马其顿，有一部分军队也投靠了背叛者。底比斯打出了起义的旗帜，伯罗奔尼撒的一些城邦也紧随其后，因此腓力二世留给亚历山大的帝国，实际上是一个四分五裂的帝国，而亚历山大就是在这样的动荡形势下继任马其顿国王的。

亚历山大继位时只有二十岁，但他果敢决绝，政治经验丰富。他先声夺人，很快平定了各地的骚乱与起义。他严惩底比斯，将底比斯城夷为平地，完全控制了希腊半岛。内部既已安定，原定目标仍在，亚历山大决定出兵进攻波斯。

公元前 334 年，亚历山大率步兵三万、骑兵五千向波斯进军。当时他只有一个月的给养，这也决定了他必须一战制胜才能保证军队的供应。

大流士三世：

波斯帝国末代君主。本名叫作阿塔沙塔。他于公元前 336 年登基，继位时的波斯已经进入垂暮，衰落之势已成。大流士三世本人素有勇名，但性格温和，不好争斗。继位后着力于整顿波斯国政，使原本一团散沙的波斯逐渐恢复了往日的生气，用 6 个月的时间建立起一支新式军队并荡平埃及，波斯呈现中兴之势。然而，他继位后的第 3 年，亚历山大东侵开始。大流士三世的壮志宏图也在马其顿人的铁蹄下付诸东流。

亚历山大大帝：

即亚历山大三世，腓力二世之子。马其顿著名国王，在位时发动对东方的侵略战争，征服了欧、亚、非三大洲的广大地区，是世界古代历史中传奇的征服者。他将希腊文明带到了东方，又将东方文明带回了希腊，这是古代世界具有重要意义的一件事情。但是，亚历山大长期的征服战争给被征服地区的人民带来了深重的灾难。凭借武力征服建立的帝国也并不稳固。他本人死时仅有33岁，死后帝国分裂，各地混战不止。他有一句名言是："把世界当成自己的故乡。"可见其野心之庞大。

他与波斯的首战在小亚细亚地区展开，波斯军队一触即溃，亚历山大乘胜追击，基本占领小亚细亚全境。紧接着，他率领部队沿着海岸线向叙利亚推进。波斯国王大流士三世亲率大军与亚历山大会战于伊苏斯城。亚历山大兵力并不占优势，但他选择了正确的战术，以骑兵直捣波斯军的左翼和大流士所在的中军，大流士怯阵逃跑，波斯军全线溃退。此战中，大流士的妻女和母亲都成了亚历山大的俘虏。

此战后，亚历山大继续向前推进，在腓尼基的推罗遇到了顽强抵抗，历时七个月亚历山大终于攻陷推罗，将城中居民卖为奴隶。同年11月，亚历山大进入了埃及，受到了当地祭司的欢迎，称他为"埃及的法老"。他随即在尼罗河口建立了亚历山大里亚城。

马其顿方阵

公元前 331 年，亚历山大返回推罗，继续向东进军，10 月他领导马其顿军队与大流士三世在高加米拉原野（尼尼微附近）再次决战。亚历山大让开了正面，攻其两翼，大败波斯长刀战车部队，大流士再次带头逃跑。该战役是亚历山大东侵以来规模最大的一场战役，战后，波斯再也无力阻止抵抗，大流士只得仓皇逃命，而亚历山大穷追不舍，很快波斯的各大重要城市相继落入亚历山大之手。大流士三世在逃亡中被他的手下所杀，这标志着波斯帝国的灭亡，亚历山大继承了波斯帝国的全部遗产，继续统治波斯原有的统治地区。

但是亚历山大的征服并未停止，他在中亚地区征战三年，基本统一了中亚地区。随后，继续向东进兵，进入印度西北部。由于印度此时没有建立统一的国家，许多小国相互敌对，亚历山大通过分化和征战并用的手段，进展极为顺利。在他还想继续东征时，遭到了部下的强烈反对，喜马拉雅山脉也成了他无法逾越的障碍，他迫于无奈于公元前 326 年率军西返，于公元前 325 年回到巴比伦。十年东侵至此结束。

亚历山大经过十年的战争，将马其顿的领域扩大到印度河流域、尼罗河流域，建立起了横跨欧、亚、非三大洲的帝国。这场侵略战争极为成功，体现了亚历山大卓越的军事才能和灵活的政治谋略。同时在客观上使希腊文明与其他古代文明得以接触交流，加强了各民族之间的联系，促进了人类历史由分散走向整体的进程。亚历山大帝国的建立具有划时代的意义。

亚历山大回到巴比伦后，并不满足于已有的征服成就，他打算西征西北非、意大利和西班牙。但不久之后，在公元前 323 年这位伟大的征服者突然患上了恶性疟疾死去。这也为之后的帝国分裂埋下了种子。亚历山大去世时只有 33 岁，他的儿子还没有出生，于是继承人的选择就成了重要的问题。各方意见不一，最终妥协决定由腓力二世的低能儿子和亚历山大未出生的儿子共同继任王位，分别称为腓力三世和亚历山大四世。

之后，亚历山大的部将们开始着手瓜分帝国，帕狄卡斯统治亚洲，托勒密占据埃及，安提柯统治小亚细亚，安提帕特留守马其顿。但是这样的划分并不能使任何人得到满足。自公元前 323 年开始，各地的混战爆发。

公元前 323 年至公元前 320 年是战争的第一个阶段，帕狄卡斯遗弃了安提帕特的女儿，打算迎娶亚历山大的妹妹，以此合法地掌握实权。安提帕特受此大辱当即起兵，联合安提柯、托勒密等一起进攻帕狄卡斯，三年后帕狄卡斯死于埃及。

战争的第二阶段从公元前 320 年开始至公元前 301 年结束。这次的主角是安提柯。在帕狄卡斯死后，安提柯成为了亚洲的将军，他一心想把整个帝国都置于己手，这引起了其他人的憎恨。于是战火再起，战争由亚洲打到欧洲，再由欧洲打回亚洲。腓力三世和亚历山大四世先后被杀。公元前 306 年，安提柯称王，次年托勒密、塞琉古也各自称王。亚历山大帝国土崩瓦解，不复存在。公元前 301 年，安提柯兵败阵亡，他的领土被胜利者瓜分。帝国统一的梦想彻底破产。而此时的马其顿、西亚、埃及三足鼎立，它们开始走上了各自的发展道路。

公元前 323 年～前 1 世纪

马其顿帝国分裂，塞琉古王国、托勒密埃及、马其顿王国的兴衰

公元前 323 年，亚历山大大帝来不及完成自己征服世界的梦想便猝然死去，身后留下一个极其庞大的马其顿帝国。在他死后帝国内部的纷争四起，很快走向了分裂。经过二十多年的混战，马其顿帝国分裂成为几个独立的王国，结束了自己短暂的历史。

而这些分裂出现的王国，各自沿着自己的方向而发展着。其一便是托勒密埃及。托勒密是亚历山大的部将，在亚历山大死后统治埃及地区。公元前 3 世纪，托勒密埃及与塞琉古王国争夺巴勒斯坦和叙利亚，爆发了叙利亚战争。战争前后共有五次，最终托勒密埃及战败，国力严重受损，从此一蹶不振。公元前 1 世纪末，末代女王克娄巴特拉七世投靠罗马，最终亡于屋大维之手。托勒密埃及统治时期，埃及经济有所发展，开通了尼罗河与红海之间的运河。都城亚历山大里亚成

亚历山大里亚：

又名亚历山卓、亚历山德里亚等。是亚历山大大帝东征时期在埃及建立的城市。现为埃及第二大城市，是地中海南部最为重要的海港之一。城中曾建立亚历山大图书馆，藏书 70 万册，是古代地中海地区的学术中心。在航海大发现时期，作为奥斯曼帝国的重要海港，曾发挥重要作用。

克娄巴特拉七世：

托勒密埃及王朝末代国王是一名女性君主，她才貌出众，政治手腕高强。曾凭借自己的美貌暂时保全了托勒密埃及王朝的安宁。她的一生极具传奇色彩，先后与恺撒、安东尼结缘，最终败于罗马的屋大维，被俘自杀。在后世的传说中，她被称为埃及艳后，是古代世界一位著名的女性君主。

为了地中海地区最大的学术中心，影响极其深远。

另一个由马其顿帝国分裂出来的国家塞琉古王国，由亚历山大的部将塞琉古建立。公元前305年，塞琉古称王，塞琉古王国正式建立。王国统治着叙利亚地区，因此又称为叙利亚王国。该王国的初期君主建立了很多城市，加强了希腊文化的传播。公元前3世纪以来，塞琉古王国致力于对外征战，然而没有取得什么成效。公元前2世纪，罗马逐渐强盛，与塞琉古王国争夺小亚细亚地区的统治权。塞琉古王国失败，逐渐走向衰落。随着罗马的东进，塞琉古王国再也无法维持统治，公元前64年，罗马大将庞培将其灭亡。

与托勒密埃及和塞琉古王国并立的，还有希腊本土的马其顿王国。建立者是亚历山大部将安提柯。公元前4世纪末，随着混战局面的结束，马其顿王国逐渐稳定下来。统治者开始着力于建设城市，发展经济，并加强了对希腊南部的控制。马其顿王国的实力并不强大，为巩固自己的统治，加强影响力，统治者开始在爱琴海地区与埃及、叙利亚争夺霸权。罗马的崛起使得这一进程被打断，公元前168年，马其顿陷于罗马之手。公元前146年，希腊全境都被罗马占领。马其顿王国的统治至此结束。

希腊文明自爱琴文明时期开始，一直到公元前1世纪结束，长达数千年的时间中，留下了数量庞大的文化遗产，对后世的影响极其深远。它的继承者罗马吸收了希腊文明的精华，建立起了

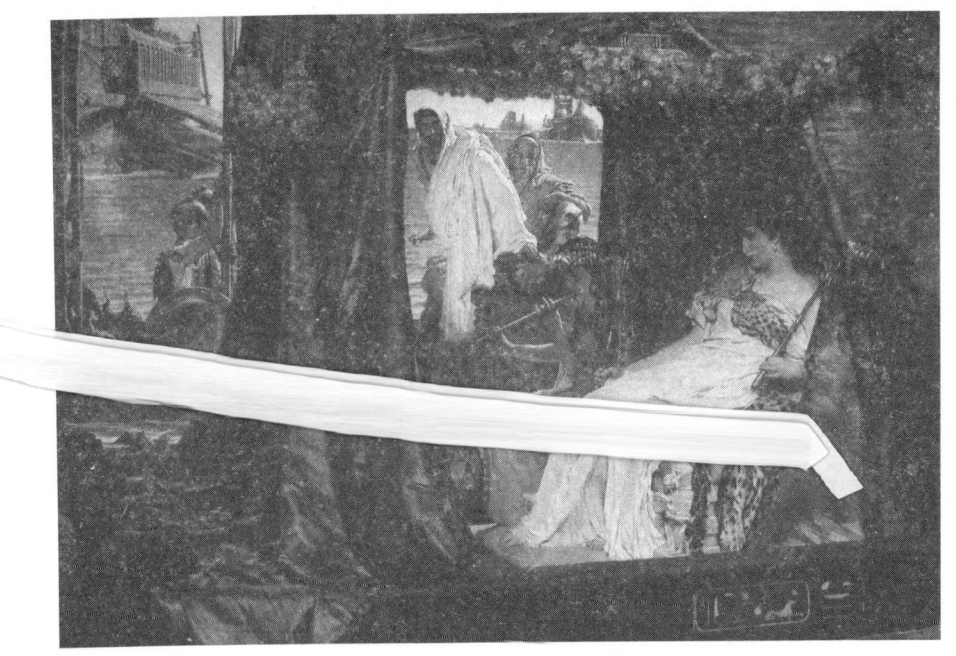

（英）塔德玛：《埃及艳后和安东尼》（油画）

更为庞大和先进的罗马帝国，使人类文明走向了新的时代。

马其顿帝国分裂后的国家一览表			
名称	建立者	地理位置	首都
马其顿·希腊王国	安提柯	希腊半岛	佩拉
塞琉古王国	塞琉古	中亚、西亚、小亚细亚、印度北部	安条克
托勒密埃及王国	托勒密	埃及地区	亚历山大里亚

表三十二　马其顿帝国分裂后的国家一览表

公元前 753 年～前 510 年

罗马王政时代，塞尔维乌斯改革

罗马城：

公元前 7 世纪末，大量伊达里亚人迁居罗马，在罗马大兴土木，挖水道、修广场、铺街道、建神庙、筑城墙、造住房，使罗马城迅速繁荣起来，成为一座大城市。同时也奠定了罗马作为意大利首都的基础。经过历代统治者的修建，罗马日趋繁华，朱里亚克劳狄王朝末帝尼禄在位时，罗马发生大火，城市被焚毁，罗马城在其后重建。罗马城千年来历尽沧桑始终不衰，现为意大利首都。

意大利是古罗马的发祥地，早在公元前 2000 年左右这里就已经有了最早的青铜文化，留下了璀璨的文明。到公元前 1000 年左右，意大利进入铁器时代，这一时代进入意大利的居民经过长期的融合和迁徙，逐渐占据了意大利半岛的大部分地区，成为了意大利的主要居民。其中有一支拉丁人便是罗马人的祖先。这些人在第伯河畔建立了罗马城，古代罗马国家便以此为基础逐渐发展起来。

大约在公元前 7 世纪，意大利开始出现城市国家，这一时期意大利始终没有建立统一的国家，各个城市国家独立自主，各自为政。当时，希腊处于强盛时期，各希腊城邦大举进行殖民活动，在意大利地区建立了许多殖民地，这些殖民地相继发展成为了新的城邦。与此同时，许多部落迁居罗马，不久后，罗马城建立了塔克文王朝。

根据罗马历史的传统说法，从公元前753年罗慕路斯建城起，到公元前510年最后一个王——高傲者塔克文被推翻为止，先后有七个王统治罗马，这个时期被称为王政时代。然而，罗慕路斯是传说中的人物，或许并不存在，王政也并非统一的制度，_____阶级社会转变的时期。

在王政时代的两百多年间，罗马国家逐渐趋于成熟。到了王政时代后期，第六王塞尔维乌斯为了增强罗马的实力进行了一系列改革。改革建立了新的地域部落，壮大了罗马的力量，同时创建森都里亚大会，使罗马步入了阶级社会。除此之外，塞尔维乌斯还对公民及其财产进行了普查，按财产的多少把公民分为了五个等级，确定了其相应的权利和义务。这样一来，完整的国家制度就建立起来。

公元前510年，王政时代最后一个王——高傲者塔克文被驱逐，然后，罗马建立了共和国，进入了共和国时代。从此，罗马走上了强盛的道路。

罗马公民等级与权利		
名称	权利	义务
奴隶	毫无人身权利	为奴隶主无偿服务
自由人	奴隶主门客，基本没有人身权利	为奴隶主服务
同盟者	部分罗马公民权利	缴税、服役
公民	全部罗马公民权利	缴税、服役
女人	大部分罗马公民权利	缴税等

表三十三 罗马公民等级与权利

公元前 509 年～前 129 年
罗马进入共和国时代，
发起大规模的对外扩张战争

罗马共和国建立于公元前510年，在建国初期，罗马和伊达拉里亚人保持着密切的关系。当时的罗马是作为伊达拉里亚人的从属而存在的，公元前474年，伊达拉里亚人在丘米海战中败于希腊联军，他们的残余势力退走，至此罗马才走上独立发展的道路。

早期的罗马共和国，是由贵族势力统治的，其实质是贵族共和国，平民的生活条件很差。为了改变这种情况，罗马平民掀起了反对贵族的斗争，这场战争持续了两百多年，平民采取"撤离"运动迫使贵族逐渐做出让步。直到公元前287年，平民反对贵族的斗争才宣告完全胜利，平民成为了国家的政治参与者。

在共和国初期，罗马的实力并不强大，为了增强国力发动了三次维爱战争，终于在公元前396年攻陷维爱，成为了第伯河流域的主宰。不久之后，

迦太基：

公元前9世纪末，腓尼基人建立的奴隶制国家。地处北非，在今突尼斯北部地区，首都为迦太基城。因为地处地中海要冲，是重要的交通咽喉，垄断了地中海海上贸易。罗马崛起后，为争夺海上霸权，先后发起三次"布匿战争"，最终击败迦太基，并于公元前147年焚毁迦太基城。

罗马遭到高卢人的进攻，罗马失败投降，元气大伤，此时许多部落也趁机侵犯罗马，经过大约五十年，[罗]马才渐渐恢复了力量，开始了进一步的扩张。

公元前 343 年~前 290 年，罗马发动了三次萨莫奈战争，统一了意大利中部地区；公元前 280 年~前 272 年，罗马进一步攻陷了南意大利的广大地区，至此意大利半岛基本纳入了罗马的版图。

随着战争的扩大，罗马开始实行军事改革。公元前 4 世纪~前 3 世纪，罗马军队制度日趋完善，成为了地中海地区的一支劲旅，此时的罗马野心勃勃地开始了下一轮的扩张。

为了成为西地中海的霸主，罗马开始与迦太基进行战争。两国在公元前 264 年~前 146 年间进行了三次大规模会战。因为罗马人称迦太基为"布匿"，所以这三次战争称为布匿战争。

第一次布匿战争爆发于公元前 264 年，罗马军队出兵西西里岛，迦太基奋起反击。罗马的海军出奇制胜，取得了海战的大捷。然而，进攻迦太基本土的军队惨遭失败，损失极为严重。最后两国在西西里展开了决战，罗马略占上风，迦太基被迫献地求和。公元前 241 年，罗马占领西西里及其周边的岛屿，西西里便成了罗马的第一个行省。

迦太基人无法接受这样的失败，决心一雪前耻。公元前 218 年，第二次布匿战争爆发，迦太基名将——汉尼拔领兵快速推进，翻过阿尔卑斯

汉尼拔：

迦太基名将。他少时立誓，要一生与罗马为敌。第二次布匿战争时，[汉尼拔率部队]与罗马军[队]在[所进行的]大小几十场战争中未尝一败。后来罗马进攻迦太基本土，汉尼拔被迫回援，在扎马战役中被击败。迦太基也成为了罗马的属国。之后汉尼拔成为了迦太基的执政官。但是罗马对他心有余悸，一定要置他于死地。他被迫先后逃亡至塞琉古王国、比提尼亚王国。最终因不屈于罗马人的要挟，跳海自杀。

—古典文[明]时期—

山，进入意大利。汉尼拔是一位军事天才，接连打败罗马的军队，占领了罗马的广大地区，并采用迂回战术绕到了罗马军团后方，最终伏击了罗马军队，罗马几乎全军覆没。此役的失败震撼了整个罗马，罗马急忙任命费边为独裁官，统一指挥罗马军队。费边采取拖延战略，逐渐消耗迦太基的兵力，始终避免与其决战，战争进入相持阶段，这使得意大利各地饱受战火，引起了各界不满。此时，罗马内部要求速战速决的呼声愈加普遍，于是在公元前216年，双方在坎尼进行决战，汉尼拔用骑兵两翼包抄罗马军队使其遭到重创，罗马惨败，大部分军士阵亡，被俘万余人。罗马陷入了十分危急的处境。

为了挽救危急，罗马发布了全民动员令，重新组织军队，同时重新恢复费边的战略，避免决战，消耗汉尼拔的力量。战争的优势逐渐转向罗马。公元前204年，罗马军队出兵北非进攻迦太基本土，迦太基告急，立即召回汉尼拔救援。公元前202年，汉尼拔和罗马军队在扎玛决战，汉尼拔遭遇了平生唯一一次战败。迦太基无力再战，被迫接受了极不平等的和约，成为了罗马的附庸。自此，罗马成为了西地中海的霸主。

公元前2世纪中期，迦太基开始复兴，罗马害怕迦太基东山再起，发起了第三次布匿战争。这次战争迦太基毫无抵抗能力，完全处于罗马的欺凌之下，最终迦太基城被烧毁，夷为平地。迦太基也变成了罗马的阿非利加行省。和布匿战争

同时爆发的还有征服高卢和西班牙的战争。公元前132年，西班牙也基本被罗

公元前215年，罗马及如第□□□□□□□□□□，至公元前197年，罗马再次进攻马其顿，发起了第二次马其顿战争，马其顿战败求和。随后，罗马又于公元前191年～前189年击败了安条克王国和塞琉古王国，至此，罗马基本控制了希腊和小亚细亚地区。

马其顿也不甘失败，不断爆发反抗罗马的运动。公元前171年，罗马发起了第三次马其顿战争，将马其顿彻底击败，分为了4个独立的自治区。在之后的近30年间，虽然马其顿时常发生反抗罗马的斗争，却都被镇压下去。至公元前146年，希腊半岛所有的城邦都归于罗马的统治之下，希腊城邦分治的局面彻底结束。罗马成为希腊绝对的统治者。

公元前129年，罗马吞并帕加马，至此，罗马控制了整个地中海地区，建立起了横跨欧、亚、非三大洲的帝国，随即，罗马逐渐过渡进入了帝国时代。

公元前27年	公元41年～54年	98年～117年
（屋大维在位）	（克劳狄一世在位）	（图拉真在位）
屋大维对外征战 版图扩大至多瑙河以北	攻占不列颠南部 日耳曼尼亚 叙利亚、非洲北部	东到美索不达米亚 南至北非撒哈拉沙漠 西起不列颠 北抵喀尔巴阡山脉和黑海北岸

表三十四　罗马对外扩张时间表

公元前 2 世纪～前 1 世纪

罗马共和国的覆灭，斯巴达克斯起义，前三头同盟建立

从公元前 2 世纪初开始，罗马共和国内部矛盾越发尖锐，在罗马控制的地区各处不断地爆发大规模的奴隶起义。公元前 137 年，西西里奴隶大起义爆发，起义共有两次。公元前 101 年，起义才被罗马镇压下去。这次起义沉重地打击了罗马的统治，揭开了共和国时期大规模起义的序幕，使得共和国逐渐走向了灭亡。

与西西里奴隶起义同一时期，罗马进行了一系列的内部改革，其中最重要的就是格拉古兄弟改革和马略的军事改革。前者缓和了土地兼并但最终受到了贵族势力的抵制，宣告失败。后者改变了罗马的兵力制度和部队构成，提高了罗马军队的战斗力，并以此镇压了西西里奴隶起义。然而，这一切已无力改变罗马内部矛盾愈演愈烈的形势，随后到来的同盟者战争进一步要求罗马从内部进行改革。马略死后，罗马进入了苏拉独裁时期。

罗马角斗场：

又称大竞技场，大约公元 72 年～79 年建于罗马城中，被誉为世界八大奇迹之一，是古罗马的建筑性标志。角斗场主要用于奴隶进行角斗表演，以供罗马贵族享乐。角斗是奴隶制社会一种野蛮的娱乐项目。角斗士毫无人身自由，平时被关在牢笼里，表演时往往要面对强大的野兽或者自己的同伴，以命相搏。死者不计其数。

专政的统治方式，但是事与愿违，这反而使罗马局势更加恶化。苏拉的独裁并未持久，他的统治给予共和制度沉重打击。

不久后，罗马爆发了震撼地中海世界的斯巴达克斯大起义。斯巴达克斯是一名奴隶，在角斗场里当角斗士。公元前73年，斯巴达克斯鼓动奴隶暴动，他带领七十多名角斗士杀死了卫兵，逃到维苏威火山，发动起义。许多奴隶和农民都来投奔他，起义队伍发展到上万人。斯巴达克斯担任起义军领袖，克利克斯担任他的副手。他们四处进攻庄园，震动了整个罗马。

公元前72年，罗马调集一支军队对斯巴达克斯进行围剿，将其围困在维苏威火山。起义军用葡萄藤攀下悬崖，包抄至罗马军队后方，将其击败。此战使得起义军声名大振，之后，起义军又多次击败罗马军队，队伍也扩大到七万人。但在此时，起义军内部出现战略分歧，并最终导致了起义军的分裂。斯巴达克斯率主力向北进军，克利克斯带领三万人留守意大利南部。

缺乏了斯巴达克斯的领导，克利克斯不久后被罗马军队打败并牺牲，仅有一万人左右的战士突围重归斯巴达克斯麾下。斯巴达克斯率兵南进，再次击败了罗马军队，并强迫三百名罗马战俘进行角斗表演，以祭奠战友克利克斯。起义军继续向北进军，占领了穆提那城，抵达阿尔卑斯山下，起义军发展到十二万人。

名领袖恺撒大帝。他是马略的妻侄，出身贵族家庭。公元前60年和克拉苏、庞培组成前三头同盟。公元44年成为罗马终身独裁官。他统治罗马时，征服高卢全境，并一度进攻日耳曼和不列颠。他是罗马帝国的奠基者，实至名归的无冕之王。公元前44年死于暗杀，时年58岁。现有《高卢战记》等作品流传于世。

奥古斯都：

一般指罗马帝国的首位皇帝屋大维。屋大维是恺撒的甥孙，公元前46年，恺撒将他收养为自己的继承人。恺撒死后，屋大维和安东尼、雷必达达成后三头同盟，并与后来成为了罗马的独裁统治者。公元前27年，元老院授予他"奥古斯都"的称号。这一称号也成为了后来的罗马皇帝的头衔。屋大维是罗马帝国的真正建立者，他引领罗马进入了帝国时代。

然而，斯巴达克斯并未翻过阿尔卑斯山，这可能是因为时值寒冬，翻越存在困难。斯巴达克斯选择了再次挥师南下。罗马元老院担心起义军进攻罗马，急忙任命克拉苏为总帅，带领六个军团迎战斯巴达克斯。起义军和罗马主力部队周旋良久，最终被围堵于一座海港之外，起义军进退无路，与罗马主力展开了殊死搏斗。斯巴达克斯与克拉苏相遇在阿普利亚，在战斗中，斯巴达克斯英勇无比，身受重伤仍奋战不已，最终伤重战死。这场战斗，起义军阵亡六万人，幸存者也全部被克拉苏钉死，仅有少部分突围，后来被罗马大将庞培剿灭。至此，斯巴达克斯起义彻底失败。

这次起义沉重地打击了罗马奴隶主阶级，随后隶农制开始发展起来。这加速了罗马从共和国向帝制国家转变的过程。在苏拉独裁时期，罗马开始逐步向帝国时代过渡，但他的强权统治招致了罗马公民的反感。在他死后，西班牙和意大利本土爆发了声势浩大的起义。克拉苏和庞培成功地领导军队将起义镇压，随后，成为了实际上的罗马统治者，但彼此之间都怀有敌意。

这个时候，恺撒开始在罗马政治舞台上崛起。公元前60年，经恺撒的调解，克拉苏和庞培站到了同一战线上。因为各自的利益需要，三人达成了相互支持的秘密协议。这就是著名的前三头同盟。

协议订立后不久，恺撒成为了罗马的执政官。他担任执政官时期，大力支持庞培和克拉苏的政策，任期满后，他出任高卢总督。而克拉苏和庞培在他继任执政官，期满后分别担任叙利亚总督和西班牙总督（庞培未就任，派遣副手管辖西班牙，本人仍留在罗马）。

公元前 54 年，克拉苏在帕迪亚战争中战死。两年后，恺撒和庞培为了争夺最高领导权而展开了战争。公元前 49 年，恺撒攻占罗马城，庞培逃往埃及，结果被托勒密埃及的廷臣所杀。恺撒在随后的战争中消灭了庞培的残部，开始统治整个罗马。

公元前 44 年，恺撒成为了终身独裁官，至此，共和国已经名存实亡。罗马实际上成为了恺撒独裁的君主专制政权。然而恺撒在位时间不长，便被不甘失败的元老院成员暗杀而死。罗马局势再次混乱起来。

恺撒死后，他的部将安东尼和雷必达力图控制政局。固守共和制度的元老院也和他们达成了妥协协议。而恺撒的甥孙和继承者屋大维此时也来到了罗马，并得到了平民的支持，成为了最高统治权的竞争者。公元前 43 年，在元老院的煽动下，屋大维和安东尼势同水火。最终屋大维率军击败了安东尼。安东尼逃亡山北高卢和雷必达会合。屋大维成为了罗马的执政官。

安东尼和雷必达不甘心失败，准备策划反扑。但是恺撒部下的老兵们不愿意互相残杀、希望恺撒派的领袖能够达成联合。在这种形势下，公元前 43 年，安东尼、雷必达和屋大维达成了协议，这便是后三头同盟。同盟达成后，安东尼成为了高卢总督，屋大维控制阿非利加等地，而雷必达掌握着西班牙。意大利为三头共管。

后三头同盟共同进攻罗马，剿灭了元老院的势力。没有了共同的敌人，三头的关系再度紧张起来。安东尼与公元前 40 年返回罗马，险些再次引起内战。三头为避免战争，再次签订了协议，安东尼管辖东方各行省，屋大维治理西部行省，雷必达管理北非。意大利仍然为三头共管。安东尼还娶了屋大维的姐姐以巩固同盟关系。

然而协约毕竟制不了三头的野心，为了扩大自己的势力，三头都不断地扩张自己的军队和领地，企图独占西西里，但是他失去了部队的支持，最终被

屋大维剥夺了政治权力，成为了大祭司长。三头至此只剩下两头。

　　而安东尼此时在东方也已颇具声势，他为了对抗屋大维，争取托勒密埃及的支持，遂遗弃了屋大维的姐姐，娶了埃及艳后克娄巴特拉七世。在随后的亚美尼亚战争中，安东尼取得了胜利，并将征服所得的土地赠予了克娄巴特拉女王。这引起了罗马普遍的不满和愤慨，也给了屋大维向东方进兵的借口。

　　公元前32年，安东尼正式遗弃屋大维的姐姐。同时通过元老院向屋大维发难。屋大维随即予以还击，他先驱逐了300名亲安东尼的元老，随即又当众宣读了安东尼的遗嘱，遗嘱中关于安东尼对于埃及的土地赠予一项，引起了罗马公民的极大愤怒。罗马正式剥夺了安东尼的一切职务，并向托勒密埃及宣战。

　　公元前31年，安东尼和屋大维在亚克兴展开会战，安东尼战败。次年，屋大维兵至亚历山大里亚，安东尼自刎身亡。克娄巴特拉七世也在被俘后不久自杀，埃及并入罗马版图。至此，长期分裂的罗马再次归于统一。公元前27年，元老院授予屋大维"奥古斯都"的称号，这标志着共和制度的彻底灭亡，屋大维建立的君主专制制度宣告着罗马进入了帝国时代。

前三头同盟		
姓名	管辖地区	结果
恺撒	高卢	公元前44年成为终身独裁官后遇刺而死
庞培	西班牙	被恺撒击败，公元前48年最终死于埃及
克拉苏	叙利亚	公元前53年在对安息的战争中失败阵亡

表三十五　前三头同盟一览表

后三头同盟		
姓名	管辖地区	结果
屋大维	非洲，西西里	公元前27年被元老院授予"奥古斯都"称号
安东尼	高卢	公元前30年被屋大维击败后在埃及自杀
雷必达	西班牙	公元前36年被屋大维剥夺军权和行政权

表三十六　后三头同盟一览表

公元前 27 年～公元 476 年

罗马进入帝国时期，帝国的繁荣和分裂，三世纪危机出现，蛮族入侵

公元前 27 年，屋大维成为了奥古斯都，这标志着罗马帝国的建立。屋大维统治罗马四十余年，在位时期加强了王权，使得罗马帝国初具帝国雏形。同时他大兴土木，将罗马城建设的更为庞大。

屋大维还积极进行扩张战争，在他统治时期，罗马完全控制了西班牙和幼发拉底河西岸地区的领地，使帝国的疆域大大扩展。他死于公元 14 年。他的养子提比略继承了皇位。

从公元 14 年～公元 68 年，共有 4 位皇帝先后统治罗马，他们分别是提比略、卡里古拉、克劳狄和尼禄。这一时期被称为朱丽亚·克劳狄王朝。首位皇帝提比略在位时期，加强了中央集权，但是罗马的宫廷阴谋和政变层出不穷，近卫军开始成为废立皇帝的重要角色。

帝国的第二位皇帝卡里古拉生活奢侈腐化，他在位时将元首制正式改为君主制，但是他在位

上帝之鞭：

公元 3 世纪，有一部分匈人开始西迁。西迁的过程中他们战胜了许多其他民族。这些民族被迫大量地迁徙到罗马境内，此即罗马三世纪历史上的蛮族入侵。在随后的百余年中，匈人继续西进，在西欧地区进行大规模的抢掠和杀戮。公元 445 年，匈人领袖阿提拉率军越过阿尔卑斯山，攻破意大利所有的城市，直逼罗马城，西罗马帝国被迫求和。此战之后阿提拉获得了"上帝之鞭"的称号。匈人或许是西迁的北匈奴，但迄今为止尚无定论。

仅有短短的四年（公元 37 ～ 41 年），便在一场有预谋的宫廷政变中被近卫军所杀。随后继位的是克劳狄，他在位期间一方面加强了君权，另一方面继续对外扩张，使罗马的疆域达到了非洲西北部和不列颠南部，并将小亚细亚地区的色雷斯也纳入罗马版图。他在位 13 年（公元 41 年～ 54 年），最终也死于发动宫廷政变的近卫军之手。

尼禄在公元 54 年登上了罗马的帝位。他是一位著名的暴君。为了巩固自己的统治，他甚至杀死了自己的亲生母亲。尼禄残暴凶狠，挥霍无度，公元 64 年，罗马发生大火，尼禄登高观火，吟诵特洛伊城毁灭的诗句。罗马城被烧为一片灰烬，而大火之后尼禄却趁机开始修建奢华的新宫。当时罗马流传，尼禄为了修建新宫而故意纵火。尼禄大肆捕杀制造流言的嫌疑犯，并将纵火罪加在基督教徒身上。

尼禄的统治引起了罗马各阶层的强烈反抗，人民起义此起彼伏，罗马军队疲于应付。公元前 68 年，罗马各地起义已成燎原之势，元老院宣布尼禄为公敌，将其废黜。走投无路的尼禄在罗马郊外自杀，朱丽亚·克劳狄王朝就此灭亡。

尼禄死后，罗马各行省军团纷纷拥立皇帝，相互展开了混战。最终，东部行省获胜，韦伯乡成为了新的皇帝，建立了弗拉维王朝。这个王朝统治的时间也不长，只有不到三十年。公元 96 年，该王朝末帝在政变中被杀，元老院推举涅尔瓦为帝，开始了安敦尼王朝的统治时期。

安敦尼王朝统治时期共有六个皇帝，他们依次是涅尔瓦、图拉真、哈德良、安敦尼、奥勒略和康茂德。在他们的治理下，罗马帝国达到了鼎盛，被后世称为"黄金时代"。涅尔瓦继位时年事已高，仅仅在位不到三年。他的继承人图拉真进一步对外扩张，进兵西亚，兵抵波斯湾。这使得罗马疆域扩大到了极点，东至波斯湾，西至大西洋，北至不列颠，南至北非。

图拉真之后继任的哈德良着力于整顿内政。在他的治理下，罗马的社会等级日益完善，皇权也完全巩固下来。安敦尼继续他的政策，同时整顿财政，兴修工程，加强了对地方行省的控制。这使得罗马帝国逐步走向了巅峰。可是好景不长，到了奥勒略统治时期，蛮族开始入侵罗马，罗马陷入了长期的对蛮族战争中。奥勒略用了相当长的时间才制止了蛮族的入侵，最后允许一些蛮族部落移居到帝国边境居住。他本人在公元 180 年病死，死后由他的儿子康茂德继位。而此时的罗马，已经开始逐步走向了衰落。

公元 2 世纪末，罗马经济衰退，社会危机逐步加深。公元 192 年，康茂德死于一场暗杀，在随后的半年中，近卫军连续更换了两位皇帝，各行省也宣布脱离罗马的统治，拥立皇帝，新的混战再度展开。最终，塞维鲁得胜，建立了塞维鲁王朝。

塞维鲁王朝始终坚持加强军事力量，建立军事独裁统治。但是社会危机的逐步加深，让这个王朝也没有能够长期统治下去。公元 235 年，塞维鲁王朝末帝亚历山大被哗变的士兵所杀。罗马再次陷入混战当中。

公元 235 年～260 年之间统治罗马的皇帝大多死于政变和战争。这也显示出了当时的罗马极度混乱。与此同时，蛮族卷土重来，再度入侵罗马境内。公元 260 年，皇帝瓦勒良任命其子为共治者，分别应付帝国东西部的紧张局势。同年，瓦勒良被波斯国王俘虏。他的儿子成为了罗马唯一的执政者。这时内乱和外部入侵更加严重，各行省开始纷纷宣布独立，罗马处于四分五裂之中。

公元 268 年，克劳狄继承皇位。他和他的继任者全力镇压了各地的骚乱并击退了蛮族，使各分裂地区也渐次回归到罗马的统治下。至此，罗马的统治危机得到了缓和，分裂的局面暂告结束。

公元 305 年，罗马皇帝戴克里先和马克西米安同时退位。经过新一轮的皇位争夺，君士坦丁和里基尼乌斯分别控制了帝国的东部和西部，形成了两个奥古斯都并立之势。后来君士坦丁击败了对手，并把国家的首都迁到了拜占庭，取名为君士坦丁堡，国家称为新罗马。他在东部地区的统治日益稳固下来，而此时的帝国地方，依然不断受到蛮族入侵的袭扰。君士坦丁死后，他的继承者提奥西多奉基督教为国教，一度恢复了帝国的统一，但他死后将帝国分给了自己的两个儿子。公元 395 年，帝国正式分裂为以罗马城为首都的西罗马帝国和以君士坦丁堡为首都的东罗马帝国。此时的罗马，已经不复帝国初年的强大，开始走向末路了。

随着蛮族的大量入侵，西罗马帝国日益衰落，加上统治的腐朽，加速了帝国的灭亡，公元 476 年，日耳曼雇佣军首领奥多亚克废黜了西罗马帝国末帝罗慕路斯，这宣告了西罗马帝国的灭亡。

自此，欧洲和北非也结束了奴隶制社会，开始了封建社会阶段。古典文明时代也和西罗马帝国一起画上了句号，随后，人类历史进入了中世纪阶段。

蛮族王国表			
名称	建立民族	时间	结果
汪达尔王国	汪达尔人	公元 439 年	534 年被拜占庭帝国所灭
东哥特王国	东哥特人	公元 439 年	555 年被拜占庭帝国所灭
西哥特王国	西哥特人	公元 418 年	714 年被阿拉伯人所灭
伦巴德王国	伦巴德人	公元 568 年	8 世纪后期并入法兰克王国

表三十七　蛮族王国表

中世纪时期

公元 481 年
克洛维建立法兰克王国墨洛温王朝

古代希腊人和罗马人，把他们周边的民族统称为蛮族。这些民族主要有科特勒人、日耳曼人和斯拉夫人等。他们早在公元 1 世纪左右就开始

萨利克法典：

> 萨利克法兰克人的习惯法汇编法典，由墨洛温王朝建立者克洛维颁布。这部法典中主要涉及刑法和继承法，颁布后在较长的时间内成为法兰克王国的根本大法。在墨洛温王朝灭亡后，加洛林王朝的皇帝查理曼对这部法典加以修订，编成了新的法典在王国内施行。萨利克法典反映了 5 世纪法兰克人的社会经济状况，同时这部法典对后世的法律也有深远影响。

中世纪骑士形象

和罗马帝国有接触。公元 4 世纪后期，大量的蛮族开始入侵罗马，罗马军队疲于应付。公元 476 年，罗马雇佣军统帅日耳曼人奥多亚克举兵反叛，杀死了西罗马末帝罗慕路斯，西罗马就此灭亡。

当时的欧洲境内有大量的蛮族居住，其中有一支日耳曼人的分支，叫作萨利克法兰克人。他们从 4 世纪起越过莱茵河，进入高卢地区，不断扩张。他们的首领克洛维于公元前 481 年击败罗马人，占领了广大土地，建立了法兰克墨洛温王朝。

克洛维出身于墨洛温家族，486 年，他消灭了罗马在高卢的残余势力，开始确立王权。他进而消灭法兰克其他部落的势力，打败了阿勒曼尼人和西哥特人，迫使高卢东南部的勃艮第王国臣服，王朝势力得以扩展到高卢大部分地区和莱茵河东岸。

511 年克洛维死后，四子分别以巴黎、奥尔良、苏瓦松和梅斯为中心平分了王国的领土，534 年，他们合力吞并了勃艮第王国。之后，这几个王国为了争夺统治权展开了长期的混战。直到公元 561 年，法兰克才在克洛塔尔一世的统治下得到了短期统一。

克洛塔尔一世的儿子们又重蹈覆辙，将王国分为了奥斯特拉西亚、纽斯特里亚与勃艮第三部分。613 年，克洛塔尔二世再次将法兰克王国统一，国家得到了暂时的安定，而他的继任者达戈贝尔特死后，王国第三次分裂。

在长期的混战中，法兰克王国的王权削弱，

查理·马特：

法兰克王国墨洛温王朝宫相。查理是丕平之子，在位时对王国进行了一系列的改革，建立了完整的采邑制度，这项制度的建立标志着西欧封建制度的完全确立。公元 732 年，查理领导法兰克军队和阿拉伯帝国的军队在普瓦提埃进行了一场会战，战争中查理显示出了高超的军事才能，将阿拉伯人的骑兵击溃。最终，法兰克王国获胜，查理也获得了"马特"（意为铁锤）的称号。自此以后，查理声望日盛，成为了王国的实际统治者，其子矮子丕平也最终成为了加洛林王朝的建立者。

实权落到掌管宫廷事务和王室地产的宫相手中，国王成为了傀儡。687 年，宫相丕平统一了全国。接下来王国得到了很大的发展，王权也进一步没落下去。丕平之子查理·马特继任宫相时，击败了入侵的阿拉伯人，这使得王国的外部环境也逐渐稳定下来。

751 年，查理·马特之子矮子丕平彻底废黜了墨洛温王朝的末王而称帝，并于 754 年正式得到了教皇的加冕，自此，墨洛温王朝的统治宣告结束，法兰克王国进入了加洛林王朝统治时期。

丕平家族宫相一览		
姓名	在位时间	主要功绩
丕平	687 年 ~ 714 年	为丕平王朝和卡洛林王朝奠定了统治基础
查理·马特	719 年 ~ 741 年	击败入侵的阿拉伯人，建立采邑制度
丕平（矮子）	741 年 ~ 751 年	增进了与教皇的关系，建立加洛林王朝，加冕称帝

表三十八　丕平家族宫相一览

公元 751 年 ~ 987 年

法兰克加洛林王朝的建立与强盛，丕平献土，《凡尔登条约》签订

公元 751 年，在苏瓦松召开了一次法兰克贵族会议。会议中查理·马特之子矮子丕平得到了法兰克贵族和罗马主教的支持，废黜了墨洛温王朝的末王，当选为新的国王，这标志着加洛林王朝正式开始了统治。

矮子丕平继位后不久，在罗马得到了教皇的加冕，教皇按照圣经上所载犹太王国国王大卫的例子，为丕平和他的妻儿涂上了圣油。这一仪式使得矮子丕平具有了一种神圣的色彩，似乎成为了上帝在世间统治的代言人，王权开始被神化了。

为了感谢教皇的支持和帮助，矮子丕平决定有所报答。他先后两次率军进攻罗马附近的伦巴德人，并把从伦巴德人手中夺回的罗马城及拉文那地区划归教皇管辖，这便是所谓的"丕平献土"，这一行为奠定了教皇国的基础。

随后，矮子丕平发起了大规模的征服战争，

教皇：

又称教宗，是基督教天主教派的最高主教。据传，首位教皇是基督教创始人耶稣的十二门徒之一圣彼得。罗马地区的主教是圣彼得的继承人，因此地位要高于其他地区的主教，称为教皇。中世纪的基督教会对世俗事务有很大的影响力，例如通过"加冕"这一行为来授予国王以皇帝的头衔，或是通过开除皇帝教籍来影响其统治等。自"阿维农之囚"事件之后，教皇成为了基督教天主教派的名义领袖，对世俗事务不再有中世纪时的控制力。现任教皇为方济各。

查理大帝：

加洛林王朝第二位皇帝，是西欧历史上著名的伟大君主。查理是一个典型的日耳曼人，身长六尺，擅长游泳。他在位时期扩大了法兰克王国的疆域，通过五十余次战争，统一了除西班牙以外的西欧地区，被称为"罗马人的皇帝"。除了军功卓著之外，他还大力整顿内政，重视文化教育，设立学校，派人搜集和抄写大量古典文献，被后世称为加洛林文艺复兴。查理曼死后，法兰克帝国走向分裂，他的后代软弱无能，很快欧洲便进入了黑暗时代。时人称"世上再无查理曼"。

他兵及比利牛斯山以南和法国南部的地中海沿岸，为其子查理的征服打下了基础。768年，矮子丕平病死，继承者是他的儿子查理。查理继位后继续着矮子丕平的战略，他于774年击败了伦巴第人，控制了意大利北部。然后继续进攻萨克森人，这场战争持续数十年，直到公元807年才得以结束。

778年，查理进攻阿拉伯人统治的西班牙，一度占领了巴塞罗那城。但不久后他被阿拉伯人击败，只得从该地区撤出。撤退中负责断后的部队指挥官罗兰伯爵在此战死，后世将这一事件加以渲染，写成了著名的英雄史诗《罗兰之歌》。这部作品也成为了欧洲骑士精神的来源之一。

796年，查理出兵击败了阿瓦尔人，至此，法兰克王国的疆域几乎囊括了除西班牙以外的整个西欧，王国也达到了鼎盛时期，被称作"查理帝国"。而查理本人也得到了教皇的加冕，授予他皇帝和奥古斯都称号，他被人民称为"罗马人的皇帝"。814年，东罗马帝国的皇帝表示承认这一称号，查理自此被誉为"查理大帝"或"查理曼"（伟大的查理）。

查理在进行征服战争的同时，对国家的内政也加以整顿。他进一步扩大了采邑制度的施行范围，加强了王权。同时又加大了对税收的管理，使王国的经济也有了较大的发展。814年，这位伟大的君王死于一场风寒，时年72岁。他的儿子虔诚者路易继承了王位。

虔诚者路易继位后不久，便在817年将庞大的帝国分而治之：他的长子罗退尔治理意大利并同时领有皇帝头衔；次子丕平成为了法国南部的国王；三子日耳曼路易为巴伐利亚国王。823 年，他又打算给幼子秃头查理一块土地，这引起了前三个儿子的不满，他们联合起来反对他，引发了长期的内战，这场战争直到公元 835 年才宣告结束。

840 年，虔诚者路易死去。罗退尔继承了王位。当时二子丕平已死，为了争夺法国南部的领土，几人之间再次爆发了内战。843 年，兄弟几人在凡尔登签订了《凡尔登条约》，条约中规定日耳曼路易得到东法兰克地区，后来和意大利、波希米亚结合成为神圣罗马帝国；秃头查理得到西法兰克地区，后来发展成为法兰西王国；罗退尔保留皇帝称号并拥有法兰克王国中部的统治权，日后分裂为两个部分，又分别为法兰西王国和神圣罗马帝国所吞并。这一条约奠定了日后法国、德国和意大利的疆域基础。

查理帝国分裂后，三人统治的地区实际上独立发展，不相统属。公元 887 年，皇帝的头衔也随着查理三世（绰号胖子）被废黜而不复存在。加洛林王朝也开始走向最后的衰落。987 年，西法兰克王国（法兰西王国）的末代国王查理五世（绰号懒王）去世，加洛林王朝绝嗣，自此灭亡。

分裂后的法兰克王国一览			
名称	建立者	存在时间	管辖地区
东法兰克王国	日耳曼路易	843 ~ 911 年	德意志
西法兰克王国	秃头查理	843 ~ 987 年	法兰西
中法兰克王国	罗退尔	843 ~ 887 年	意大利

表三十九　分裂后的法兰克王国一览

公元 395 年 ～ 565 年

拜占庭帝国的建立，查士丁尼一世颁布《罗马民法大全》，拜占庭帝国的第一个黄金时代

5 世纪后半期，随着蛮族的入侵，西罗马帝国灭亡了。但是东罗马帝国却继续保存了下来，在东欧地区继续着自己的统治。因为帝国的首都君士坦丁堡旧称拜占庭，所以东罗马帝国又名拜占庭帝国。

拜占庭帝国建立初期，西欧正处于蛮族的入侵之下，岌岌可危。拜占庭帝国的早期君主为了抵御来自外部的影响，进行了有效的防御建设和军事部署。虽然和西罗马帝国一样，拜占庭帝国也时常遭到蛮族的侵扰，但是它顶住了强大的压力，留存了下来。从 4 世纪到 6 世纪，近两百年的时间里，拜占庭帝国完成了从罗马制度下的帝国向东方封建制度帝国的过渡，逐渐成为了颇具实力的大帝国。

公元 527 年，查士丁尼继位为拜占庭帝国的皇帝。在他继位后进行了一系列的改革，颁布了著名的《查士丁尼法典》，很快便使得帝国强盛起来。同时，他迅速结束了对波斯（波斯萨珊王朝，详见后文）的战争，稳固了帝国东部的局势，然后积极地展开了对西方的征服战争。

533 年，查士丁尼派遣大将贝利撒留率军进攻汪达尔王国，拉开了查士丁尼征服战的序幕。当年 9 月，贝利撒留攻克汪达尔王国首都迦太基城，汪达尔王国投降，次年彻底灭亡。紧接着，查士丁尼又发动了对东哥特王国的战争，

535年，他出兵意大利，第二年12月攻陷了罗马城，之后两国展开了持久战，罗马城在十余年中几次易手，一直到554年，拜占庭大将纳尔西斯才最终将东哥特王国的残部彻底消灭。同时，查士丁尼利用西哥特王国内乱的机会，出兵占据了西班牙的东部沿海地区。查士丁尼征服战至此宣告结束。此时的拜占庭帝国达到了疆域上最大的时期，文化和经济方面也有了复兴，因此，查士丁尼时代又被称作拜占庭历史上第一个黄金时代。

查士丁尼发动征服战争的目的，是为了恢复昔日罗马帝国的领土，但是国力所限，他没有也不可能完成这项任务。在他统治时期的拜占庭帝国，始终处于战争或是被战争所威胁的状态之下，无论是西方还是东方，都是拜占庭帝国的重要威胁。在查士丁尼死后，拜占庭帝国在西方的土地又逐渐失去。国家也渐渐地走向了衰落。然而查士丁尼在位时进行的一系列改革和文化建设却一直保留了下来，成为中世纪的重要财富。

《战争》和《秘史》：

拜占庭帝国著名历史学家普罗科匹厄斯所著的两本史书。《战争》一书详细地记述了拜占庭帝国在查士丁尼统治时期对汪达尔王国和东哥特王国的征服战争过程。《秘史》一书则记录了查士丁尼不为人知的一些黑暗统治行为和帝王将相的丑恶嘴脸。作者本人长期担任贝利撒留的顾问和秘书，书籍中记载的内容均为作者目睹，较为可信。

拜占庭文化：

拜占庭是希腊文明的直接继承者。公元4世纪开始，拜占庭文化开始和罗马文化分道扬镳。受到基督教文化和东方国家文化的影响，拜占庭文化具有自己独特的特点。代表性艺术包括索菲亚大教堂、布拉砌尔内皇宫等。拜占庭地处东西方交界枢纽位置，贯通了东西方文化的精髓，为后来的西欧文艺复兴奠定了一定的社会基础。

查士丁尼征服时间一览

公元533年	535年	554年
汪达尔王国	东哥特王国	西哥特王国

表四十 查士丁尼征服时间一览

公元 610 年～717 年
拜占庭希拉克略王朝建立

查士丁尼死后，他的王朝也逐渐地衰落下去。公元 602 年，王朝军队发生叛乱，叛军领袖福克斯攻入君士坦丁堡，将皇帝处死，继承了王位。他的统治并不长久，到了 610 年，一支非洲总督的舰队向君士坦丁堡出兵，反抗福克斯的统治。福克斯是个残暴的君王，一直不得民心。于是这时候城中发生了人民起义，将福克斯杀死，拥立非洲总督的儿子希拉克略为新的帝国皇帝，他就是希拉克略一世，拜占庭也自此进入了希拉克略王朝统治时期。

希拉克略一世是一位很有能力的统治者，他凭借着非凡的政治手段巩固了自己的统治，之后又对拜占庭的军制进行了一系列的改革。改革的主要内容是在全国范围内实行军区制，同时实行军事屯田制。这场改革使得拜占庭的经济基础由奴隶制经济过渡到了封建制经济，大大提高了帝国的经济实力，还使得军队的作战能力大有提高，为后来的战争做好了充分的准备。

希拉克略一世在位时还下令大批动用教会资产，以供战争所需。同时利用教会的精神力量来号召人民同仇敌忾，进行"圣战"，积极地与波斯人、阿拉伯人、阿瓦尔人和斯拉夫人等进行战争。这一做法使得国内民族凝聚力有所提升，但同时也为后来的圣像破坏运动埋下了种子。

到了 7 世纪 30 年代，阿拉伯人开始崛起。短短的二十年时间中，阿拉伯人征服了半个拜占庭帝国的土地。拜占庭先后失去了西班牙（西哥特人占领）、叙利亚、巴勒斯坦、埃及、美索不达米亚和小亚细亚的大部分地区。从 673 年～678 年这五年中，阿拉伯舰队每年都要进攻君士坦丁堡，构成了对拜占庭最严重的威胁。

7 世纪末，阿拉伯攻占迦太基城，这标志着拜占庭在北非的领土已经全部丧失，帝国领土大大缩小。然而阿拉伯人的进攻并未到此停止，8 世纪初，他们继续进攻拜占庭帝国在小亚细亚地区的领土。当时在位的皇帝狄奥多西三世对此束手无策，但小亚细亚的军区督军立奥英勇作战，将阿拉伯人击退。之后立奥强迫狄奥多西三世退位，自己当上了皇帝，他就是立奥三世。拜占庭进入了伊苏利亚王朝统治时期。

希拉克略王朝统治拜占庭一百余年，拜占庭帝国在这个时期中完成了从奴隶制帝国向封建帝国的过渡。同时，希拉克略一世的军事改革也对后来的拜占庭历史影响深远。拜占庭帝国虽然在这一时期失去了大量的领土，却从之前的四面受敌的困境中解脱出来，逐步走向了稳定。

军区制：

拜占庭帝国希拉克略王朝开始实行的一项军事制度体系。从 7 世纪开始一直沿用到 11 世纪，是拜占庭帝国历史上最为重要的军事制度之一。发展到 9 世纪，帝国境内共设有 10 个军区，10 世纪为 29 个，11 世纪为 38 个。各军区各设督军一名，督军同时身兼军队和行政长官，军区逐渐代替了行省。11 世纪该制度瓦解，取而代之的是普洛尼亚制度。

萨珊波斯：

公元 3 世纪～7 世纪统治伊朗地区的封建王国。波斯帝国在被亚历山大大帝征服后，由希腊人统治了数百年，公元前 170 年安息帝国成为了波斯的统治者。226 年，安息帝国被国内总督起义推翻，建立了波斯萨珊王朝。该王朝被认为是第二个波斯帝国，长期与拜占庭帝国、罗马帝国争霸，最强盛时一度占领了古波斯帝国的大部分行省土地。然而希拉克略一世击杀了当时的波斯国王库思老二世，萨珊波斯实力大损。公元 637 年，阿拉伯人开始入侵波斯。642 年，王朝被颠覆。其末王于 651 年死于木鹿。阿拉伯人成为了伊朗地区的新统治者。

公元 8 世纪 ~ 9 世纪
拜占庭帝国发起圣像破坏运动

　　从 8 世纪开始，拜占庭进入了封建制度大发展时期。立奥三世建立伊苏利亚王朝后，竭力整顿租税的征收，改善了帝国的财政状况。同时他加强和完善军区制，在亚洲建立 7 个军区，欧洲建立 4 个军区，部队数量和战斗力都大为增加。

　　阿拉伯人的进攻仍在继续，717 年，他们出动水陆大军围攻君士坦丁堡。这些挥舞着长刀的骑士极为悍勇，给拜占庭帝国带来了极大的威胁。立奥三世巧妙地运用"希腊火"粉碎了敌人的进攻，使帝国转危为安。战斗的胜利增强了人民的自信，生活也逐渐安定下来。

　　立奥三世为了保证新兴军事贵族的利益，急需大量的土地和财富来分封给各级军官。但是当时的拜占庭帝国，大量的土地掌握在教会和修道院手中。同时教会受到法律保护，享有免税和免徭役的特权。这严重地影响了国家的税收和军队的巩固。立奥三世为了改变这一情况，于公元 726 年宣布反对圣像崇拜，掀起了一场全国范围的圣像破坏运动。

　　730 年，立奥三世召开御前会议，要求高级僧侣在反对圣像崇拜的法令上签字，拒签者立即免职。这使得圣像破坏运动迅速达到了高潮阶段。在运动中，教会和修道院的圣像、圣迹和圣物被捣毁，土地和财产被没收，大量的神职者被迫还俗，成为帝国的劳动者和赋役征收对象。国内虽然也有反对的意见和叛乱的发生，却都被立奥三世用武力手段镇压解决，运动得以继续发展。

教皇格里高利三世对此也加以干涉，宣布开除立奥三世和所有破坏圣像者的教籍，立奥三世却不以为然，借机剥夺了教皇在南意大利的征税权和对伊利里亚的管辖权，进一步加大了帝国的税收来源。公元753年，立奥的继承者君士坦丁五世将运动扩大到最高峰，大量的寺院被关闭，土地和财产归于国库所有。而反对的僧侣大多被放逐和囚禁，甚至处死。

通过长期而强硬的圣像破坏运动，教会势力很快就被弱化了，王权绝对地凌驾于教权之上。同时，没收的大量土地由皇帝分封给了有功的军事贵族，使得一大批新兴的军事阶层强大起来。这使得拜占庭的封建关系得到了很大的发展。伊苏利亚王朝和之后的阿摩利亚王朝基本上是在圣像破坏运动中度过的。

787年，伊苏利亚王朝末代女皇伊琳娜召开宗教会议，宣布恢复圣像崇拜，至此，运动的第一阶段宣告结束。仅仅二十多年后，阿摩利亚王朝皇帝立奥五世继位，他再次发起了圣像破坏运动，虽然这一阶段的规模和成就均未超过第一阶段，但仍对教会势力以沉重的打击。虽然立奥五世随后不久死于谋杀，但是接下来的继任者西奥菲勒斯继续了他的政策，圣像破坏运动依旧没有停止。

希腊火：

拜占庭帝国所利用的一种可以在水上燃烧的液态燃烧剂。最早使用于公元7世纪，这种强力的火器使得阿拉伯人在与拜占庭帝国的战争中数次铩羽而归。除了对抗阿拉伯人之外，拜占庭帝国还将希腊火运用于对抗十字军的战争中。希腊火多次为拜占庭军队做出重大贡献，它的配方始终被拜占庭帝国秘密保存，从未公开，现已失传。

女皇伊琳娜：

　　拜占庭伊苏利亚王朝末代皇帝。她独立执政大约有五年时间，期间罗马教皇为法兰克王国国王查理曼加冕，称她为"罗马人的皇帝"。此举引起了拜占庭帝国的抵触，但伊琳娜竭力与查理大帝保持良好关系，甚至试图与他结婚。查理大帝也希望通过婚姻关系来完成东西部帝国的再次统一，然而这一切还未来得及发生，女皇即被推翻。伊琳娜在位时期恢复圣像崇拜，保护教会，这一行为使得东正教将她列为圣人，后世称其为圣伊琳娜。

　　运动持续到公元 843 年才彻底结束。但是在长达 117 年的运动时间中，教权已经变得极为弱小，运动中被没收的土地和财产也没有办法再收回。凭借运动强大起来的军事贵族已经成长为新的大封建主，拜占庭的封建化大大加深。

与圣像破坏运动有关的拜占庭皇帝		
名称	在位时间	备注
立奥三世	717 年 ~ 741 年	发起圣像破坏运动
君士坦丁五世	741 年 ~ 775 年	圣像破坏运动高峰
女皇伊琳娜	797 年 ~ 802 年	中止圣像破坏运动
立奥五世	813 年 ~ 820 年	再次发起圣像破坏运动

表四十一　与圣像破坏运动有关的拜占庭皇帝

公元 876 年
马其顿统治拜占庭，拜占庭的第二个黄金时代

9 世纪初期的拜占庭帝国，封建制度有了较大的发展，生产力也有了很大提高。经济的繁荣和城市的发展不断吸引游牧民族来劫掠帝国的领土，就连帝国君士坦丁堡也经常受到这些民族的袭击和劫掠。

这些民族中最为强大的是阿拉伯人。早在 6 世纪，阿拉伯人就已经开始侵扰拜占庭帝国，两个多世纪的时间中，阿拉伯人征服了帝国半数的领土。在阿拉伯人的国策中，始终把征服拜占庭作为重中之重。9 世纪初，阿拉伯哈里发率军亲征，攻克地中海地区一些岛屿，而拜占庭帝国也予以还击，两国都对对方无可奈何。战争长期处于僵持阶段。

此时的拜占庭帝国内部也是矛盾丛生。阿摩利亚王朝的末王迈克尔三世继位以来，大权始终旁落，由他的母亲西奥多勒摄政。在她的授意下，圣像破坏运动正式停止，宗教争端也趋于缓和。856 年，西奥多勒被迫退位，但她的兄弟巴尔德斯利用了皇帝的弱点，依然是帝国的实际统治者，皇帝还是没有实权。866 年，迈克尔三世的宠臣巴西尔杀死了巴尔德斯，又于次年废黜了迈克尔三世并将他杀死，自己登上了皇位。他就是马其顿王朝的建立者，史称巴西尔一世。

马其顿王朝统治时期是拜占庭帝国历史上的第二个黄金时代。巴西尔一世继位后重建了军队，尤其是海军，并颁布了《普罗奇罗法典》。帝国在他的治

铜手瓦西里:

10世纪初,随着拜占庭帝国封建制度的进一步发展,土地兼并情况日益严重。失去土地的人不断增加,农民起义时有发生。932年,马其顿人瓦西里领导小亚细亚人民举行起义。瓦西里英勇不屈,被砍去一只手仍然坚持战斗。后来安上铜手,装上宝剑,始终战斗在前线。铜手瓦西里的称号由此得来。瓦西里领导的起义声势浩大,给统治阶级带来沉重打击。后来终因寡不敌众而被镇压,瓦西里被俘,处以火刑。

伊萨克一世:

拜占庭帝国科穆宁王朝建立者,全名为伊萨克·科穆宁。他在位时间很短,1057年继位,在位时致力于削弱君士坦丁堡世俗与宗教权贵的势力,延缓了帝国的衰落,但他随后在1059年被贵族势力废黜,科穆宁王朝暂告中断,杜卡斯王朝统治拜占庭。杜卡斯王朝统治时间也很短,只有不到30年,便在混乱中被推翻。伊萨克一世的侄子阿力克塞·科穆宁趁机夺取了皇位,继续了科穆宁王朝的统治。伊萨克一世在被废除后隐居于一座修道院,1061年因病去世。

理下呈现出一片新的气象,国力越发强大。而这一时期阿拉伯帝国内部矛盾丛生,日益衰落。拜占庭帝国在与阿拉伯帝国的战争中逐渐处于优势地位。到10世纪初,拜占庭帝国逐步收复了叙利亚、克里特岛、塞浦路斯等地区。阿拉伯人对帝国的威胁大为缓和。

随着外部环境日趋安定,帝国国内的经济文化领域也有了更大的进步。封建制度的进一步深化,使得拜占庭帝国更为强盛。立奥六世在位时期,大力支持学术教育活动,皇宫时常成为学者聚会的中心。而他的儿子君士坦丁七世更是10世纪拜占庭帝国最著名的学者,他以勤勉好学著称于世。在他统治时期,曾为帝国整理历史,并编辑成书。为后世留下了宝贵的学术财富。

马其顿王朝统治时期,帝国还长期与保加利亚第一帝国作战。经过反复斗争,拜占庭终于在公元1014年由皇帝巴西尔二世(君士坦丁七世之孙)将保加利亚人击败,逐步吞并了保加利亚的领土。1018年,保加利亚第一帝国彻底灭亡。

巴西尔二世随即展开了对东方的战争,收复了一些拜占庭帝国曾经的领土。1025年,他在出兵西西里的途中病死。他一生征战,死后按其遗愿葬在军营之中,他被世人称为"军队之父"。在他去世时,邻近各国都畏惧于拜占庭帝国的军事力量而不敢轻举妄动。

巴西尔二世死后,他的弟弟君士坦丁八世继位,这位皇帝不理政事,贪图享乐,很快就将巴西尔二世辛苦积累下的帝国财产挥霍一空，马其顿王朝由此走向衰落。之后的继任者大多庸碌无能，帝国日益颓败。1057年，当时在位的皇帝米凯尔六世被贵族废黜，伊萨克一世继位，自此，马其顿王朝宣告结束，拜占庭帝国进入了科穆宁王朝统治时期。

拜占庭文化一览		
类别	代表作	主要特征
建筑	圣索菲亚大教堂	融合了希腊罗马建筑的风格和传统，同时融入新的元素
史学	《战争》《秘史》	垂训史观等
地理学	《基督世界地志》	绘有最早的世界地图

表四十二　拜占庭文化一览

公元 1057 年 ~ 1261 年

拜占庭帝国科穆宁王朝的兴衰，十字军建立拉丁帝国

科穆宁王朝的真正奠基者是阿力克塞一世。他是伊萨克一世的侄子。1081年，阿力克塞成功地推翻了杜卡斯王朝末帝尼基弗鲁斯三世，继承了皇位，中断了二十多年的科穆宁王朝再次复兴。

科穆宁王朝建立之时，拜占庭帝国的国力处于全面下滑阶段。马其顿王朝末期的统治者昏庸腐败，导致了拜占庭帝国的衰落，科穆宁王朝的皇帝虽想竭力阻止这一情况的扩大，但始终未见成效。国家的衰落也导致了外敌的再次入侵，对帝国构成了严重的威胁。

11 世纪初，突厥人的一支——塞尔柱突厥人在酋长塞尔柱率领下从中亚迁到锡尔河下游，并南下据有伊朗大部分地区。1055 年，塞尔柱突厥占领巴格达，之后继续向西扩张，攻击拜占庭帝国。1071 年，他们占领了小亚细亚大部分地区。与此同时，北欧的诺曼人也开始进攻地中海地区的拜占庭领土。到了 11 世纪末，拜占庭帝国已经丧失了地中海东部的控制权，变得孱弱不堪。

阿力克塞一世为了驱逐突厥人，向西方的罗马教廷求援。教皇乌尔班二世响应了他的请求，并于 1095 年发表了一次极富煽动性的演讲。在他的号召下，西欧各国纷纷发起了十字军运动，并于 1096 年，开始了长达近两百年的十字军东征。

拜占庭帝国在这场声势浩大的战争中得到了喘息之机，在 11 世纪一度收复了小亚细亚地区的部分领土。然而，十字军的到来使得帝国陷入了另一种困境，这些名义上的救援者并没有他们自己所说的那么友善，应对十字军由此变成了科穆宁王朝最主要的事务之一。

科穆宁王朝是拜占庭帝国由鼎盛走向最终衰落的转折时期，在拜占庭历史上具有重要地位，在此期间，随着拜占庭领土的缩小和封建制度的进一步发展，军区制彻底瓦解，帝国被迫采用普洛尼亚制，这导致了大贵族离心主义倾向加剧。同时，由于农民大量失去土地，帝国常备兵资源枯竭，不得不更多地依靠外籍雇佣兵。这些社会问题使得拜占庭帝国愈加衰落。

1143 年，曼努埃尔一世继位。他在位的三十多年中，社会秩序较为稳定，对外战争也略有起色，拜占庭文化艺术方面也在他的治理下日益繁荣。他始终怀揣复兴帝国的梦想，并为此奋斗一生。但是受到国力所限，他没有实现这个目标。他死于公元 1180 年，虽然未能完成宏图大业，但拜占庭国内仍对他称赞有加。

曼努埃尔一世死后没过几年，帝国在叛乱的影响下走向了崩溃。1185 年，科穆宁王朝末王安德罗尼卡一世被叛军所杀，科穆宁王朝至此结束。同时，十字军运动继续发展，在 1204 年十字军攻克了君士坦丁堡，并以此地为中心建立了拉丁帝国。

普洛尼亚制：

拜占庭帝国科穆宁王朝时期开始使用的监领制度，又名恩准制。与法兰克王国的采邑制度类似。皇帝将国家的土地分封给贵族，贵族可终身享有土地上的租税，但不得世袭。贵族在监领土地阶段按照土地面积为国家提供相应的兵源。随着该制度的进一步发展，贵族还享有监领土地上的行政权和司法权。普洛尼亚制的实行一方面暂时加强了拜占庭的军事实力，但同时也加强了领地贵族的离心主义倾向，导致了分裂割据的加剧。

安格鲁斯王朝：

1185 年，科穆宁王朝末王安德罗尼卡一世被叛军所杀。叛军将领安格鲁斯自立为帝，建立了拜占庭帝国安格鲁斯王朝。他的继位意味着昔日腐败统治的恢复。在很短的时间内，帝国开始崩溃瓦解。各行省有势力的贵族纷纷开始建立独立的统治。安格鲁斯与阿拉伯人结盟以对抗十字军。在他死后爆发争夺王位的激烈斗争，1203 年，亚历克修斯四世投靠十字军夺得皇位，同时被十字军彻底控制，向十字军缴纳大量贡赋。这引起了国人的强烈不满，次年，亚历克修斯四世便被起义群众杀死。新继位的亚历克修斯五世拒绝向十字军缴款，当年 4 月，君士坦丁堡被十字军攻破，大肆劫掠，皇帝逃逸。安格鲁斯王朝自此灭亡。

拉丁帝国缺乏稳固的统治基础，希腊人不断反抗拉丁帝国的统治，逐渐形成了与拉丁帝国对抗的三个中心，它们是尼西亚帝国、特拉布松帝国和伊庇鲁斯帝国。经过长期的政治斗争和军事行动，尼西亚帝国于 1261 年夺回了君士坦丁堡，将拉丁帝国消灭。拉丁帝国短暂的历史至此结束。

拉丁帝国是十字军运动的畸形产物，这场运动导致拜占庭帝国遭受了经济和文化方面不可估量的损失。尼西亚帝国夺回君士坦丁堡后建立的巴列奥略王朝领土大大缩小，变成了一个狭小的王国，拜占庭帝国的黄金时代已经一去不返了。

拉丁帝国统治时期与之对抗的三个中心			
名称	建立者	存在时间	管辖地区
尼西亚帝国	提奥多雷	1204 年 ~ 1261 年	尼西亚地区
特里比松帝国	阿历克修斯一世	1204 年 ~ 1461 年	黑海东部
伊庇鲁斯公国	迈克尔一世	1204 年 ~ 1479 年	巴尔干半岛

表四十三　拉丁帝国统治时期与之对抗的三个中心

公元 1261 年 ~ 1453 年

拜占庭帝国巴列奥略王朝的兴衰，帝国的最终灭亡

尼西亚帝国恢复了拜占庭帝国的统治。但是，此时的拜占庭帝国，仅剩下很小的一块领土。所辖区域包括小亚细亚西北部、马其顿部分地区、伯罗奔尼撒半岛以及爱琴海上的一些岛屿。领土面积的减小使得帝国失去了经济支撑，不再是昔日强大而富足的拜占庭了。

1261 年，尼西亚帝国国王迈克尔攻夺君士坦丁堡，随后在圣索菲亚大教堂加冕为拜占庭帝国皇帝，他就是迈克尔八世。巴列奥略王朝统治开始。迈克尔八世是一位有作为的皇帝，他在位时期恢复了拜占庭帝国的风俗习惯，重建了君士坦丁堡，并在对外战争中取得了一定的胜利。

迈克尔八世死后，奥斯曼人开始崛起，他们在首领奥斯曼的统领下发起"圣战"，不断侵扰拜占庭帝国边境，抢劫财物，扩展领土。1301 年，奥斯曼领导军队在巴法埃农击败拜占庭军队，声

东正教：

东正教是基督教其中的一个派别，主要是指依循由东罗马帝国所流传下来的基督教传统的教会，它是与天主教、基督新教并立的基督教三大派别之一。早期的基督宗教在公元 1054 年发生了基督宗教大分裂，教会从这里分成东部和西部两个教会。东部地区便成为了拜占庭帝国统辖下的东正教。东正教受到圣像破坏运动的影响，从不崇拜圣像。圣礼仪式和天主教基本相同。现代东正教教徒多分布于东欧地区。

吉洛特起义：

拜占庭帝国后期吉洛特派领导的人民起义。吉洛特，意为人民之友。起义爆发于1342年，起义中心在拜占庭帝国第二大城市塞萨洛尼基。起义声势浩大，建立了独立的城市共和国。当时的拜占庭王朝无力镇压，统治者约翰六世向奥斯曼人求援，1349年，起义在内外联合镇压下失败。凭借国外支援镇压本国起义是拜占庭帝国军事全面衰败的表现，奥斯曼帝国也借此机会在拜占庭帝国领土上进一步扩张。

势越发庞大。拜占庭帝国受到了严重的威胁。而此时的拜占庭帝国内却又爆发了争夺皇位的内战。战争期间，帝国大部分地区饱受战火摧残。内忧外扰之下，拜占庭帝国耗尽了最后的力量。

1342年，拜占庭爆发吉洛特起义。无奈的帝国皇帝无力镇压，只得像奥斯曼帝国求援，才勉强得以继续统治下去。拜占庭帝国的统治逐渐走向尾声了。1361年，奥斯曼人攻占亚德里亚堡，切断了君士坦丁堡和巴尔干诸国的联系，打开了进一步入侵的大门。14世纪后期，奥斯曼人不断进攻拜占庭帝国的领地，并于1393年征服了塞尔维亚和保加利亚。拜占庭帝国仅剩下君士坦丁堡、萨洛尼卡两座城市和莫利亚省（巴尔干半岛一部分），无力加强国防。当时的帝国皇帝纽曼尔二世虽有政治才能，却已无力回天。帝国处于绝望的形势中。奥斯曼帝国在此时受到了鞑靼人的进攻，引起了混乱，拜占庭帝国因此得以稍作喘息。

1425年，纽曼尔二世之子约翰八世继位，他倾尽帝国最后的实力抵御奥斯曼人的进攻，并试图向外有所扩张。他在位的二十多年中，帝国略有起色，但这已是最后的挣扎，并没有得到太大的效果。

1448年，约翰八世的弟弟君士坦丁十一世继位。不久后奥斯曼帝国发动了对拜占庭帝国的最后一击。君士坦丁十一世向西方国家求援，西方国家给出的答复是需要东正教和基督教合并。虽然皇帝同意了这一条件，但是他的人民表示强烈反对。

1453 年，奥斯曼帝国兵至君士坦丁堡，围城进攻帝国最后的领土。战前奥斯曼帝国皇帝向君士坦丁十一世建言，如果他肯放弃君士坦丁堡，他仍可统治米斯特拉斯城，但是君士坦丁十一世拒绝了，他决心坚守首都。当年 5 月，君士坦丁十一世眼看大势已去，决心战死沙场，独自冲入敌阵，从此不知所踪，相信他是在当时已战死。他在战场上表现出的勇气和坚持以及最后一刻的表现被许多人视为伟大的英雄行为。

君士坦丁堡最终陷落，奥斯曼土耳其人将这座城市改名为伊斯坦布尔，作为奥斯曼土耳其国家的首都。拜占庭帝国也终于走到了尽头。这个历时千年之久的帝国没有躲过最终被灭亡的厄运，成为了历史中的一段记忆。然而，拜占庭文化却一直流传了下来，经过穆斯林文化的进一步继承和发扬，推动了整个人类社会的文明发展，同时对文艺复兴也产生了极其重要的影响。

拜占庭帝国历代王朝一览表		
名称	时间	备注
查士丁尼王朝	518 年～610 年	拜占庭帝国第一个黄金时代
希拉克略王朝	610 年～717 年	完成了从奴隶制帝国向封建帝国的过渡
伊苏里亚王朝	717 年～802 年	发起圣像破坏运动
马其顿王朝	867 年～1059 年	拜占庭帝国第二个黄金时代
科穆宁王朝	1081 年～1185 年	十字军运动开始影响拜占庭帝国
巴列奥略王朝	1261 年～1453 年	拜占庭帝国最后一个王朝

表四十四　拜占庭帝国历代王朝一览表

公元 6 世纪后期
穆罕默德出生在麦加，伊斯兰教诞生

阿拉伯半岛位于亚洲西南端，是闪米特人的故乡。早在伊斯兰教诞生之前，生活在这里的居民靠游牧和农业为生，建立了高度发达的文明国家。

但是，4世纪~6世纪，阿拉伯北方的两个大国，拜占庭和萨珊波斯展开了争夺亚洲西南部商路的战争，战争旷日持久，夹在大国斗争之间的南阿拉伯文明衰落了。随着外民族的入侵，阿拉伯人从他们那里学到了一神教理论以及先进的军事、农业知识。到6世纪后期，麦加成为了阿拉伯半岛经济文化的中心，而伊斯兰教也是在这里产生的。

麦加位于阿拉伯半岛的西部，是欧、亚、非三洲的重要交通枢纽。这使得这座城市成为了重要的商业中心。同时，麦加还是阿拉伯宗教祭祀中心，城中央有克尔白古寺，寺内供奉有一块黑色陨石，阿拉伯人视为天降圣物而加以崇拜，每

克尔白神庙：

克尔白意为"立方体的房屋"。克尔白神庙是阿拉伯世界最重要的宗教建筑，全世界的伊斯兰教信徒做礼拜时都面向麦加，表示向克尔白神庙祈祷。神庙是一座南北长12米、东西宽10.10米、高15米，用灰褐色硬石砌成的立方体建筑。内部供奉有一块黑色的陨石，穆罕默德曾在此做礼拜。伊斯兰教的教规中规定，每个伊斯兰教徒一生中最少要去麦加朝圣一次。

年都会有大量的阿拉伯人来麦加朝觐，这进一步提高了麦加的地位。

麦加的居民主要是古莱西部族。这个部族原是北方的游牧者，5世纪末征服了麦加并在此定居。其中有势力的家族住在麦加城中，而势力弱小的则住在城外。穆罕默德出身的哈希姆族是居住在城中的强势家族，但这个家族到穆罕默德出生时已经衰落了。

穆罕默德大约出生于公元570年，他少时家境贫寒，出生前丧父，6岁丧母，他依靠祖父和伯父抚养长大。他自小生于贫困，做过各种工作，也曾参加过部落战争。他在25岁时娶了麦加城中的一名富孀，从此逐渐开始人生的转折。

婚后的穆罕默德除了经商之外，还时常进行宗教研究。他受到基督教和哈尼夫运动的影响，倾向于一神论。他苦心潜研，长期沉思冥想。公元610年的一天，他向人们宣布，他在希拉山洞过夜时接受了神的启示，让他作为安拉的使者向众人传播真理。

据他所说，人民当崇敬唯一的真主安拉。自此，他开始宣传新教。他本人具有极高的魅力，在长期的宣传下，接受新教思想的人日益增多，伊斯兰教正式产生。

伊斯兰教以一神论崇

哈尼夫运动：

6世纪~7世纪，阿拉伯半岛上一部分人开始在宗教领域进行探索，逐渐产生了模糊的一神观念，继而开始了哈尼夫运动。运动反对多神崇拜，反对祭祀偶像，反对溺婴和酗酒、赌博等，认为只有一个神，即古莱西人信奉的"安拉"，该运动为伊斯兰教的产生准备了丰富的思想素材，但它并未产生一种新的宗教。

麦加克尔白前的祈祷者

拜代替了旧有的多神教派，以宗教为旗帜将阿拉伯人聚集在一起，增强了民族的凝聚力，同时也为建立统一的阿拉伯国家奠定了思想基础。伊斯兰教教义中的很多思想都倾向于扶持民众，这也在很大程度上赢得了人民的支持。而伊斯兰教也成为了后世的世界性三大宗教之一。

从伊斯兰教创立的那一刻开始，阿拉伯世界开始走向了崭新的道路。

公元 622 年

穆罕默德出走麦地那（希吉拉、徙志），壕沟之战和阿拉伯半岛的统一

随着伊斯兰教的兴起，其影响在阿拉伯世界日益扩大。伊斯兰教反对多神崇拜，这直接影响着麦加商人贵族的利益，因为它使得克尔白失去了原有的宗教中心的地位（当时的克尔白神庙中供奉着多位神祇）。以苏非扬为首的麦加贵族，坚决反对伊斯兰教，并对穆罕默德进行了一系列的迫害。

穆罕默德在麦加继续传教，受到的迫害也越发严重。终于在公元 622 年，穆罕默德决定带领穆斯林离开麦加，前往麦加北部的另一座城市叶斯里卜。当麦加贵族得知穆罕默德要离开时，就决定杀死穆罕默德。但是追兵没有发现穆罕默德的藏身处，使得这一计划落空。同年 9 月，穆罕默德到达叶斯里卜城。穆罕默德受到了当地穆斯林的热烈欢迎，尊崇他为人民的领袖和唯一的先知。这一事件被伊斯兰教称为"希吉拉"（又名徙志）。以公元 622 年作为伊斯兰教历纪元。

希吉拉是阿拉伯历史发展的一个重要转折点，它对后来阿拉伯统一国家的形成具有决定性意义。穆罕默德迁往叶斯里卜后，将城市改名为麦地那，意味先知之城。同时建立起了以共同信仰为基础的宗教社团"乌马"，即穆斯林公社。公社既是宗教社团，又是军事和行政组织，实际上是政教合一的阿拉伯国家的雏形。穆罕默德作为唯一的先知，在担任宗教领袖的同时还兼任政府首脑

和军事统帅。

　　穆斯林公社建立后，穆罕默德开始发展和扩大伊斯兰教势力。624年3月，穆罕默德率领穆斯林军队三百余人奇袭麦加商人贵族的商队。麦加援军和穆斯林武装激战于麦地那西南部的白德尔。战争开始时穆斯林人数处于劣势，但穆斯林军队在鼓舞下，以少胜多，由穆罕默德成功实施了一场奇袭，将麦加部队击溃，获得了大量战利品。

　　白德尔之战极大地鼓舞了穆斯林军队的士气，为之后的胜利奠定了基础。穆罕默德的威信也进一步提高，伊斯兰教在麦地那的地位日益巩固。

　　然而失败的麦加贵族并不甘心，准备伺机进行报复。627年，麦加贵族联合周围11个部落，组成了一支上万人的武装队伍，向麦地那发起了声势浩大的进攻。麦地那面临着前所未有的困境，此时，穆罕默德过人的领袖才能和军事能力淋漓尽致表现出来：他利用麦地那三面环山的有利地形，在城北挖掘了一条壕沟，据城坚守。

　　这场被称为壕沟之战的战争历时一个月。战争初期，联军包围了麦地那，但始终无法跨越城池外的壕沟地带，穆斯林的优势兵力始终集结在壕沟周围，将联军的进攻一次次地击退。一个月之后，当地忽然刮起了飓风，风势汹涌，将联军的营帐、军械和粮草大量摧毁，联军出现给养困难，被迫开始撤退。穆斯林认为这是"安拉"的帮助，在穆罕默德的激励下奋起追击，悍不畏死，将联军打得溃不成军，俘虏四百多人。

　　因为壕沟之战中出现的"神迹"，穆罕默德和伊斯兰教的影响大增，附近的许多部落也开始皈依伊斯兰教。麦加贵族也认为自己已经无法消除穆斯林势力。628年，麦加向穆罕默德议和，订立了休战条约。条约中明确规定允许穆罕默德及其信徒每年有三天可以进入麦加朝圣。

　　630年初，穆罕默德率领万名穆斯林战士进驻麦加。麦加贵族迫于形势，只得宣布承认穆罕默德的权威，接受伊斯兰教。穆罕默德将麦加作为圣城，克尔白改为清真寺，将其中的其他神祇偶像全部清除，只留下黑色陨石作为伊斯兰教的圣物，以供穆斯林朝觐和礼拜。

一张大事年表　快读世界历史（最新修订版）

麦加的归顺，标志着伊斯兰教在阿拉伯半岛的胜利。此后，穆罕默德又征服了其他许多地区和部落，632年，阿拉伯半岛大体归于统一，同年6月8日，穆罕默德病死，葬于麦地那。他在死前向穆斯林大众宣读了最后的启示："今天我已为你们成全了你们的宗教，我已完成我所赐给你们的恩典，我选择伊斯兰教做你们的宗教。"

穆罕默德主要事迹		
时间	事件	影响
610年	建立伊斯兰教	阿拉伯世界有了统一的信仰，逐步走向统一
622年	出走麦地那	穆斯林政权正式建立
624年	白德尔之战	以少胜多使得穆斯林政权更为稳固
627年	壕沟之战	战胜了麦加贵族，扩大了伊斯兰教影响
632年	统一阿拉伯	为统一阿拉伯国家的建立奠定基础
632年	去世	成为伊斯兰教的始祖

表四十五　穆罕默德主要事迹

公元 632 年 ~ 661 年

阿拉伯四大哈里发统治时期，阿拉伯领土扩张

穆罕默德死后，各派穆斯林为争做继承人展开了激烈的斗争，一些部落趁机叛变，阿拉伯半岛一度再次陷入混乱。经过一番激烈的争论和斗争，最后推举阿布·伯克尔继任为首领，改称"哈里发"，意为"先知的继承者"。

阿布·伯克尔是穆罕默德的岳父和挚友，也是他最忠实的信徒，早在 622 年，穆罕默德迁徙麦地那时，阿布·伯克尔侍奉左右，不畏艰险，后又跟随穆罕默德鞍前马后、南征北战。为穆罕默德开基立业建下奇功，因而被认为是穆罕默德创立伊斯兰教的最重要的支持者之一。他继位后，首先平定了各部落的叛乱，消灭了自称先知的势力，巩固了穆斯林政权，之后又进行了对叙利亚地区的征服战争，成功占领了沙加地区。

阿布·伯克尔担任哈里发仅有三年，时间虽短，却让穆斯林政权得到了巩固和发展。634 年，他病

阿拉伯圣战：

穆罕默德在世时，宣称自己是"安拉"的先知。在他的号召下，发起的战争被称为"圣战"。意指以"安拉"的名义进行的神圣战争。穆罕默德死后，阿布·伯克尔继续发挥宗教号召力，鼓舞穆斯林进行对外扩张。阿拉伯军队士气高昂，士兵悍不惧死，在三十多年中占领了西亚、北非的广大土地。

逝于麦地那。欧麦尔继任为第二任哈里发。他担任哈里发期间，发动了阿拉伯历史上前所未有的大征服运动。

635 年，阿拉伯军队兵分两路进攻拜占庭和萨珊波斯。东路军穿过叙利亚沙漠，在号称"真主之剑"的哈立德将军率领下歼灭了拜占庭军队 5 万人，占领了叙利亚首都大马士革。这使得阿拉伯占据了西亚最重要的战略枢纽。接下来军队继续东进，势如破竹。637 年，卡迪西亚战争中，阿拉伯军队击败波斯，占领伊拉克。并于 642 年彻底灭亡波斯帝国。与此同时，西路军也获得了很大的战果。640 年，军队攻入埃及，到 642 年，整个埃及都被阿拉伯人占领。

644 年，欧麦尔被刺身亡。在他死后奥斯曼继任为第三任哈里发。奥斯曼继续进行征服战争，先后征服了呼罗珊、亚美尼亚、阿塞拜疆等地区。但是奥斯曼本人原是麦加贵族倭马亚家族的成员，他的继位也标志着倭马亚家族的复兴。奥斯曼宠信族人，实行专权，这导致了人民的不满。以阿里为首形成了反对派，否认奥斯曼的权威，并逐渐形成了新的教派——什叶派，与奥斯曼信奉的逊尼派相对立。

656 年，反对派包围了奥斯曼的住所，将正在诵读《古兰经》的奥斯曼杀死。阿里继任为第四任哈里发。但是，倭马亚王家族首领穆阿维叶拒不承认阿里的统治。在叙利亚地区独立进行统治。

拥护阿里的穆斯林也逐渐产生分裂，一部分

什叶派：

什叶派是伊斯兰教的第二大教派，是伊斯兰教中除逊尼派外人数最多的一个派别。公元 656 年，支持阿里继任哈里发的穆斯林杀死了奥斯曼，阿里继任哈里发。之后这些支持者分裂为阿瓦利吉派（军事民主派）和什叶派（继续支持阿里的人）。什叶派始终拒绝承认倭马亚王朝的合法性，公元 750 年联合阿布·穆斯林推翻了倭马亚王朝的统治，后来被阿拔斯王朝镇压。

不满阿里政策的下层穆斯林脱离什叶派，另建军事民主派，并于661年将阿里刺杀。穆阿维叶时任叙利亚总督，借机夺取了哈里发的权位，开创了阿拉伯帝国。

伊斯兰教主要派别			
名称	产生时间	特点	流传地区
逊尼派	7世纪初	伊斯兰教正统教义	世界各地
什叶派	7世纪中叶	支持阿里为哈里发	伊朗
哈瓦利吉派	7世纪中叶	从什叶派中分离出	中东一些小国

表四十六　伊斯兰教主要派别

公元 661 年 ~ 756 年
穆阿维叶建立阿拉伯帝国，倭马亚王朝的兴衰

阿拉伯国家第四任哈里发阿里被军事民主派刺杀身死，其子哈桑继位。然而，倭马亚家族首领穆阿维叶依靠埃及和叙利亚地区贵族势力的支持，于公元 660 年在耶路撒冷自立为哈里发，并出兵伊拉克。哈桑在强大的军事和政治压力下被迫逊位。

穆阿维叶将首都迁到了大马士革，至此，倭马亚王朝正式建立。从穆阿维叶开始，哈里发不再通过选举的方式产生，而是由倭马亚家族成员世袭。这标志着阿拉伯进入了帝国时期。

倭马亚王朝建立之初，一些穆斯林贵族拒不承认它统治的合法性。他们拥立不同的哈里发，与倭马亚王朝相对抗。其中最强大的一个便是阿布·伯克尔之孙阿卜杜拉在麦加建立的政权。倭马亚王朝与该政权进行了长期的战争，直到 692 年才终于战胜了阿卜杜拉的反抗势力，结束了内

白衣大食：

即倭马亚王朝。中国史书中称阿拉伯帝国为"大食"，因倭马亚王朝旗帜尚白，故称其为白衣大食。王朝在 661 年由穆阿维叶建立，750 年灭亡。之后，倭马亚王朝后裔逃至西班牙地区，于 756 年在当地建立了一个新的政权，统治一直持续到 1492 年。因为该政权的统治者是倭马亚王朝后裔，所以这一政权也被称为后倭马亚王朝。

阿布·穆斯林：

阿布·穆斯林是一位波斯毛拉（非阿拉伯血统的穆斯林，复数称为麦瓦利）。747年，他以减轻赋税为口号，在波斯呼罗珊号召人民起义，起义声势浩大，得到了奴隶、农民和手工业者的支持。起义军与阿拔斯家族以及什叶派穆斯林联合，取得重大胜利，最终占领大马士革，推翻了倭马亚王朝的统治。战后，阿布·穆斯林出任呼罗珊总督，曾与中国军队（唐军）在怛罗斯交战并取胜。他在晚年因功高而受到哈里发猜忌，被曼苏尔哈里发杀死。

战，巩固了王朝的统治。

倭马亚王朝始终坚持积极对外扩张，穆阿维叶继任哈里发后，两面出击，扩张至中亚和北非，先后征服了布哈拉、撒马尔罕和花剌子模。甚至攻入了印度河流域，占领了信德。在北非，他们还消灭了拜占庭帝国的军队，并趁势一路向东进攻，跨越直布罗陀海峡进攻西班牙，征服了西哥特王国。北方的阿拉伯军队曾三次进攻君士坦丁堡，但最终败于立奥三世的"希腊火"，功败垂成。到732年，阿拉伯军队开始跨越比利牛斯山，进攻法兰克王国，然而这场战争最终在普瓦提埃遭到了惨败，法兰克宫相查理·马特阻挡了阿拉伯人的攻势，迫使他们退回了西班牙。至此，阿拉伯帝国的大规模对外扩张才告结束。

从四大哈里发统治时期起，到倭马亚王朝阶段，数次的大规模征服运动为阿拉伯帝国奠定了疆域基础。8世纪前期，阿拉伯帝国基本形成。帝国的疆域从印度河流域直到大西洋。是一个横跨欧、亚、非三大洲的庞大帝国，同时也是当时世界上领土面积最大的国家。

在征服运动顺利进行的同时，倭马亚王朝的历任哈里发都十分注重加强国内经济建设。在王朝统治前期，帝国农业发达，商业兴旺，社会经济有了较大的发展。政府每年从各地获得大量的税收收入。

但是从7世纪末开始，政府的税收收入不再被用于发展社会生产，而是被哈里发用于奢侈的生活。哈里发们嗜好狩猎、赛马等游戏，还花费重金修建富丽堂皇的宫殿，宫中终日欢歌饮宴。阿拉伯贵族们也争相斗富，挥霍无度。为了满足这种穷奢极欲的生活，倭马亚王朝开始向人民征收额外大量的赋税，这引起了人民的强烈不满。帝国中的阶级矛盾由此被逐渐激化了。

8 世纪初，各地开始不断爆发人民起义，其中波斯地区的起义尤为激烈。波斯是什叶派的活动中心，什叶派始终不承认倭马亚王朝统治的合法性，主张哈里发应该由阿里及其后裔来继承。同时，波斯在被阿拉伯人统治的时期，人民时常受到奴役和凌辱，因此对倭马亚王朝极度仇恨。

744 年，马尔万二世继位为王朝哈里发。他生活奢侈腐败，继位后不久便引发了帝国各地的全面暴动。747 年，波斯人阿布·穆斯林与什叶派联合，在波斯东部的呼罗珊地区发起了规模浩大的人民起义。起义军士气高昂，势如破竹，到 750 年，起义军在大扎卜河战役中击败了马尔万二世的军队主力，并最终将马尔万二世追杀至死。随后起义军占领大马士革。倭马亚王朝的统治到此结束。阿拉伯帝国开始了阿拔斯王朝的统治。

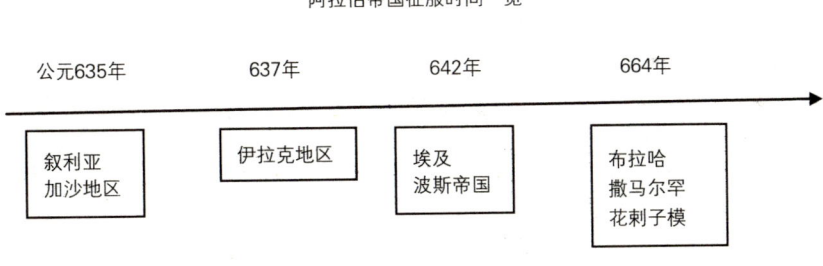

阿拉伯帝国征服时间一览

公元635年	637年	642年	664年
叙利亚 加沙地区	伊拉克地区	埃及 波斯帝国	布拉哈 撒马尔罕 花剌子模

表四十七　阿拉伯帝国征服时间一览

公元 750 年~ 842 年

阿拉伯帝国阿拔斯王朝统治前期，帝国进入全盛时代

《天方夜谭》：

阿拉伯文学名著，以波斯《一千零一夜》为基础，吸收了印度、希伯来、埃及和阿拉伯等地的民间故事，于 10 世纪形成初稿，其后的几百年中不断补充完善，16 世纪最终定型。阿拔斯王朝哈里发哈伦也因此书而出名。《天方夜谭》是世界文学中重要的一部名著，对后世的文学发展有很大影响。

随着呼罗珊起义的成功进行，倭马亚王朝的统治走到了尽头。而伊拉克贵族阿布·阿拔斯利用这次胜利，建立起了阿拔斯王朝，定都库法。他继位哈里发后，大肆杀戮倭马亚家族成员，倭马亚家族中仅有寥寥数人得以逃脱。

阿布·阿拔斯取得了政权之后，立即加强了自己的统治权力，很快便站在了人民运动的对立面上。他执政的时间仅有四年，却以残暴而著称。因为他残忍好杀，树敌过多，致使叛乱四起。西班牙、北非、阿曼、信德、呼罗珊等省区都完全不承认哈里发的合理性。叙利亚、伊拉克和埃及地区爆发起义，动乱四起。阿拔斯王朝建立之初，便处于危机四伏的境地。阿布·阿拔斯感到了王朝统治的不安定，于是他下令在幼发拉底河西岸建立了新都哈希米叶城，并将政权迁于此地。公元 754 年，阿布·阿拔斯在新都死于天花。

阿布·阿拔斯死后，他的弟弟曼苏尔继位。曼苏尔是阿拔斯王朝真正的奠基者，他继位后严厉地镇压了各地的叛乱，重新统一帝国。他为了巩固自己的统治，还镇压了曾经的什叶派盟友，并杀死了开国元勋阿布·穆斯林。曼苏尔平定了一切内乱之后，帝国逐渐趋于安定，在他之后的三位哈里发也保持了这种局面，阿拉伯帝国进入了新的发展时期。

公元762年，曼苏尔迁都巴格达，自此，巴格达成为了阿拉伯帝国的政治中心，直到1258年帝国灭亡。公元775年，曼苏尔病死在去麦加朝觐的路上，他的儿子马赫迪继位，他积极改进帝国交通，加强重要城市的防御，建设城镇学校，鼓励发展文艺学术。他在位时帝国的经济和文化有了很大发展，阿拉伯帝国开始逐步进入了全盛时期。公元785年，马赫迪去世，他的儿子哈迪继位。哈迪在位不到一年，便死于朝臣的阴谋，他的弟弟哈伦继任为哈里发。哈伦是一位有作为的统治者，在他统治期间，继续支持文化学术的建设，增强了帝国的国力，并对拜占庭帝国发起了进攻，攻占了拜占庭帝国在小亚细亚地区的部分领土，使得拜占庭帝国的皇帝被迫求和。

公元808年，撒马尔罕总督发起了叛乱，哈伦在震怒之下统兵亲征平叛，在途中身染重病死去。他的两个儿子为了争夺王位展开了内战，公元813年，哈伦的次子马蒙战胜了兄长马明，继任为新的哈里发。马蒙是一位开明的君主，他继

巴贝克起义：

公元9世纪初在阿拉伯帝国阿塞拜疆地区发生的人民起义。巴贝克出身下层社会，但见识过人，精明强干，是胡拉米派的首领（受琐罗亚斯德教影响的二元教派）。公元816年，巴贝克以取消苛捐杂税、打倒阿拔斯王朝为口号，开始发动起义。起义军以红色为标记，被称为"红衣军"。起义声势浩大，席卷了阿拉伯帝国北部地区。巴贝克利用拜占庭帝国和阿拉伯帝国的矛盾，与拜占庭结盟，对阿拔斯王朝构成严重威胁，多次击败政府军。穆阿台绥姆继任哈里发后，派出了精锐部队镇压，公元837年，巴贝克被叛徒出卖，不久后就义，起义宣告失败。

位后延续了其父哈伦的政策，并对外发起了新一轮的扩张战争。公元823年，阿拔斯王朝占领了克里特岛，拜占庭帝国受到严重打击。公元833年，马蒙亲征小亚细亚时死去，其弟穆阿台绥姆继位。穆阿台绥姆继续对拜占庭帝国用兵，但成效不大。他还组建了一支由突厥人雇佣军组成的常备部队，这支部队成为了阿拔斯王朝衰落的祸根。自穆阿台绥姆之后，哈里发逐渐失去了对这支突厥卫队的控制，甚至成为了他们手中的傀儡。

公元842年，穆阿台绥姆死，之后阿拔斯王朝的势力日衰，内部矛盾日益尖锐，人民起义时有发生。自此阿拔斯王朝没有再发起过重要的对外战争，王朝走上了衰亡的道路。

阿拉伯帝国分裂后的主要穆斯林王朝			
名称	统治时间	统治地区	备注
后倭马亚王朝	756年~1492年	西班牙	倭马亚王朝的延续
塔希尔王朝	820年~872年	波斯东部	被萨法利王朝所灭
萨法利王朝	867年~903年	锡吉斯坦及波斯东部	被萨玛尼王朝所灭
萨玛尼王朝	874年~999年	中亚大部	中亚最大的国家
哥疾宁王朝	962年~1186年	北印度、中亚大部	全盛时期统治区域极其庞大
白益王朝	945年~1055年	巴格达	名义上维持传统哈里发
塞尔柱王朝	1037年~1194年	巴格达	突厥人建立的王朝
花剌子模突厥王朝	1194年~1258年	巴格达	被蒙古所灭
法蒂玛王朝	909年~1171年	北非	什叶派王朝

表四十八　阿拉伯帝国分裂后的主要穆斯林王朝

公元 842 年 ~ 1258 年

阿拉伯帝国阿拔斯王朝统治后期，帝国的衰落与灭亡

随着阿拔斯王朝的日益衰落，中央的控制力逐渐变小，对于边远地区更是难以管理，哈里发穆阿台绥姆死后，帝国的大权旁落，由突厥将领掌握了王朝的实权，而哈里发则成为了突厥将领的傀儡，此时，各行省总督和近卫军首领借机扩大自己的势力，割据自立，建立独立的王朝，这使得阿拉伯帝国开始分崩离析。

早在阿拔斯王朝建立之初，被消灭的倭马亚王朝的王子阿卜杜勒·拉赫曼辗转逃亡到了西班牙，在当地阿拉伯贵族的支持下于公元 756 年建立了后倭马亚王朝。这是阿拉伯帝国分裂的开端。此后，帝国又逐渐失去了对非洲各省的控制。经过一百多年的时间，帝国中许多地区已经宣布独立，成为了独立的王朝，不再受到阿拔斯王朝的控制。

到了公元 9 世纪中期，帝国已经分裂为很多部分，其中最主要的分裂王朝有：塔希尔王朝，

耶路撒冷：

耶路撒冷是世界闻名的圣城。始建于公元前 10 世纪犹太王国统治时期。这座城市是犹太教、基督教和伊斯兰教共同的圣城，公元 7 世纪，该城成为了阿拉伯帝国的一部分，西欧由此发起了长达近两百年的十字军东征，企图夺回这座宗教圣地。但被穆斯林世界的英雄萨拉丁所阻。

建立者为波斯籍将领塔希尔，公元 820 年，他控制了波斯呼罗珊地区，建立割据；萨法利王朝，建立者为萨法利，利用黑奴起义的时机，在锡吉斯坦省独立，872 年灭亡塔希尔王朝，占领波斯大部；撒玛尼王朝，公元 874 年建立，灭亡了萨法利王朝，版图空前，势力雄厚，是中亚地区的强国；哥疾宁王朝，建立于公元 962 年，建立者是撒玛尼王朝的一名低级军官，该王朝统治北印度、波斯西北部、花剌子模以及锡吉斯坦，这一时期阿拔斯王朝控制的地区仅剩下巴格达和伊拉克。

除阿拉伯半岛以及中亚地区的割据王朝以外，埃及地区还有图伦王朝，由埃及总督图伦于公元 868 年建立。这个王朝统治埃及的时间不长，公元 902 年，埃及重新归于阿拔斯王朝统治。到了公元 935 年，突厥将领穆罕默德·伊本出任埃及总督，他很快拥兵自立，建立了伊赫希德王朝，该王朝名义上统属于阿拔斯王朝，但实际上已经是独立的国家。另一方面，赛义德·伊本·侯赛因于 909 年建立了法蒂玛王朝，不断进攻尼罗河三角洲地区，公元 969 年，该王朝将伊赫希德王朝灭亡，统一了埃及地区。成为了与巴格达分庭抗礼的强国，中国史籍称该王朝为绿衣大食。

公元 945 年，波斯将领艾哈迈德攻入巴格达。受到突厥近卫军控制的哈里发穆斯台克菲将艾哈迈德当成了王朝的救星，任命他为帝国大元帅。艾哈迈德消灭了突厥近卫军的势力，成为了巴格达的实际统治者。两年后他废黜了穆斯台克菲，另立傀儡哈里发穆提，从此，哈里发完全听命于大元帅的摆布。

艾哈迈德于公元 945 年在巴格达建立了白益王朝，该王朝形式上维持了阿拔斯王朝哈里发的传统地位，而统治者拥有王朝大元帅的身份，实际控制政权。在这一时期中，阿拉伯帝国逐渐恢复了阿拔斯王朝初期的兴盛，将周围的割据小王朝尽数占领，使得阿拉伯世界有了新的发展。在白益王朝统治阿拉伯的一百多年中，阿拉伯世界再次回到了安定与繁荣中。

1055 年，帝国东方的塞尔柱突厥人兴起，攻入了巴格达，白益王朝灭亡，塞尔柱突厥人建立了塞尔柱王朝。和白益王朝一样，他们依然保持着阿拔斯王朝哈里发的传统地位，统治者担任摄政王，名号为"苏丹"。而哈里发已经完全失去了政治权力，成为了宗教首领。

此时的埃及，法蒂玛王朝也逐渐走向了衰落，受到塞尔柱突厥人和贝都因人的进攻，王朝逐渐失去了地中海地区的控制权，而十字军的东侵也让王朝每况愈下，无力称雄。1171年，法蒂玛王朝维西尔（相当于宰相）萨拉丁取代法蒂玛王朝，接受阿拔斯王朝哈里发赐予的称号"苏丹"。自此，埃及开始了阿尤布王朝的统治。

阿尤布王朝统治着埃及、叙利亚、巴勒斯坦、阿拉伯半岛西部以及马格里布和努比亚，阿拔斯王朝对此予以承认。该王朝是12世纪阿拉伯世界中最强大的国家。萨拉丁统帅穆斯林军队与东侵的十字军进行了长期的战争，阿尤布王朝近百年的历史中，始终打着"圣战"的旗号与十字军交战，萨拉丁本人被看成是阿拉伯世界最伟大的英雄之一。1187年，萨拉丁收复耶路撒冷，震动了欧洲的基督教世界。德皇红胡子腓特烈、英王狮心王理查和法王腓力亲率大军向阿拉伯世界发起了第三次十字军东征。萨拉丁作战英勇，保卫了阿拉伯世界的安定。1191年，双方缔结了休战和约。阿拉伯人拥有耶路撒冷，而基督徒享有去耶路撒冷朝拜的权利。

1193年，萨拉丁病逝于大马士革，之后阿尤布王朝发生分裂，直到1199年，王朝才基本恢复统一。1218年，阿尤布王朝再次分裂，王国势力日衰，1250年，王朝末代女王与突厥将领艾伊贝克结婚，阿尤布王朝统治结束，埃及进入了马木路克王朝统治时期。

此时的巴格达政权塞尔柱王朝也是内讧不断，国力急剧衰落。1194年，塞尔柱王朝被花剌子模王朝军队击败，塞尔柱人控制阿拔斯王朝的历史从此告终。花剌子模王朝继续作为苏丹掌握巴格达的世俗大权，但是该王朝的统治时间并不长久，1258年，蒙古旭烈兀领兵西征，征服了巴格达，并彻底结束了阿拔斯王朝的统治。持续了6个世纪的阿拉伯帝国至此灭亡。

而西班牙的后倭马亚王朝继续统治到15世纪末，最终在光复运动中才告结束；马木路克王朝在16世纪初灭亡于奥斯曼土耳其。至此，阿拉伯各王朝分别结束了自己的统治。然而阿拉伯世界的文明却没有因此而断绝，先进的文

化和伊斯兰教一起流传下来，成为了世界文明的重要组成部分。

阿拉伯文化一览		
类别	主要成就	重要影响
文学和艺术	《天方夜谭》、大清真寺	对文艺复兴有重要影响
历史和地理	《黄金草原》《地形学》	对近代历史、地理学的发展有深远影响
哲学	《古兰经》等	对西方哲学有重大影响
天文学	天球仪、地球仪	为世界天文学做出极大贡献
数学	将阿拉伯数字介绍到西方	改变了数字进位方式
医学	《医典》《天花和麻疹》	对西方医学产生很大影响

表四十九　阿拉伯文化一览

公元 843 年 ~ 1806 年

查理曼帝国分裂，东法兰克王国逐渐发展为德意志王国

公元 9 世纪中期，随着查理大帝的死去，法兰克王国陷入了分裂的局势，经过数十年的内部战争，查理大帝的三个孙子于公元 843 年在凡尔登开会签订了《凡尔登条约》，协议三分帝国，其中莱茵河以东地区的东法兰克王国归日耳曼路易所有，这就是日后德意志王国的雏形。

公元 9 世纪中期，北方的诺曼人兴起，开始入侵西欧地区，他们的侵袭削弱了西欧的王权。公元 911 年，德国加洛林王系告终，贵族推选康拉德为德国国王。公元 919 年，萨卡森公爵亨利继位，自此，德意志王国开始了萨克森王朝的统治。亨利之子奥托一世于公元 936 年继位，他是一名有作为的君主，在位时期加强了王权，调整了与教会的关系。公元 962 年，奥托一世进军罗马，帮助教皇平定了内乱，教皇出于感激，为奥托加冕，授予他"神圣罗马皇帝"的称号。从此，德意志

腓特烈二世：

神圣罗马帝国皇帝、西西里王国国王。他是腓特烈一世的孙子，在位时集中力量同教皇作斗争，为取得对教皇的胜利，他给予德国封建主更多的独立性和特权，使他们的割据合法化。然而，他多次利用雇佣兵对教皇发起了战争，毫无成效。到他去世时，德皇在意大利的利益全部丧失。他热心于文化事业，建立了那不勒斯大学，对待异教徒也较为宽容。他被誉为"中世纪的第一位现代君主"。

选帝侯：

随着《黄金诏书》的颁布，神圣罗马帝国的皇帝开始由选举产生。诏书规定了七个选帝侯，他们分别是科隆大主教、美因斯大主教、特里尔大主教、萨克森公爵、莱茵宫廷伯爵、勃兰登堡边地侯和捷克国王。皇位空悬时由萨克森公爵和莱茵宫廷伯爵摄政。选帝侯的出现标志着德皇的权力日趋弱小，同时也标志着教权成为影响世俗权力的重要势力。

黑死病：

14 世纪暴发于西欧的严重瘟疫。由腺鼠疫引起，猖獗欧洲三个世纪之久。这场瘟疫使西欧总人口急剧下降，致使西欧封建统治日益衰落，经济衰退。导致了严重的社会矛盾，促进了西欧 14 世纪～15 世纪人民运动的高潮。据估计，中世纪欧洲约有三分之一的人死于黑死病。

王国在中世纪又被称作神圣罗马帝国。帝国的疆域除去《凡尔登条约》所规定的地区外还包括了意大利北部等地区。

神圣罗马帝国的封建生产关系发展较晚，因此皇帝很难组织强大的军事力量。从公元 11 世纪起，德皇的势力日益衰弱。原本由德皇控制的日耳曼教会以及罗马教皇逐渐摆脱了德皇的控制。公元 11 世纪中期，激进的克吕尼派修士强调教皇的无上地位，与神圣罗马帝国的皇帝争夺世俗权力。教权和皇权的冲突日益激烈，斗争的关键在于德皇对主教的任免权。

1075 年，教皇格里高利七世召开宗教会议，公开指责德皇亨利四世犯有买卖圣职罪。德皇拒不退让，并预谋废黜教皇。次年 2 月，教皇将亨利四世开除出教，宣布德皇的世俗权力无效。10 月，神圣罗马帝国的反对派对这一决议表示支持，要求亨利四世放弃帝位。亨利迫于形势，于 1077 年 1 月到教皇居住的卡诺莎城堡觐见教皇。他赤足冒雪哀求了整整三天，教皇才同意恢复他的教籍和统治权力。亨利回国后，立即与反对派展开战争，取胜后出兵意大利进攻教皇，格里高利七世被迫逃走，客死他乡。后来的教皇继续同亨利四世斗争，煽动德意志王国的封建主反对皇帝。在亨利死去时，他已经被再次开除教籍，失去了对意大利地区的统治权，同时国内叛乱四起，王朝无力镇压。

12 世纪初，教皇与皇帝暂时达成协议，订立有利于教皇的一系列协议。之后不久，萨克森王朝被推翻，继任的霍亨斯陶芬王朝诸皇帝继续执行南侵意大利的政策，不断地与教皇发生冲突。1152 年，德皇腓特烈一世（红胡子）自称是神圣罗马帝国的皇帝，他在位期间试图驾驭德意志境内的诸侯，屡次侵略意大利。然而腓特烈一世在 1176 年的战争中败于北意大利联军，失去了对意大利地区的控制，严重削弱了帝国实力。1189 年，他号召进行第三次十字军东征，次年在渡河作战时溺死，由于他英勇善战，军功昭著，被德国人视为传奇般的英雄。

到 12 世纪，德皇已经不能控制德意志的教会，在与教皇的斗争中始终处于下风。王权的衰落也导致了地方割据分裂局面的产生。至 13 世纪中期，这些地方割据逐渐合法化。而德皇的势力日益弱小，最终在教皇的打击下被颠覆。

德国皇位虚悬二十年，直到 1273 年才由哈布斯堡家族的鲁道夫继任。此后，德皇的实力受到了极大的限制，德皇由地方封建主选举产生，德意志王国陷入了长期的割据分裂中。14 世纪中期，查理四世颁布《黄金诏书》，承认皇帝由七大选侯推选，肯定了德意志诸侯的独立地位。

14 世纪中期，德意志北部沿海城市为保护贸易利益而结成城市联盟，名为"汉萨同盟"。鼎盛时期，该同盟有一百六十多个城市加入。这一同盟控制了北海和波罗的海地区的贸易，使得德意志北部的经济有了较大发展。但是，不久之后西欧暴发了肆虐三个世纪之久的黑死病，导致德意志人口急剧下降，经济衰退。

1618 年，三十年战争爆发，战后神圣罗马帝国进一步走向衰落和瓦解，1806 年，神圣罗马帝国被拿破仑一世推翻，结束了它近九百年的统治。

公元 987 ~ 1481 年

西法兰克王国逐渐发展为法兰西王国，法兰西王国各王朝的兴衰，英法百年战争

随着诺曼人的兴起，西法兰克王国也受到了强烈的冲击，公元 987 年，大贵族于格·卡佩被推举为法王，加洛林王朝在西法兰克的统治告终，法国开始了卡佩王朝的统治。王国初年，国土被诺曼底公爵、弗兰德尔公爵、勃艮第公爵、阿奎丹公爵等分割，王室仅占有包括巴黎和奥尔良在内的分散领地，十分弱小，只保留国王名义而已。

但是，卡佩王朝的国王拥有教会的支持，他依然是全法国最高一级封建主，从于格·卡佩统治时期开始，法王在世时就给王子行加冕礼，以防止王位世袭中断。历代法王在兰斯大教堂举行加冕仪式，使王权获得了神授的性质，强化了法国的王权。

卡佩王朝的领地位于法国中部，交通便利，这方便了王室向周边封建主发起进攻。亨利一世在位时开始逐渐平定中小封建主，到路易六世在

扎克雷起义：

1358 年爆发于法国的大规模农民起义。扎克雷，意为乡下佬。14 世纪法国农民因商品经济发展、百年战争和黑死病的影响，生活条件急剧恶化。吉尤姆·卡尔以消灭贵族为口号发动起义。起义军席卷法国北部，使封建势力受到很大打击。1358 年 6 月，法国军队发起反击，他们先将卡尔骗到军营谈判，随后向起义军发起猛攻。起义军损失惨重，卡尔也遭杀害，起义失败。这次起义打击了封建势力，有利于促成法国统一。

位时，法王的这一事业已大见成效。又经过多年的努力，法王开始进攻各地的大封建主。1152年，路易七世和王后埃莉诺离婚，埃莉诺后与安茹伯爵亨利结婚。亨利是英王亨利一世的外孙，他于1154年成为英国国王，统治的地区包括英国和法国大部分，实力远在法王之上。法王的统一事业难以进行，和英王的矛盾日益尖锐。

1189年，德皇腓特烈一世发动第三次十字军东征，英王理查（狮心王）和法王腓力二世响应了他的号召，各率军队参加远征，然而腓力仅仅几个月后就返回法国，趁理查远在东方之时攻占诺曼底。1202年，腓力没收了英王约翰在法国的封土，派兵占领法国境内的所有英王领地。约翰发起了反击，但被腓力在布汶击败，约翰不得不撤回英国，而且获得了"失地王"的恶名。法国由此日益强盛。

1223年，腓力二世去世，之后法王路易九世继位。他继续拓展王室领地，先后吞并阿奎丹和图鲁斯，使法王领地由法国西北部一直延伸到南方的地中海沿岸。同时，他大力开展行政、司法、货币和军事改革，使法国王权逐步具备了国家的各种管理职能。他积极参加十字军活动，得到了罗马教皇的重视，在当时的西欧，他以精明强干、公正威严而著称。他于1270年去世，为其后的法王留下了一个强大的王国，他本人也被称为"圣路易"。

1285年，腓力四世继位，他积极进行改革，努力加强王权。1294年，他开始对英国宣战，战

阿维农之囚：

13世纪末，随着法国王室势力的强大，开始对教会征税。这一行为招致了罗马教廷的激烈反对。1303年，法王腓力四世派兵到意大利囚禁了反对他的教皇卜尼法斯八世。1305年，新当选的教皇克莱门特五世是法国人，他宣布取消卜尼法斯八世加于法王的一切罪名，并移居法王控制下的阿维农。之后的六任教皇都是法王控制下的傀儡，且都驻在阿维农。史称"阿维农之囚"。这是教权由盛转衰的标志。

争持续了十余年之久，直到 1303 年两国才议和。战争的大量支出迫使腓力四世通过各种手段聚敛财富：包括查抄犹太人的财产，掠夺圣殿骑士团，召开三级会议保证税收，此外还向教会收税，并派人去意大利囚禁了反对他的教皇卜尼法斯八世。他的统治进一步加强了法国的王权，扩大了法国的势力范围。

1328 年，当时的法王查理四世死去，卡佩王朝绝嗣，三级会议推举瓦罗亚家族的腓力继位，他就是腓力六世。自此，法国开始了瓦罗亚王朝统治时期。当时的英王爱德华三世以法王外孙的资格要求继承法国王位，但法国表示拒绝。爱德华三世不甘失败，最终在 1337 年发起了对法国的战争，英法百年战争拉开了帷幕。

战争初期，英国先在海上击败法国海军，继而进攻诺曼底。1346 年，英王爱德华三世率领英军在法国东北部的克勒西附近与腓力六世展开了会战。在这场战争中，英军的长弓手使法国骑士遭受重大损失，法军有 1500 名骑士阵亡，而英国只损失 3 名骑士和 40 名弓箭手。战争失败进一步激化了法国的内部矛盾，继而引发了巴黎起义和扎克雷起义。

1356 年，从南部登陆的英国黑太子爱德华在普瓦提埃再次击败法军主力，法王约翰二世于 1364 年被俘，法国王室岌岌可危。此时，查理五世继位，他继位后励精图治，整顿税收，改善军队，组织了炮兵并改组海军。他任命盖斯克林为陆军统帅，实行据守战略，通过精锐骚扰的方式逐步消耗英军的有生力量。战局优势逐渐倾向于法国。到 1380 年，法军几乎收复全部失地，英国只保留一些沿海据点。

查理五世死后，查理六世继位。他当时只有 12 岁，长大后精神失常，大贵族趁机争权夺利，使得法国王权旁落。1413 年，英王亨利五世继位，他是一位军事天才，亲自率军攻打法国，很快占领了法国首都巴黎。1420 年，英法签订和约，规定查理六世的女儿嫁给亨利五世，在查理六世死后由亨利五世继承法国王位。

1422 年，查理六世和亨利五世相继死去，英王宣布由亨利五世和查理六世之女所生的不满周岁的婴儿为英、法国王。查理六世的儿子查理退守南方，形势十分危急。勃艮第公爵此时据守法国东部，他想在法、德之间建立一个新的王国，所以向英国示好。法国陷入了支离破碎之中。

1429 年，英军攻打法国重镇奥尔良。奥尔良是法国南方的门户，一旦失手，偏安南方的查理也势必会遭到灭亡。此时，一名农村姑娘求见太子查理，自称上帝派她来拯救法国。她就是法国民族英雄圣女贞德。贞德通过宗教辩论取得了皇太子的信任，同时激发了法国人的爱国热情。不少人加入她的队伍，一些法军也支持她。同年 4 月，贞德率军攻进奥尔良，迅速解除了奥尔良之危，将英军击退，扭转了整个战局。

此后，贞德劝说太子查理前往兰斯，在兰斯大教堂加冕为王，以显示王位的正统。太子查理接受了这一建议并继任为法王，他就是查理七世。圣女贞德继续带领军队与英军作战，1430 年，她被勃艮第公爵的部队俘虏，后又转卖给英军。查理七世不愿意赎救她，于是贞德于 1431 年被宗教法庭判为女巫，烧死在鲁昂。到这时，英法百年战争已经开始接近尾声了：英国红白玫瑰战争爆发，国力骤减。而法国受到圣女贞德的鼓舞，民族意识不断加强，不断地战胜英国军队，1453 年，将英国军队基本驱逐出法国本土。至此，英法百年战争宣告结束。

此后，法王经过数十年的经营，收回了一些独立的封建主领地（包括勃艮第公爵领地），于 15 世纪末完成了统一。

"阿维农之囚"时期的历代教皇		
名称	时间	国籍
克莱门特五世	1305 年 ~ 1314 年	法国
约翰二十二世	1316 年 ~ 1334 年	法国
本尼狄克十二世	1334 年 ~ 1342 年	法国
克莱门特六世	1342 年 ~ 1352 年	法国
英诺森六世	1352 年 ~ 1362 年	法国
乌尔班五世	1362 年 ~ 1370 年	法国
格里高利十一世	1376 年 ~ 1378 年	法国

表五十 "阿维农之囚"时期的历代教皇

公元 802 年 ~ 1485 年

英国早期封建统治诸王朝的兴衰，黑斯廷斯战役，红白玫瑰战争

公元 5 世纪前期，随着西罗马帝国的衰弱，对不列颠岛的控制日益衰弱。英格兰地区时常遭受诺曼海盗的袭击。自公元 5 世纪起，盎格鲁—撒克逊人开始入侵不列颠，并在英格兰建立起一些小国，彼此之间相互争斗不休。这一时期共有七个小王国并立，是英国历史上的"七国时代"。

七国时代延续数百年，到公元 802 年，韦塞克斯王国的国王埃格伯特名义上统一不列颠，开创了英格兰第一个统一王朝——盎格鲁·撒克逊王朝。该王朝与丹麦人进行了长期的战争。从公元 802 年到 1066 年的两百多年间，丹麦人和盎格鲁·撒克逊人对英国王位的争夺始终没有停止过。

1066 年，诺曼底公爵威廉对英国发起了征服运动。当年 9 月，威廉率军渡过英吉利海峡，侵入不列颠境内，要求继承英国王位，理由是英王忏悔者爱德华曾答应死后由威廉来继承王位。这一要求受到了当时在位的英王哈罗德的严词拒绝。随后双方展开了战争。

威廉首先攻占了佩文西和哈斯丁斯镇，然后与哈罗德的军队会战于黑斯廷斯。10 月 14 日，双方正式开战。哈罗德的军队利用有利地形和严密的战阵稳固防守，多次击退了诺曼底军队的攻击。其后威廉引诱英军出击，随后彻底将其击溃，英王哈罗德战死。伦敦闻讯后不战而降，12 月，威廉进入伦敦城，

黑斯廷斯战役

在西敏寺加冕为英国国王，他就是威廉一世，自此，英国开始了诺曼王朝的统治。这以后英国的盎格鲁·撒克逊人进行了长期的武装斗争反抗诺曼人的统治，但均未成功。

威廉继位后继续进行对英国其他地区的征服。至1072年，他成功征服了英国全境。他在全国建立封建庄园，变自由农民为农奴，使英国的封建化进程很快完成。他除了保留盎格鲁·撒克逊人骑士的领地外，其他贵族的领地都被剥夺了。他将这些土地分封给与他征战的属下，以此来加强王权。1086年，他下令在全国进行土地调查，编成了《土地赋役调查簿》，因调查的方式类似审判，所以这也被称为《末日审判书》。此举是为了了解全国的人口与土地状况，以使国民承担封建义务和纳税义务时不得取巧。

威廉一世征服英国后，仍拥有诺曼底公国，虽然他在封建义务中是法国国王的封臣，但实际上诺曼底地区已成为了英国的一部分，并不受法王的管辖。法国王室为夺回此地，几代君主费尽了苦心。法王腓力一世挑拨威廉与其长子罗伯特的关系，并支持罗伯特向威廉一世要求继承诺曼底公爵之位，这一策略执行得很成功，威廉父子之间展开了大战。1087年，威廉死去，他的次子继承了王位，即威廉二世，此时罗伯特也正式继承了诺曼底公爵之位。英国和诺曼底被分治，这对英国是一个重大的打击。在威廉二世统治时期，因为这个问

狮心王理查：

英国金雀花王朝国王，即理查一世。1189 年 ~ 1199 年在位。他早年曾起兵反对其父亨利二世。继位后率领英军参加十字军东征，与穆斯林英雄萨拉丁进行战争，英雄相惜，最终握手言和，并签订了合约，合约规定基督徒可以去耶路撒冷朝拜。当时腓力二世进攻英国，理查不得不迅速返回，但在途中被奥地利公爵俘虏，并将他转交给德皇。传说他在被关押时被扔进有狮子的笼子，他亲手将狮子杀死并将狮子的心脏吞下，"狮心王"由此得名。他被认为是中世纪骑士的典范，以勇武著称。但是他在位时穷兵黩武，花费大量军费，严重削弱了英国的国力，导致其后英国在与法国的战争中处于下风，同时也中断了王权的加强。1199 年，他在法国平叛作战时战死。

长弓手：

长弓手最早源于威尔士，后来流传到英格兰，并由英格兰人发扬光大。在 15 世纪 ~ 16 世纪的英法百年战争中，长弓是英国弓箭手的主战武器。1346 年的克勒西战役中，长弓手充分发挥了其对骑兵的优势，给法军以重创，成为法国骑士的噩梦。

题导致英国国内动乱不已。

威廉二世死后，他的弟弟亨利一世继位。亨利一世深知国家内乱的根源在于诺曼底没有控制在国王手中，再加上法国国王在一旁挑拨，使内乱更加严峻。于是，他巩固了自己在英格兰的地位后，开始进攻罗伯特公爵。1106 年，双方在邓奇勃莱展开激战，罗伯特公爵被俘。三年后，亨利一世彻底控制了诺曼底。这让法王深感震动，决心用武力夺回诺曼底地区。但因法国王室当时势力弱小，未能取得战果。

亨利一世选择其嫁给了德皇的女儿莫德为继承人。但几年后莫德的丈夫德皇亨利五世去世，亨利一世又将莫德嫁给了法国北部最强大的安茹伯爵。1135 年，亨利一世死。未等莫德继位，威廉一世的外孙斯特凡捷足先登成为了英王。这一事件直接引发了英法随后的大战。

1153 年 1 月，莫德之子亨利率军渡海进攻斯特凡，迫使其签约，同意亨利为继承人，一年后斯特凡去世，亨利登上王位，称亨利二世。亨利在继位前是安茹伯爵，因为家族纹章上有金雀花的小枝做装饰，所以他开创的英国王朝又被称为金雀花王朝。

亨利二世不仅是英国国王，同时还占领了法国安茹、诺曼底地区，形势对法国越发不利。亨利二世继位后，着手整顿封建秩序，严厉镇压内乱期间骚动的大封建主。他还改革军制，向封臣收取"盾牌钱"，以缴税的形势代替服军役，而他则利用这些钱去募集士兵。这些措施恢复了英国国内的秩序，也让人民受到的压迫得以减轻。

亨利二世的统治持续到 1189 年，他死后次子理查继位。他就是英国历史上著名的"狮心王"，这位军事奇才继位后，在十字军东侵的战场上屡建奇功。当时的法王腓力二世认为他对法国的危害比亨利二世更大，二者的矛盾渐起。第三次十字军东征时期，腓力二世趁理查远征东方之时，进攻英国，攻占诺曼底。理查闻讯后火速赶回，和法军展开了激战。可常胜不败的他却于 1199 年在与一个叛乱的诸侯作战时意外阵亡，腓力二世才得以绝处逢生。

理查死后，其弟约翰继位。1202 年，腓力二世没收了约翰在法国的封土，派兵占领法国境内的所有英王领地。约翰发起了反击，但被腓力在布汶击败，约翰不得不撤回英国，而且获得了"失地王"的恶名。1215 年，因为不满国王随意破坏封臣制和对法战争的失败，英国大封建主联合高级教士迫使国王签订了《自由大宪章》。这份文件当时在一定程度上限制了王权，英国的国内矛盾也逐渐缓和。次年，约翰在征战时患病去世，其子亨利三世继位，当时他仅有九岁。由于辅佐他的大臣很贤良，国内政局开始安定下来。

1223 年，法王圣路易在位时期，亨利三世曾两次出兵英国，但因为他与英国大封建主矛盾重重，因此没有取得什么战果。在桑特战争中被圣路易击败。两国签订合约，获得了暂时的和平。亨利三世于 1272 年去世，他的长子爱德华一世继位。《自由大宪章》在他统治时得以完善，他创建了"模范议会"。为征战的需要，他改革了英国的军制，组建了一支装备精良的重铠骑兵，并使长弓兵成为军队的重要组成部分。

不久后英、法两国再次宣战，但是受到苏格兰起义的影响，爱德华没有办法集中兵力，只得于 1297 年再次与法国议和。爱德华一世死后，爱德华二世继位，他是一位无能的统治者，苏格兰在他统治期间终于得到了独立。1327 年，国会将爱德华二世废黜，改立他的儿子爱德华三世为英王，随后承认苏格兰的独立。但是，苏格兰人与英国人的战争一直持续数个世纪之久。

1328 年，法国卡佩王朝绝嗣。爱德华三世想以查理四世侄子的身份继任

法王，遭到了法国的拒绝，不甘心的爱德华三世在1337年发起了对法国的战争。这场战争持续百余年，史称百年战争。战争初期，爱德华三世不断取得胜利，在1346年的克勒西战役中大败法军，1356年，英国黑太子又在普瓦提埃城再度给予法军重创，法王约翰被俘。法国陷入了极度不利的境地。法国太子查理临危受命，于1364年继位，称查理五世，他加强了法国的军力。由于他的战略得当，法国几乎收复了全部失地，两国再次进入胶着对抗阶段。

1377年，爱德华三世去世，黑太子爱德华之子理查继位，称理查二世。但他没有掌握实权，大权掌握在兰开斯特家族手中，这引起了他对兰开斯特家族的仇恨，他亲政后开始打击兰开斯特家族。1399年，亨利趁理查二世远征爱尔兰时将他拘捕，并使国会同意将他废黜，由亨利继位，称亨利四世，兰开斯特王朝的统治至此开始。

亨利四世去世后，长子继位，称亨利五世。他是一位军事天才，亲自率军攻打法国，很快占领了法国首都巴黎，并迫使法国在1420年签订和约，同意在现任法王查理六世死后，由亨利五世继承王位。查理六世的儿子被剥夺了继承权，逃到法国南方。

1422年，查理六世和亨利五世相继去世。亨利不满一岁的幼子继位为亨利六世，兼任法国国王。查理六世的儿子也在法国南方被拥立为法王，法国出现了双王并存的局面。英国为灭亡查理，全力进攻奥尔良。此时，法国民族英雄圣女贞德挺身而出，率领法军击退了英军，并拥戴查理七世正式登位。1436年法王收复巴黎，1453年双方在波尔多发生决战，英军全军覆没，英国在法国的领地除加莱外全部被收复，法国得以统一，百年战争以法国的获胜而结束。

圣女贞德雕像

此时英国却开始爆发内乱。兰开斯特家族和约克家族展开了王位的争夺，因为兰开斯特家族以红玫瑰为徽，约克家族以白玫瑰为徽，因此这场内战被称作"红白玫瑰战争"。两个家族都是爱德华三世的后人，战争的目的是为了争夺王位，同时也反映出百年战争中封建贵族受到了很大的冲击，经济实力大减，只能靠战争抢劫来维持的惨淡状况。战争规模一般不大，但是杀戮残忍，一些老贵族世家由此消亡。最终兰开斯特家族获胜，其远亲都铎家族的亨利继承了王位，英国开始了都铎王朝的统治。

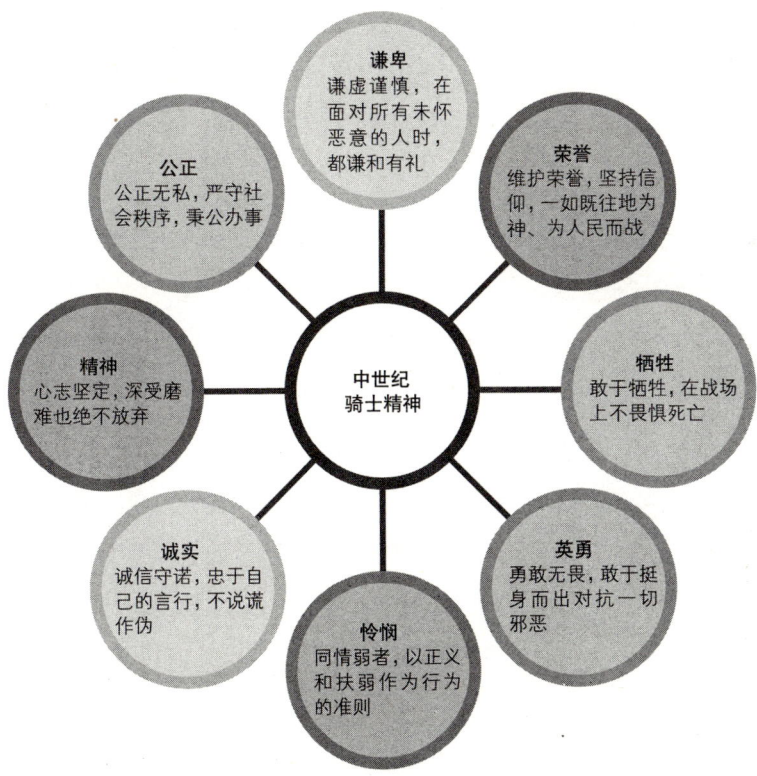

表五十一　中世纪骑士精神

公元 1095 年 ~ 1291 年

教皇乌尔班二世召开克勒芒宗教会议，欧洲十字军运动

11 世纪下半叶，塞尔柱突厥人占领了基督教圣城耶路撒冷。对于西欧的基督徒来说，耶路撒冷是他们心目中的上帝之城，塞尔柱突厥人的行为严重地伤害了他们的宗教感情。与此同时，拜占庭帝国皇帝也因为受到突厥人的进攻而不得不向罗马教廷发出了求援的信号。

1095 年秋天，当时在任的教皇乌尔班二世在法国召开了一次大规模的宗教会议，欧洲各地的主教和修道院院长都前来参加。在会议中，乌尔班二世发表了极富感染力的一次演讲，他说："不要因为留恋故乡而拒绝前往，因为整个世界都是基督徒的祖国，去参加这场斗争吧，以十字架为你们的旗帜，你们就是十字军！"

次年，西欧各国封建骑士武装数万人开始向东方进发，这就是第一次十字军东征的开始。这次东征历时三年，到 1099 年 7 月，十字军的队伍占领了耶路撒冷，完成了第一次十字军东征的目标，取得了重大胜利。在地中海东岸建立了耶路撒冷王国和三个小附属国，实行西欧式的封建统治。这次东征至此结束。

第二次十字军东征发起于 1147 年，由于塞尔柱突厥人骑兵反抗，占领了埃德萨伯国，教皇再次号召各国组织十字军发起东征。这支队伍由德国和法国的国王亲自率领，但是一路损兵折将，毫无收获，最终遭到了失败。

第三次十字军东征发生在 1189 年 ~ 1192 年，当时穆斯林世界的英雄萨拉丁继任为阿尤布王朝苏丹，起兵进攻耶路撒冷王国，并将该国国王俘虏，再次占领耶路撒冷，西欧世界为之震动。神圣罗马帝国皇帝腓特烈一世（红胡子）号召发动了第三次十字军东征，法王腓力二世和英王理查一世（狮心王）响应了他的号召，部队于 1190 年出发，并于次年攻占阿克城。萨拉丁英勇抵抗，和英王理查棋逢对手。恰逢法王腓力二世半路撤军，进攻英国，理查一世无力再战，便与萨拉丁签订了合约返回了西方。合约规定耶路撒冷由萨拉丁占领，但基督徒保留来此朝拜的权利，第三次十字军东征至此结束。

1202 年，教皇英诺森三世又组织了第四次东征。威尼斯人在这次东征中发挥了重要的作用，他们与十字军将领勾结，并最终导致十字军一步步偏离了初始的目标埃及（穆斯林埃及阿尤布王朝），转而进攻拜占庭帝国的首都君士坦丁堡。拜占庭帝国灭亡，十字军在此建立了拉丁帝国。这次十字军东征充分暴露了十字军具有侵略和掠夺的性质。

萨拉丁死后，埃及阿尤布王朝发生分裂，十字军利用这个机会再次发起攻势。1217 年，第五次东征开始，1219 年十字军占领了尼罗河入海口并继续进攻埃及内地。两年后，阿尤布王朝发起

乌尔班二世：

1088 年 ~ 1099 年在位的罗马教皇。中世纪四大拉丁神父之一，他在位时期召开克勒芒宗教会议，发表了演说来鼓动西欧世界发动十字军东征，并以此重振了教皇的权威。他的活动对中世纪教会改革的胜利却起了重要作用。但是十字军东侵却给人民造成深重的灾难，因此乌尔班二世受到后人的咒骂。

拉丁帝国：

第四次十字军东征攻占君士坦丁堡后建立的封建帝国，疆域包括小亚细亚西北部、巴尔干半岛南部及其附近岛屿。首任皇帝是佛兰德尔的鲍尔温一世。帝国缺乏统治基础，于1261年被拜占庭科穆宁王朝后裔建立的尼西亚帝国推翻，末代皇帝鲍德温二世逃往西欧，拉丁帝国灭亡。

反攻，迫使十字军撤出埃及。

第六次东征发起于1228年，神圣罗马帝国腓特烈二世进行了一次象征性的攻击，在名义上收复了耶路撒冷。并于埃及苏丹签订了协议。耶路撒冷第二王国取得耶路撒冷、伯利恒和通往地中海的走廊。腓特烈二世于1229年继位为耶路撒冷第二王国的国王，东征结束。但不久后耶路撒冷便被突厥人再次占领。

第七次东征由法王路易九世亲自率领进攻埃及，于1249年攻占达米亚达，并向开罗进军。次年，法王的军队遭到了重大失败，路易九世被阿尤布王朝俘虏，十字军被赶出了埃及，东征结束。至此，十字军运动已经接近尾声了。

最后一次十字军东征于公元1270年发起。法国国王路易九世为报1250年兵败之仇，不听法国贵族及近臣的劝阻，领导十字军进军突尼斯。部队在突尼斯登陆不久，全军染上瘟疫，大批士兵死去，路易九世本人也染病身亡。他的儿子腓力马上下令撤退，最后一次东征就此结束。

1291年，十字军在巴勒斯坦的最后一个据点阿克城被埃及占领。十字军势力被彻底赶了出去。耶路撒冷王国也宣告灭亡，这标志着进行了近两百年的十字军运动彻底失败。此后的教皇也曾再次号召发起十字军，却始终未能成功。

十字军运动给地中海沿岸人民带来了深重的灾难，人力、物力都受到了巨大的损失。但是这场运动也促进了东西方的交流，增进了西欧各国之间的团结。十字军的最终失败还使得教皇的权力衰落下去，为封建国家的发展扫除了障碍。

十字军东征一览		
次数	发起时间	过程及结果
1	1096 年	攻占耶路撒冷，建立起一些封建公国，以胜利告终
2	1147 年	进攻塞尔柱突厥人，但被击溃，一无所获
3	1189 年	英、法、德三国联军对抗阿拉伯英雄萨拉丁，最终未能攻克耶路撒冷
4	1202 年	进攻拜占庭，占领君士坦丁堡，建立拉丁帝国
5	1217 年	进攻埃及，最终被击败
6	1228 年	短暂夺回耶路撒冷，很快又被穆斯林夺回
7	1248 年	法国国王路易九世亲征埃及，失败被俘
8	1270 年	法国国王路易九世进攻突尼斯，半路病死，部队撤回

表五十二　十字军东征一览

公元 756 年～ 1479 年

穆斯林统治西班牙地区，再征服运动兴起，西班牙王国的统一

阿拉伯倭马亚王朝灭亡之后，其后裔辗转渡过直布罗陀海峡进入了西班牙，在当地阿拉伯贵族的支持下建立了后倭马亚王朝，首都为哥尔多瓦，自此开始了对西班牙的统治。不久，西班牙进入了鼎盛时期。

随着阿拉伯人的到来，西班牙的经济有了很大发展，先进文化的传播使西班牙成为了当时欧洲重要的古典文化基地，吸引了不少知识分子来此求学。穆斯林西班牙的文化也由此繁荣。

阿拉伯人在西班牙的统治长达八个世纪，从 11 世纪开始，后倭马亚王朝走向衰落，分裂为二十多个小王国，相互攻击，动乱四起。北非的伊斯兰教王朝虽然也曾进入西班牙，但始终未能重新统一西班牙全境。分裂的小王国先后被基督教王国所灭亡。

公元 10 世纪时，被后倭马亚王朝驱逐到西班牙北部边境的一小部分基督教居民开始发展起来，在北部山地地区形成了几个独立的封建领地，他们分别是卡斯提尔王国、葡萄牙和阿拉贡王国。这几个国家为夺回西班牙地区的统治权，向穆斯林西班牙发起了反攻，这便是再征服运动。

再征服运动与十字军东征几乎同时开始，持续了数个世纪。参加者除西班牙封建主外，还有法国和意大利的骑士，并且得到了教皇的支持。运动初期，卡斯提尔王国国王阿方索六世在 1085 年夺得托莱多，但是很快又被击溃，双方进入了拉锯战，长达数十年。1212 年，教皇英诺森三世鼓动十字军参战，法国、葡萄牙、阿拉贡等国的骑士组成了联军，与穆斯林军队会战于托罗萨，取得了重大的战果。伊斯兰哈里发的六十万大军几乎全军覆没，阿拉伯人在西班牙遭受重创，无力再组织统一的抵抗力量，再征服运动进程进一步加快了。

卡斯提尔王国在费尔南德三世统治时期加速向南推进，于 1248 年夺取塞维利亚。阿拉贡王国也于同时占领巴伦西亚，穆斯林王朝由此越发衰落。卡斯提尔王国和阿拉贡王国日益强大起来。

随着基督教国家的发展，封建制度逐渐完善，西班牙各地的居民受到了严重的剥削。15 世纪，西班牙时常爆发农民起义以反对农奴制度。基督教王国为了巩固自己的统治，开始运用各种手段进行联合合并。1469 年，卡斯提尔王国女王与阿拉贡王国的王子结婚，十年后两国合并，形成了统一的西班牙王国。这时，阿拉伯人在西班牙只剩下以南方城市格拉纳达为中心的一个小王朝，无力抵抗。西班牙大军于 1491 年包围了该城，次年守军投降。伊斯兰教在西班牙的最后一个据点陷落。西班牙王国完成了统一。再征服运动至此宣告结束。

西班牙统治者随后开始迫害王国内的伊斯兰教教徒。这些人被迫逃亡至非洲，据说逃亡人数有五十多万之多。大量的人口流失给西班牙的城

阿方索八世：

卡斯提尔王国国王，1158 年 ~ 1214 年在位。他与英国金雀花王朝联姻，巩固了王国的统治。第四次十字军东征时期，他响应英诺森三世的号召，在西班牙发起了向穆斯林世界的进攻。托罗萨战役中击败了 60 万穆斯林军队，使再征服运动大大加快了进程，他在战后不久病逝。阿方索八世与阿拉贡王国保持了良好的关系，为两国后来的合并打下了基础，他是中世纪西班牙最伟大的君主之一。

市发展造成了严重的损失，但也使基督教的统治在西班牙得到了稳固。

西班牙统一前的基督教国家		
名称	统治时间	备注
卡斯提尔王国	1035 年～1837 年	1837 年与阿拉贡王国正式合并
阿拉贡王国	1035 年～1837 年	1837 年与卡斯提尔王国正式合并
纳瓦拉王国	1194 年～1620 年	1513 年并入卡斯提尔，1620 年并入法国
莱昂王国	910 年～1301 年	与卡斯提尔王国合并

表五十三　西班牙统一前的基督教国家

公元862年～1533年

基辅罗斯国家的兴衰，沃查河战役，莫斯科公国的建立，伊凡四世成为俄国第一任沙皇

东斯拉夫人大约在公元5世纪末迁入东欧平原，当时约有30多个部落，在公元6世纪时基本处于原始公社制阶段。到公元7、8世纪时，原始公社制开始解体，逐渐转变为农村公社和大家族公社。东斯拉夫人开始定居下来，逐渐形成了最初的国家。

古罗斯国建立于公元9世纪中叶，它的第一个王朝是留里克王朝。留里克兄弟是当时罗斯强大的瓦里亚格人军事首领，他们于公元862年来到诺夫哥罗德，成为了罗斯国的第一任王公，留里克王朝统治开始。留里克继位后，遭到当地保守贵族的反对，牵起了瓦丁姆暴动。留里克迅速镇压了反对派，保住了新兴国家政权。另一支瓦里亚格人的首领阿斯科德和迪尔占领基辅，建立基辅国家。公元879年，留里克死去，摄政王奥列格率军南征，直逼基辅城下。罗斯国击败了基

《往年纪事》：

是俄罗斯历史上很重要的一部历史著作，约成书于十二世纪初，作者涅斯托尔，是基辅洞穴修道院的修道士。该书是俄国第一部完整的编年体通史，记载了从传说时代到公元1110年间东斯拉夫人及罗斯国家的历史，着重介绍了留里克称王和奥列格建国等古代罗斯的重大史实。它的重大价值在于，这是东斯拉夫人自己完成的首部历史著作。

辅军队，杀死了阿斯科德和迪尔。公元 882 年，罗斯国占领基辅，并迁都于此。从此开始了基辅罗斯的统治。

基辅罗斯完成统一之后，开始了对外的扩张。907 年，摄政王奥列格率水、陆两军进攻君士坦丁堡。拜占庭战败求和，911 年签订合约，拜占庭必须向基辅罗斯进贡。941 年、944 年两年中，当时的基辅罗斯国王伊戈尔两次进攻拜占庭，但未能攻克其首都。

945 年伊戈尔死，其子斯维亚托斯拉夫统治时期，基辅罗斯继续扩张，先后打败了保加尔汗国和哈扎尔汗国。967 年，应拜占庭邀请，出兵进攻保加利亚王国，但拜占庭皇帝看到基辅罗斯势力强大，半途与保加利亚王国结盟，将基辅罗斯人赶了回去。971 年，斯维亚托斯拉夫在返国时中伏而死。

斯维亚托斯拉夫死后，他的幼子弗拉基米尔成为了基辅大公，称弗拉基米尔一世。他是一位基督教教徒，在位时宣布基督教为国教。988 年，他带领全体人民接受洗礼。除此之外，他还积极进行扩张战争，攻打波兰和立陶宛，扩展了国土，强化了君权。他还帮助拜占庭帝国镇压了小亚细亚地区的叛乱，并与拜占庭帝国联姻。他是基辅罗斯历史上很有作为的君主，对罗斯国家的政治、经济、文化、宗教、立法的发展都起到了重大影响。

从 11 世纪开始，基辅罗斯内部矛盾日益激化，人民起义时有发生。城市

圣索菲亚大教堂

起义也给予统治者沉重打击。1054 年，雅罗斯拉夫死后，他的三个儿子又展开了争夺王位的战争，并将基辅罗斯一分为三。他们经常内讧，互相残杀。这使得基辅罗斯进入了分裂动乱时期，人民苦不堪言。1097 年，雅罗斯拉夫的孙子们签订了有关和平相处的协议，但是协议只是一纸空文，内战很快又爆发了。

11 世纪末～12 世纪初，罗斯受到了外族的入侵。此时，罗斯国内逐渐的团结起来，一致对外，分裂暂告缓解。战争胜利后弗拉基米尔·莫诺马赫出任大公。他在位 13 年，虽努力恢复国家统一，但最终没能实现目的。其子穆斯提斯拉夫一世死后，罗斯在 1132 年完全进入了分裂割据时期，无可逆转。当时全国出现了 12 个独立的诸侯国。

从 11 世纪到 14 世纪的 300 年间，罗斯始终处于分裂之中。到 13 世纪前期，蒙古人开始兴起。成吉思汗于 1219 年亲率大军西征，在灭亡了花剌子模国之后，继续进攻基辅罗斯。罗斯受到了极大的冲击，南部诸侯国联合起来迎击蒙古军。1223 年 5 月，双方会战于卡尔卡河畔，罗斯军队内部矛盾重重，不能采取联合行动，被蒙古人各个击破，遭到了惨败。基辅罗斯实力大减。

但是成吉思汗西征受到了保加利亚人的顽强抵抗而失败，于是他返回了蒙古，不久后他去世，其子孙争夺汗位，致使第二次西征拖延了数年。1235 年，由拔都率军开始了第二次西征，1237 年蒙古军进入东北罗斯，在两年时间内，将东北罗斯全境占

索贡巡行：

索贡巡行是公元 9 世纪末基辅罗斯国家初期大公向人民征收贡物的一种方式。每年冬初，大公就率领新兵在其辖区内向居民征收毛皮、蜂蜡、粮食等贡物，甚至掠夺人口。大公把索取的贡物分给他的亲兵，以维系大公与其臣属的关系。由于索贡巡行没有规定的数量，大公及其亲兵往往对人民横征暴敛，因此时常激起人民的强烈反抗。945 年，伊戈尔大公在索贡巡行时本人和亲兵都被愤怒的居民杀死。

领。1240年，蒙古军进攻基辅城，当年年底城破，遭到屠城。基辅罗斯实力日衰。

1243年，拔都完成了西征后以伏尔加河为中心建立了钦察汗国，欧洲人称其为"金帐汗国"，首都设在萨莱。到13世纪后期，金帐汗国对罗斯的统治逐步加剧，并施行"八思哈"制度，引起了罗斯人民的抵抗。也为后来最终的覆灭埋下了隐患。

莫斯科公国是借助蒙古贵族的支持而发展起来的罗斯人国家。14世纪初，莫斯科国力日盛。莫斯科公伊凡一世于1325年继位。他主动向蒙古人示好，镇压了罗斯人民的起义。1328年，金帐汗册封他为"弗拉基米尔及全罗斯大公"，替蒙古人征收赋税。

从这一时期开始，莫斯科公国的领土不断扩张，国力也更为强盛。它的发展逐渐引起了金帐汗国的不满。于是，金帐汗扶植了另一个公国来牵制莫斯科公国。14世纪中叶，金帐汗国比尔及贝汗继位，他为了稳固汗位，将自己的12个兄弟全部杀死。他死后没有留下后嗣，金帐汗国的王公贵族们便展开了争夺汗位的战争，一时之间，金帐汗国内动乱四起。这使得莫斯科公国有了摆脱其统治的机会。

底米特里成为莫斯科大公后，率军3次东征，将威胁其统治的公国尽数消灭，然后开始着力于对付蒙古人。此时金帐汗国暂时摆脱了动乱的局面，由马麦汗继位。1378年，马麦汗调集大军，开始进攻莫斯科公国，双方会战于沃查河河畔，沃查河战役爆发。

在该场战争中，底米特里部署了伏兵，将金帐汗国的军队击溃，马麦汗遭到惨败。这是罗斯人第一次在反抗蒙古人的战争中取胜，大大鼓舞了罗斯人的士气。马麦汗并不甘心失败，两年后他为了一雪前耻，再次集结了数万大军，并与立陶宛结盟，共同进攻莫斯科公国。战场被选定在库里科沃平原。1380年9月8日，天降大雾，底米特里大公趁着浓雾的掩护，突然向马麦汗发动了袭击。两军厮杀一天，金帐汗国全军覆没，马麦汗只身逃走。

库里科沃战役对罗斯人的独立有极其重要的意义，而底米特里也因这次战役获得了"顿河英雄"的称号（罗斯语为"顿斯科伊"）。马麦汗的失败致使他很快失去了汗位，金帐汗国内乱又起。1382年，继位的金帐汗脱脱迷失稳定了局势，再次进攻莫斯科公国，莫斯科公国战败，再次处于蒙古人的统治下。

1389年，底米特里之子瓦西里一世继位。他重金收买蒙古贵族，使他们默许莫斯科公国吞并一些小国。他的儿子瓦西里二世在争夺王位的斗争中虽被挖掉了双眼，但最终继承了王位。他在位时加强了莫斯科公国的中央集权，为国家的最终独立做出了很大贡献。

1462年，伊凡三世继位。他不惜采取一切手段加强莫斯科公国的实力。在他的领导下，莫斯科于1478年吞并了诺夫哥罗德。其他一些小国也毫无悬念地归顺，纳入了莫斯科公国的版图。

伊凡三世和蒙古人的决战发生在1480年。伊凡三世陈兵奥卡河，和金帐汗国阿合马汗展开了最后一战。双方对对方的情况都不了解，都缺乏取胜的信心。但是蒙古人的援军迟迟不到，使得阿合马汗最终决定放弃这场战争，于当年年末班师回国。伊凡三世不战而胜，至此，蒙古人对罗斯人两百多年的统治宣告结束。莫斯科成为独立统一的中央集权国家。

伊凡三世死后，其子瓦西里三世进一步统一了罗斯其他地区，到1533年他去世时，所有周边小国都已经合并入莫斯科，统一大业最终完成。其子伊凡四世于1547年加冕为俄国第一任沙皇，绰号"雷帝"，俄国成为了王权专制的统一封建国家。

伊凡雷帝：

即伊凡四世，俄国历史上的第一位沙皇，1533年～1584年在位。对俄罗斯的影响深远，传统上认为，伊凡四世是一位生性冷酷无情、残忍多疑、视人命如草芥的君主。尤其是晚年，他对周围的大臣们几乎陷入病态的猜忌并大肆杀戮，"雷帝"的称号也由此得来。另一方面，伊凡四世是当时沙皇俄国出色的政治家和学者，博览群书，重视教育，推行了大量在历史上有深远意义的改革措施，为俄罗斯国家发展奠定了基础。从他统治的时期开始，俄国走上了大举向外扩张的道路。

公元 1299 年～ 1481 年

奥斯曼土耳其帝国的建立与兴盛，科索沃战役，君士坦丁堡改名为伊斯坦布尔

奥斯曼人最早是来自于波斯呼罗珊地区的西突厥人部落。早在 1055 年，塞尔柱突厥人攻占了阿拉伯帝国首都巴格达，建立了塞尔柱王朝，自此开始了对中亚地区的统治并开始信奉伊斯兰教。1258 年，蒙古军队攻占巴格达，阿拉伯帝国就此结束，而突厥人迁徙至爱琴海沿岸地区，开始建立一些新的小国家。

1290 年，奥斯曼继任为奥斯曼人的首领，他在位初期，以"圣战"的名义不断进攻拜占庭帝国，扩展了奥斯曼人的领土。他不断取得胜利，因此被罗姆苏丹国的苏丹阿拉丁二世授予了"贝伊"的称号。奥斯曼人的势力开始兴起。阿拉丁二世去世后不久，罗姆苏丹国即告分裂，奥斯曼采用"埃米尔"的称号，建立了独立的国家，定都在卡加西萨尔。这就是奥斯曼国家最早的雏形。

奥斯曼不断地扩展领土，进攻小亚细亚地区，

贝伊：

奥斯曼帝国时对统治者的称谓。意为"首领""头目""先生"。奥斯曼国家建立之初，首位国家领袖奥斯曼以"圣战"为名，发起了对拜占庭帝国的战争，战争中他表现英勇，屡立战功，因此被阿姆苏丹国国王授予了"贝伊"的称号，奠定了其领袖地位。之后更多的穆斯林聚集在奥斯曼麾下，成为了奥斯曼国家的重要力量。

为帝国的强盛打下了基础。1317年，奥斯曼开始围攻拜占庭帝国在小亚细亚的最后据点布鲁萨。战争持续了近十年，在即将城破之时奥斯曼病死，其子乌尔汗继位。

乌尔汗攻克了布鲁萨，并迁都于此。这标志着拜占庭帝国在小亚细亚地区彻底失去了控制力。此后，乌尔汗攻克了拜占庭帝国在小亚细亚地区的所有城市，将拜占庭的势力赶出了此地。他在位时期还进行了军事改革，组建了常备军，开始使用火枪，使奥斯曼土耳其国家的军事力量变得空前强大。他晚年又占领了拜占庭帝国的部分欧洲领地，这是奥斯曼人在东南欧地区扩张的开始。

1359年，乌尔汗死。他的儿子·穆拉德一世继位。他继位后发起了大规模的征服战争，向拜占庭帝国东南欧地区的领土展开了一系列的军事进攻。1361年，他攻克了拜占庭帝国重镇阿德里亚堡，并迁都于此，打开了入侵东南欧的大门。1371年，他击败塞尔维亚军队，迫使巴尔干诸国和拜占庭皇帝先后向其称臣纳贡。随后他派遣军队攻陷了巴尔干地区数个重要城市，使奥斯曼帝国的势力得以在该地顺利发展。1389年，巴尔干地区组成了反对奥斯曼帝国的联军，向奥斯曼帝国发起了攻击。双方会战于科索沃平原地区，科索沃战役爆发。

在科索沃战役初期，巴尔干联军统帅塞尔维亚国王巴扎尔用计刺杀穆拉德一世，使其受到了致命伤，这造成了奥斯曼军队的极大混乱。穆拉

穆拉德一世被刺：

科索沃战役初期，穆拉德一世率军和巴尔干联军展开会战。塞尔维亚国王巴扎尔阴谋刺杀穆拉德一世，派遣勇士克比利奇发起了偷袭。在11名骑士的掩护下，克比利奇成功地靠近了穆拉德一世，用一把淬毒的匕首将穆拉德一世刺伤，之后被围上的卫兵杀死。穆拉德一世身受重伤且中毒极深，无力统率部队，其子巴叶齐德临危受命，指挥部队战胜了巴尔干联军，并将巴扎尔俘虏。巴叶齐德将巴扎尔杀死在临终的父亲床前，穆拉德一世终于无憾死去。

德一世的儿子巴叶齐德临危受命，迅速稳定了军心，统领军队再次与巴尔干联军交战。塞尔维亚国王的军队发生了溃逃，这使得联军失去了领导，被奥斯曼军队一举击败。巴扎尔被俘，巴叶齐德将其杀死在穆拉德一世床前，战争以奥斯曼人的胜利而告终，至此，巴尔干诸国失去了独立的地位，成为了奥斯曼国家的附庸。巴叶齐德继位为奥斯曼国王。

1394 年，巴叶齐德从开罗的哈里发那里得到了"罗马省苏丹"的称号，成为了奥斯曼国家的首位苏丹。之后，他继续进攻保加利亚和阿尔巴尼亚，占领了整个色雷斯地区，开始威胁到拜占庭首都君士坦丁堡。1396 年，他领导军队在尼科堡战役中大败十字军（西欧各基督教国家派往巴尔干地区的联军），将巴尔干半岛完全控制。奥斯曼国家的领土进一步扩大了。

1401 年，蒙古人建立的帖木儿帝国进攻小亚细亚，皇帝帖木儿率领的军队训练有素，战力强大。巴叶齐德率军抵抗，两军交战于安卡拉平原。这场战争中蒙古人的弓骑兵发挥了其强大的机动性，奥斯曼军队遭到了惨败，巴叶齐德兵败被俘，随后被杀死。小亚细亚地区成为了帖木儿帝国的势力范围。帖木儿将奥斯曼国家的土地一分为四，由巴叶齐德的四个儿子分别统领一部分，这引起了奥斯曼的分裂，很快内战便展开了。战争持续十年，最终穆罕默德击败了他的兄弟们，于 1421 继位成为了奥斯曼的苏丹，他就是穆拉德二世。奥斯曼国家归于统一。

穆拉德二世继位后开始进攻君士坦丁堡，迫使拜占庭皇帝各地纳贡。随后他又再次击败了巴尔干半岛的十字军（奥斯曼内乱时期西欧基督教国家再次干预该地区事务并组成联军），于 1448 年将巴尔干半岛再次归于奥斯曼国家的统治之下，巴尔干诸国彻底失去了与之抗衡的力量。

此时的拜占庭帝国已经走到了穷途末路，几近灭亡。穆拉德二世死后，他的儿子穆罕默德二世给了拜占庭帝国最后一击。他在 1451 年继位后，全力备战，招兵买马，并在君士坦丁堡的对岸修建了城堡作为军事基地。至 1453 年，穆罕默德二世亲率 17 万大军向君士坦丁堡进攻。拜占庭帝国末帝君士坦丁十一世战死，拜占庭帝国灭亡。

君士坦丁堡被攻克后，穆罕默德二世把这座具有悠久历史的古城改名为伊斯坦布尔，并将这里作为新的首都。穆罕默德二世是一位有作为的君主，他大力加强国家的文化教育建设，在伊斯坦布尔建立学校、图书馆、医院和清真寺，实行温和的宗教政策，这使得奥斯曼国家有了较大的发展，很快进入了新的发展时期。随着西欧社会的进步，地理大发现时代来临，奥斯曼帝国也凭借其强大的海军成为了地中海东部的海上强国，与西欧各国开始了漫长的争霸。

公元 13 世纪～16 世纪

蒙古帝国的崛起和兴盛，成吉思汗及其后代的西征

怯薛军：

成吉思汗的护卫军。这支军队由蒙古贵族青年组成，强悍善战，完全听命于成吉思汗，是一支常备军。部队士兵共 10000 人，宿卫 1000 人，弓箭手 1000 人，散班 8000 人，是最精锐的蒙古部队。其职责是保卫大汗的营帐，战时作为大汗亲自统领的部队。怯薛军是成吉思汗最信赖的部队，也是他实行军事封建专制统治的可靠保障。

蒙古高原位于亚洲东部，是一片浩瀚无际的草原。这里先后兴起过数个强大的游牧民族，如匈奴、鲜卑、回纥、突厥等。到 13 世纪初，蒙古人成为了这里的主宰，开始建立起一个强大的政权。

蒙古部落最早居住在额尔古纳河地区，大约在 10 世纪时开始向呼伦贝尔草原地区迁徙。在蒙古统一国家建立之前，蒙古人分为许多部落，其中最重要的有乞颜部、扎答兰部、泰赤乌部等。当时的蒙古仍处于原始氏族阶段，人民靠游牧为生，先后依附于辽、金政权，势力弱小。

随着生产力的发展，蒙古部落强大起来，和它同时兴起的，还有其东边的塔塔尔部、北边的蔑儿乞部和西边的克烈部、乃蛮部。这四个部族不断和蒙古争夺放牧的地区，展开了长期的斗争。蒙古高原常年混战，局势十分混乱。

成吉思汗本名为孛儿只斤·铁木真，他出生于蒙古乞颜部。他出身贵族，但年少时家道中落，生活极为艰苦，一度沦为奴隶。但他长于骑射，机敏过人，长大后投身克烈部酋长，逐渐建立起了一个强大的部落。1204年，铁木真击败了蒙古高原上的敌对部落，统一了蒙古各部，为帝国的建立奠定了基础。

1206年，铁木真在库里台大会上被推选为全蒙古的大汗，号"成吉思汗"。蒙古国家自此建立。当时的蒙古，占有金政权北方的广大领土，但成吉思汗并不满足于已有的疆域，很快便展开了一系列的征服战争。

成吉思汗首先进攻金国，在1211年～1216年中，取得了很大的战果，迫使金国对其称臣献地。1218年，成吉思汗灭西辽。克烈部逃亡至西辽的王子屈出律被杀。蒙古军趁胜进攻中亚强国花剌子模，短短的几年中，花剌子模许多重要城市都被蒙古攻破，国力衰落难复。1223年，蒙古军击败基辅军队，基辅投降。但随即被保加利亚人击败，成吉思汗西征结束，返回蒙古。

1225年，成吉思汗再次西征，两年后灭亡西夏，然后继续攻击金国，成吉思汗于1227年病死于军中，由他的四子拖雷担任监国，主持政务。蒙古军兵锋稍止。1229年，成吉思汗三子窝阔台继任为蒙古大汗，继续进行征服战争。

蒙古兵分三路，分别进攻波斯、俄罗斯和金国。1230年，进攻金国的部队发起了攻击，战争初期

帖木儿汗国：

帖木儿生于察合台汗国，出身于察合台汗国军事贵族家庭。1363年，帖木儿扶持侯赛因为察合台汗，自己成为了汗国的实际统治者。1370年，帖木儿发动政变将侯赛因杀死，建立了帖木儿汗国。从1380年开始，帖木儿帝国先后夺取了伊朗和阿富汗，之后多次进攻金帐汗国和伊尔汗国，1398年侵入印度，1402年击败奥斯曼土耳其。后被突厥人所灭亡，末代帖木儿汗巴布尔兵败后逃到了印度，在当地建立了莫卧儿王朝。

并不顺利，但在 1232 年，拖雷率领的部队在钧州击败了金国主力，此后战事发展顺利，次年即占领金国首都汴京，至 1234 年，金国末帝死于蔡州，金国灭亡。

1235 年，窝阔台任命拔都为西征统帅，第二次西征开始。拔都攻入钦察草原，击败了当地的居民，转而继续进攻罗斯。此时的罗斯国家正处于分裂之中，对蒙古军的进攻无力抵抗，1240 年，拔都攻克了基辅，至此，罗斯绝大部分地区被蒙古控制，开始了蒙古统治时期。拔都继续西进，于 1241 年攻克波兰和匈牙利。

不久后窝阔台病死，拔都闻讯后停止了西征。窝阔台死后贵由继位，他在位不足三年便死去，王公贵族展开了争夺汗位的斗争。1251 年，蒙哥得到了拔都的支持，继任为大汗。他在巩固了王位后，继续展开了征服战争。1252 年，蒙哥派遣其弟旭烈兀攻入中亚和伊朗。1258 年蒙古军占领巴格达，灭亡了阿拉伯帝国。1260 年，旭烈兀占领大马士革。此时蒙哥死讯传到，旭烈兀停止了西征，驻军在阿塞拜疆，准备争夺汗位。1264 年忽必烈册封旭烈兀为伊尔汗，旭烈兀在其征服地区建立了伊尔汗国。

蒙哥汗在旭烈兀西征的同时展开了对中国宋王朝的进攻。1252 年，蒙哥之弟忽必烈攻入大理国，1253 年将大理国灭亡。1257 年又灭亡了安南。蒙哥认为，此时灭宋时机成熟。于是便亲率大军进攻中国。1259 年，他战死于中国合州。忽必烈闻讯后停止作战，返回蒙古争夺汗位。

1260 年，忽必烈在汗位争夺中胜出。他继续展开对中国的战争，于 1276 年攻陷南宋王朝都城临安，1279 年将南宋王朝的抵抗势力彻底击败，南宋灭亡。此外，蒙古还一度入侵朝鲜、日本、缅甸等国家，但没有取得明显战果。

从蒙古建立统一国家以来，进行了长达半个多世纪的扩张，征服了亚欧大陆许多的地区，建立起了人类历史上最庞大的帝国。但在征服基础上建立起的帝国缺乏统一的文化和经济基础，中央政府也无力控制边远地区。为了维持帝国的统治，蒙古大汗将帝国分封给了皇族作为私人封地。其中最大的四个汗国是：钦察汗国（金帐汗国）、窝阔台汗国、伊尔汗国和察合台汗国。这四个国家按照各自不同的道路，独立地开始了发展。

虽然各汗国尊蒙古大汗为最高一级君主，但实际上蒙古大汗的统治范围仅限于东亚地区。蒙古帝国的大汗忽必烈，在征服了东亚地区后，在中国建立了元朝，开始了在东方的统治。蒙古人学习了先进的农耕文化，成为了传统意义上的"天下共主"，但他们在一定程度上保留了部分游牧文明的习俗与传统。

忽必烈死后，元朝的皇帝继续实行民族压迫政策，并沉湎于奢侈的生活，大量搜刮人民，这很快激起了各地人民的反抗。1351年，中国地区爆发了全国范围的人民起义，元朝统治者派兵镇压，但起义军势力强大，很快将元军击溃。1368年，起义军将元朝推翻，元朝在中国地区的统治宣告结束。

但是蒙古人在世界范围的统治并没有完全结束，四大汗国仍存在着。其中，金帐汗国是拔都的封地，于1243年拔都西征后建立，统治着东欧广大地区，包括罗斯等地。在13世纪中期，金帐汗国实际上已经脱离了蒙古大汗的控制，成为了独立的国家，并将萨莱作为新都。随着民族间的融合，金帐汗国的蒙古人逐渐接受了伊斯兰教，汗国成为了伊斯兰教国家。比尔及贝汗统治时期，为巩固汗位，将自己的兄弟全部杀死，他死后王朝绝嗣，引起了金帐汗国的动乱。莫斯科公国此时已经开始崛起，在随后的沃查河战役中击败了马麦汗，金帐汗国日益衰落。到1480年，汗国彻底丧失了对罗斯的控制力。1502年，汗国又败于克里米亚汗国，最终灭亡。

察合台汗国在建立初期拥有西辽故地，统领中亚地区，是成吉思汗次子察合台的封地。在14世纪初，察合台汗国将窝阔台汗国吞并，自此开始全盛时期。但不久之后汗国再度分裂为东西两部分，西察合台汗国14世纪后期被帖木儿汗国所灭；东察合台汗国在16世纪逐渐衰亡。

窝阔台汗国是第二位蒙古大汗窝阔台的封地，他在继位大汗之后将封地赐给了他的儿子贵由。忽必烈继汗位后，窝阔台汗海都起兵反叛，1301年败死，其子察八儿再度归顺元朝。1310年，察合台汗国将窝阔台汗国吞并。

伊尔汗国是拖雷之子旭烈兀的封地，旭烈兀西征灭亡了阿拉伯帝国，占领

伊朗，1264年，忽必烈分封旭烈兀为伊尔汗。旭烈兀死后，其子阿巴哈汗继位，在他统治时期先后击败金帐汗国和察合台汗国的入侵，统治日益稳定。后来汗国又与埃及作战，一度入侵叙利亚和巴勒斯坦地区。合赞汗在位时，伊尔汗国进行了改革，达到了极盛，成为了西亚强国，但合赞汗死后汗国日益衰落下去，最终陷于分裂，1388年被帖木儿汗国所灭。

蒙古人的征服战争影响了13世纪~14世纪的欧亚世界，改变了许多地区的民族构成和文明发展结构。随着蒙古人的西征，中亚地区的突厥人势力渐渐增强，加上蒙古人大量改信伊斯兰教，最终导致了奥斯曼土耳其帝国的崛起。征服战争客观上加强了东西方的交流，两者之间彼此吸取了对方的先进文化，为社会发展注入了新的活力。

蒙古西征表		
名称	时间	征服地区
成吉思汗西征	1219年	西夏，西辽，基辅罗斯，花剌子模
拔都西征	1235年	基辅罗斯，波兰，匈牙利
旭烈兀西征	1252年	叙利亚，埃及，伊拉克，阿拉伯帝国

表五十四　蒙古西征表

四大汗国一览表		
名称	领地	备注
钦察汗国	东欧，中亚广大地区	成吉思汗长子术赤的封地
察合台汗国	天山南北	成吉思汗次子察合台的封地
窝阔台汗国	中亚地区	成吉思汗三子窝阔台的封地
伊尔汗国	西亚地区	成吉思汗孙子旭烈兀的封地

表五十五　四大汗国一览表

公元 320 年～1526 年

中世纪时期印度诸王朝的兴衰，德里苏丹国的建立与衰亡

公元 3 世纪开始，贵霜帝国逐渐衰落，在南亚地区的领土分裂成为了许多小国，这些小国彼此征战，但国力都比较弱小，4 世纪初被印度笈多王朝所吞并。

笈多王朝的建立者是旃陀罗笈多一世，他原本是恒河上游一个小国君主室利笈多家族的成员，4 世纪初，这个国家日益兴盛，逐渐吞并了周围的一些小国，成为了一方的霸主。到旃陀罗笈多统治时期，势力更为强大，他与当地另一强大部族联姻，得到了华氏城的统治权，使笈多家族的政治地位大大提高。320 年，旃陀罗笈多以吠舍离为首都，建立起了笈多王朝。

从旃陀罗笈多一世统治时期开始，笈多王朝便开始了对外的扩张，到他的儿子沙摩陀罗笈多和孙子旃陀罗笈多二世（超日王）统治时期，笈多王朝已经基本统一了北印度地区，成为了印度的霸主。旃陀罗笈多二世把首都迁到了华氏城，巩固了王朝的统治。

笈多王朝的兴盛持续了数十年。到 5 世纪初，王朝逐渐走向衰落，国内外的矛盾也日益激化。5 世纪末，嚈哒人开始入侵印度，在连年的征战下，印度遭受严重破坏，许多城市变成废墟，笈多王朝在内外交困下逐渐走向了灭亡。550 年，笈多王朝分裂为许多小国，自此灭亡。

嚈哒人不久之后在与萨珊波斯的战争中失败，嚈哒国于 567 年灭亡。此后

的几十年中，北印度继续处于分裂割据的局面下。期间形成了四个强国，分别是坦尼沙王国、穆克里王国、高达王国和摩腊婆王国。这四个国家之间彼此征战或结盟，进行了长期的斗争。612年，坦尼沙王国国王曷利沙伐弹那基本统一了北印度，号称"戒日王"。戒日帝国开始了对北印度的统治。

戒日王一生戎马，南征北战，扩大了帝国的领土，使帝国有了长足的发展。他统治的时期正是印度封建制度形成的时期。但是戒日王的统治并不牢固，在他死后，帝国瞬间分崩离析，戒日帝国的短暂霸权也告破灭。北印度再度回到了分裂的局面下。

8世纪初，阿拉伯人崛起，倭马亚王朝派兵进攻印度，711年占领了信德地区。信德和旁遮普南部被纳入了倭马亚王朝的版图。伊斯兰教也开始在印度地区广泛传播，成为了印度重要的宗教之一。但倭马亚王朝的统治未能长久，阿拔斯王朝便将其推翻。此时信德仍处于阿拉伯的势力范围之下。9世纪中叶，阿拉伯帝国逐渐解体，萨法尔王朝趁机向南扩张，将这些地区纳为己有。之后又有卡尔马特人进入这里，建立了割据王国。到10世纪中叶，北印度的分裂已变得异常复杂，不可收拾，这就给了中亚突厥势力入主的机会。

962年，突厥将领阿尔普提金在阿富汗东部建立了独立的国家，史称加兹尼王朝。该王朝苏丹马哈茂德在位时，发起了对印度地区的进攻。他前后出兵17次，将印度许多城市洗劫一空，并将

穆罕默德·图拉格：

德里苏丹国图拉格王朝苏丹，在位时德里苏丹国的疆域达到了巅峰。但是，他提高税收额度，激化了社会矛盾，致使国内人民起义时有发生。1327年，他迁都德瓦吉利，旨在加强对德干高原的控制，但此举引起了北部穆斯林贵族的不满，他又被迫将都城迁回德里。此后德干高原的穆斯林贵族发生叛乱，脱离了苏丹的控制。他统治时期是德里苏丹国由胜转衰的转折点。

整个旁遮普地区纳入加兹尼王朝的版图。

12世纪中期，古尔王朝兴起，将加兹尼王朝灭亡，成为阿富汗和西北印度的统治者。1192年，古尔王朝苏丹穆伊兹·乌丁开始进攻印度内陆，连败印度王公的军队，占领德里，征服了广大的地区。1200年，他再次派遣军队攻入印度东北部，占领比哈尔和孟加拉地区，至此，北印度基本处于古尔王朝的统治之下。

穆伊兹·乌丁死后无子，古尔王朝分裂。镇守德里的总督库特卜·乌丁·艾巴克在德里自立为苏丹，统治印度北部，建立了德里苏丹国。德里苏丹国是印度历史上第一个稳固的穆斯林政权，先后经历了5个王朝的统治，历时320年。

奴隶王朝是德里苏丹国的第一个王朝，其时正值蒙古人的强盛时期，四处扩张。1221年，蒙古军队进入印度西北部地区，1224年他们开始进攻信德和旁遮普。但是受到气候的影响，蒙古军队并未久留便撤走。到1279年，蒙古人卷土重来，入侵印度西北。奴隶王朝在蒙古人的打击下很快陷于灭亡，德里苏丹国的第二个王朝——卡尔吉王朝建立。

卡尔吉王朝的首位苏丹卡尔吉·贾拉尔丁曾多次击败蒙古军队，同时一些蒙古军人也皈依了伊斯兰教。卡尔吉死后，其子阿拉鲁丁·卡尔吉继位，他是德里苏丹国统治印度时期最强大的穆斯林君主。他大力加强中央集权，并整顿了财政和行政。军事上，他向南面的德干苏丹国发动进

第一次帕尼帕特战役:

1526年，帖木儿的后裔巴布尔与德里苏丹国末代苏丹易卜拉欣进行的一场决战。战场位于德里附近的帕尼帕特。巴布尔率军两万，易卜拉欣拥有十万大军。双方激战半日，巴布尔采取骑兵协同炮队作战及两翼包抄敌军后方的战术，将易卜拉欣的军队全歼，易卜拉欣本人也战死。巴布尔随后攻占德里。这场战役巴布尔以少胜多，结束了德里苏丹国的统治，自此印度进入了莫卧儿帝国统治时期。

攻，扩张了王国的领土。1316 年，阿拉鲁丁去世，其长子被自己的士兵谋杀，次子放弃权位，其家族在德里的统治终结。1320 年，卡尔吉王朝的最后一任苏丹被刺杀，自此灭亡。加兹·图格拉趁机夺取了王位，建立了图格拉王朝。

图格拉王朝苏丹继续开展征服战争，在穆罕默德·图拉格在位时期，德里苏丹国的疆域达到了顶峰，包括印度河流域、孟加拉、克什米尔、科佛里河之间的广大地区。将南印度也划入了王朝的版图。然而，由于地方权力过大，再加上行政上的失当，图格拉王朝在穆罕默德死后开始步入衰落。他的继承者归于软弱，很快王朝便走向了灭亡。1398 年，帖木儿率领蒙古军队再度进攻印度，将德里苏丹国夷为一片废墟，在大肆劫掠后率军离开，北印度陷入了动乱之中。

帖木儿离开印度后，原旁遮普总督赫兹尔汗于 1414 年占领德里，建立了赛义德王朝。该王朝统治共 37 年，历任 4 位苏丹，自称为先知穆罕默德的后裔。赫兹尔汗死后不久政权即告衰落，大权落入了信德总督巴赫鲁尔·洛迪的手中。1451 年，巴赫鲁尔·洛迪夺取德里，建立了洛迪王朝，赛义德王朝就此灭亡。

洛迪王朝是德里苏丹国的最后一个王朝，该王朝统治时期德里苏丹国进一步衰落，统治地区仅剩下信德和旁遮普地区。而北印度此时进一步分裂，许多地区建立起独立的苏丹国，德里苏丹国已经不再是印度的最高统治者。1517 年，帖木儿的后裔巴布尔又一次入侵，击败了洛迪王朝末代苏丹易卜拉欣。1526 年，巴布尔攻占德里，德里苏丹国就此灭亡。

德里苏丹国是印度历史上重要的国家之一，在其统治期间，伊斯兰教政教合一的统治方式在印度广泛使用，影响了后来的印度社会。封建制度也有了新的发展。伊斯兰教的日益传播也使得印度教与它的矛盾日益加深，对印度影响极大。伊斯兰文明渗透入印度传统文化中，奠定了现代

巴布尔

南亚地区的文化基础。

德里苏丹国历代王朝一览			
名称	时间	建立者	备注
奴隶王朝	1206 年 ~ 1290 年	库特卜·乌丁·艾巴克	德里苏丹国的建立
卡尔吉王朝	1290 年 ~ 1320 年	卡尔吉·贾拉尔丁	德里苏丹国辉煌时期
图格拉王朝	1320 年 ~ 1414 年	加兹·图格拉	逐渐走向衰落
赛义德王朝	1414 年 ~ 1451 年	赫兹尔汗	国力日衰，大权旁落
洛迪王朝	1451 年 ~ 1526 年	巴赫鲁尔·洛迪	统治地区缩小，北印度分裂

表五十六　德里苏丹国历代王朝一览

公元 603 年 ~ 1573 年

日本大化改新，幕府将军的统治，应仁之乱爆发，战国时代的始末

国风文化：

国风文化包括 10 世纪 ~ 11 世纪摄关政治时期的藤原文化及 11 世纪末到 12 世纪末院政时代的平安末期文化。唐朝在 907 年灭亡后，日本逐渐形成在吸收、消化大陆文化基础上的独特审美意识，并出现了体现其意识的假名文字、美术、生活及独特性观念。这一时期的代表文学作品有世界闻名的《源氏物语》等。

日本是一个群岛组成的国家，位于亚洲最东部，由于地域封闭，民族的形成到目前为止尚没有定论。而日本的可靠历史，大约是从 3 世纪开始的，从第十位天皇开始，日本开始逐渐地扩张，统一了整个日本列岛。

7 世纪以来，建立在部民制基础上的大和国面临着尖锐的社会矛盾。随着中国先进文化和科技的传入，日本的生产力在此时有了很大的提高，这使得生产过程变得个体化，部民制度开始动摇，继而动摇了大和国的统治基础。同时，中国在此时重新实现统一，隋、唐两代的兴起使中国日益强大，这使得日本的势力受到很大限制。

在日益严峻的国内外形势的压力下，推古朝的圣德太子进行了一系列的改革。他积极学习中国文化，进行政治的改革，以图建立起以天皇为中心的中央集权国家。603 年，圣德太子改革正式开始，在国内施行中国官职，制定官阶。次年，又制定了"宪法十七条"，传播儒家思想。607 年，圣德太子派遣小野妹子为遣隋使，以期继续学习中国的先进文化，使日本强盛起来。应该说，圣德太子的改革主要是精神层面的，为后来的大化改新做了思想准备。

618 年，中国唐王朝建立，开始更深刻地影响日本。日本派出大量的遣唐使进入中国学习。645 年，日本发生了以中大兄皇子为首的政变，将当时的掌权家族苏我氏消灭。之后孝德天皇继位，年号为"大化"。天皇任命中大兄为太子。不久后天皇颁布诏书，开始国制改革，这便是大化改新。

这次改革经过了一个长期的斗争过程，改革中的内容使得一些保守的贵族丧失了特权，他们竭力阻止和破坏改革，致使改革接连受到挫折。668 年，中大兄继任天皇位，他就是天智天皇。他继位后沉湎于享乐，不思进取。他的弟弟大海人皇子对他的态度十分不满，于是兄弟失和。672 年，被天智天皇剥夺继承权的大海人皇子起兵反叛，于是日本爆发了全国内战，史称"壬申之乱"。大海人皇子最终取得了胜利，继位为天武天皇。

天武天皇在位时，全面推行改革事业，采取独裁统治，使得以天皇为中心的中央集权制完全确立，日本的封建化日益加深。到 701 年，随着大宝律令的颁布，大化改新最终完成。

但是日本并没有因此得到长期的繁荣和发展。669 年，天武天皇授予大化改新的功臣中臣镰足大

丰臣秀吉：

织田信长家臣，原名木下藤吉郎，跟随织田信长多年，立下无数功劳。1582 年织田信长死于本能寺之变，丰臣秀吉率军消灭发动叛乱的明智光秀，成为织田信长的后继者。他于 1586 年被天皇赐姓为丰臣，改名为丰臣秀吉。1590 年基本统一日本。16 世纪末，他派遣军队两次入侵朝鲜，1598 年去世。在他统治时期，鼓励工商业，扶植城市发展，颁布"刀狩令"，实行闭关政策。为江户幕府的开创奠定了基础。

织冠的冠位，同时赐姓为藤原氏。因为藤原氏家族世为国戚，且身居高位，此后的两个世纪中，藤原氏成为了日本的实际统治者。

794 年，日本政府迁都至平安京，自此进入了平安时代。平安时代的日本政府，由藤原氏一手把持。天皇年幼时，藤原氏作为摄政，天皇长大后，藤原氏则改任关白，继续执掌大权。于是，摄政和关白便形成一种政治体制，称为"摄关统治"。藤原氏也被称为"摄关家"。

天皇为了摆脱摄关家的控制，进行了许多努力。较为成功的方式便是院政。院政是指天皇继位后不久便让位给太子，自己作为太上皇来执政。这种政治模式的出现使得摄关统治很快便衰落了，但是，天皇并没有因此恢复旧有的权威。

11 世纪，武士阶级开始兴起。日本形成了两个强大的武士集团，即恒武平氏和清河源氏。他们接受天皇赐姓，移居地方，逐渐发展成为强大的豪强势力。后来势力逐渐扩展到中央，开始影响天皇统治。同时，这两个集团的冲突也日益尖锐，开始了一系列的明争暗斗。1185 年，源氏将平氏击败，控制了中央政权。1192 年，源赖朝成为了"征夷大将军"，在镰仓设立将军幕府，开始了镰仓幕府的统治时代。

镰仓幕府是 12 世纪末～ 14 世纪初日本实际的统治者，天皇只是名义上的君主。镰仓幕府在 13 世纪初颁布了"贞永式目"五十一条，作为幕府施政的基本法规。这些措施的实行，使得之后的日本政治相对稳定，经济也有所发展。

但是镰仓幕府的统治并不稳固，到 13 世纪后期，日本受到了蒙古的入侵，尽管保持了领土完整，但损失仍极为严重。战后幕府财政紧张，无力对立有战功的武士给予补偿和奖赏。这引起了武士的强烈不满。13 世纪末，各地不断爆发起义，镰仓幕府的统治开始动摇，逐渐衰落下去。

1333 年，后醍醐天皇趁幕府势力衰落，联合武士贵族推翻了镰仓幕府，恢复了天皇的统治，年号"建武"，史称"建武中兴"。但是，建武政权不久后又被另一个武士集团足利尊氏推翻。1336 年，足利尊氏自立为征夷大将军，开始了室町幕府的统治时期。而后醍醐天皇逃到了京都以南，另立朝廷，与北方室町幕府对抗，日本进入了南北时代。

室町幕府加强了同武士之间的联系，给予武士阶级许多特权，将其领地范围内的大量武士领主、土豪和上层农民收编为家臣，势力不断扩大。14世纪末，室町幕府统一南北。但是在南北朝内战时期，各地的守护大名纷纷拥兵自重，形成了割据一方的形势。这使得将军的势力逐渐衰落，最终成为了名义上的诸侯共主，但实际权力仅限于自己的领地中。

由于将军的软弱，无力控制守护大名，所以各大名之间为争夺领土权势展开了连年的混战。1467年，因为第八代将军的继承权问题，引发了全国范围的大混战。几乎所有的守护大名都参与到这场动乱中来，混战持续十年之久，京都也在混战中遭到了极大的破坏。这便是"应仁之乱"。

"应仁之乱"开创了日本的战国时代。战国时代是日本历史上最为混乱的时代之一。1551年，尾张国守护大名织田信长继承父位。此后的30年中，他为统一日本做出了很大努力，1568年他拥立足利义昭为第十五代将军，从此成为中部日本的霸主。他执政期间鼓励自由贸易，采用西方先进技术，为日本实现统一奠定了基础。

1573年，织田信长灭室町幕府，战国时代结束。1582年，织田信长死于一场叛变，家臣丰臣秀吉成为他的实际后继者。1590年，丰臣秀吉消灭了北条氏，基本统一日本。他的统一事业为后来德川家康开创江户幕府奠定了基础。

日本战国时期战争复原图

日本历代幕府一览		
名称	时间	备注
镰仓幕府	1185 年～1333 年	幕府统治的开端
室町幕府	1336 年～1573 年	足利尊氏担任将军，日本战国时期
江户幕府	1603 年～1867 年	是日本历史上的最后一个幕府

表五十七　日本历代幕府一览

公元 220 年 ~ 1644 年
中国各封建王朝的兴衰

公元 220 年，魏国国王曹丕废黜汉王朝末帝汉献帝，自立为天子，三国时代自此开始。三国指的是魏国、吴国和蜀国。这三个割据国家相互展开兼并战争，持续了半个世纪之久。后来魏国司马氏废黜了魏帝，建立了晋朝，随后晋武帝司马炎消灭了南方的割据势力，再次统一中国。

晋朝的统治者，大多昏庸无能，沉湎于享乐，很快引起了国家的内乱。被晋帝分封的诸侯起兵造反，史称"八王之乱"。这场内乱使得晋王朝急剧衰落，很快被北方的游牧民族灭亡。中国进入了南北朝时期。北方的游牧民族经过多年的混战，最终由鲜卑北魏统一，之后北魏分裂为东魏和西魏两部分，西魏后来被北周所取代。公元 6 世纪后期，北周外戚杨坚代周自立，建立了隋王朝。而南方则经过了四代王朝的更替，最终在公元 590 年被隋王朝彻底消灭。中国再次归于统一，开始

贞观之治：

公元 7 世纪初，唐王朝皇帝李世民取得皇位后，励精图治，实行开明的治国政策，成绩显著。他的政策使得唐王朝很快强大起来，经济也有了很大发展，国力日盛。在与外民族的战争中，唐王朝也逐渐占据主动，皇帝被周边各民族成为"天可汗"。这一时期是唐王朝的鼎盛时期，因李世民年号为"贞观"，所以他的统治被称为"贞观之治"。中国文明在这一时期在世界范围广泛传播，而"唐人"也成为中国人的另一名称。

郑和下西洋：

明王朝皇帝朱棣统治时期，派遣宦官郑和率领船队进行的海上远航。郑和先后出航 7 次，历时 28 年，抵达亚非三十余国，行程十万余里，加强了中国和东南亚、南亚、阿拉伯半岛以及非洲东部一些国家的联系，大大提高了中国的世界地位。郑和是世界上著名的航海家，为航海事业做出了巨大贡献。七下西洋更是世界航海史上的一项壮举。

了隋王朝的统治。

隋王朝统治的时间很短，第二任皇帝杨广在位时实行暴政，这引起了全国范围的大起义。公元 7 世纪初，李渊推翻隋朝统治，建立了唐王朝。唐王朝是一个高度发达的王朝，中国在这一阶段进一步扩张，经济也有了更大的发展。在唐王朝第二任皇帝唐太宗统治时期，中国成为世界闻名的文明中心，吸引了东西方很多学者前来学习。唐王朝统治中国近三百年，在公元 907 年灭亡。这一时期是中国历史上最为繁荣的时期，但王朝末期藩镇割据严重，引起了多年的混战和外族的入侵。

直到宋王朝建立之前，中国始终处于动乱之中，这一阶段被称为五代十国时期。五代依次为后梁、后唐、后晋、后汉、后周。每个政权实际统治的时间都很短，统治范围较唐代也大为缩减。王朝更替的频繁显示了这一时期的混乱与黑暗。960 年，后周大将赵匡胤代后周自立，建立宋王朝，中国再次归于一统。

宋王朝也是一个高度文明的王朝，指南针、火药、活字印刷术等重要技术发明就是在这一时期出现并发扬光大的。宋王朝经济发达，但军事实力弱小，受到了北方辽政权和金政权的常年入侵。虽然历代的统治者常有改革的意愿，但受到封建保守求和势力的影响未能实现。1279 年，王朝被南侵的蒙古所灭亡，中国开始了元朝的统治时期。

元王朝的统治并不长久，因为统治者实行民

族压迫政策，时常引起人民的反抗，统治了仅仅 80 年后，元王朝便被人民起义所推翻。起义军的领袖朱元璋成为了新的统治者，他建立了明王朝。

　　明王朝的统治时期，汉人再次成为国家的统治者。皇帝们进行了一系列有利于社会发展的改革，使明王朝日益强盛，同时，历代统治者都注重和世界各国的交流，这一时期西方文化逐渐传入，影响了后来的中国文化发展。王朝后期宦官掌权，外族也开始频繁入侵，沉重的赋税更是引起了大规模的人民起义。1644 年，以李自成为首的起义军攻入明王朝首都北京，明王朝末帝自杀，明王朝灭亡。但是，之后起义军建立的政权并不稳固，受到了明王朝残余势力和满人的联合进攻，很快便灭亡了。随后满人在中国建立了清王朝，中国进入了清王朝统治时期。

中国王朝、时期一览表		
名称	时间	备注
晋	265 ~ 420 年	王室的大权旁落，北方地区五胡乱华
隋	581 ~ 618 年	第二位皇帝的暴政导致了王朝的崩溃
唐	618 ~ 907 年	中国历史上的盛世
五代	907 ~ 960 年	分裂割据时代，先后有五个朝代的更替，十余国割据
宋	960 ~ 1279 年	分为北宋和南宋两个时期，时常受到游牧民族政权袭击
元	1271 ~ 1368 年	蒙古大汗忽必烈在中国建立的王朝
明	1368 ~ 1644 年	中国历史上的盛世时期，资本主义萌芽出现
清	1683 ~ 1912 年	满洲女真族在中国建立的政权，封建王朝的鼎盛时期

表五十八　中国王朝、时期一览表

近代文明时期

公元 15 世纪中叶

世界进入大航海时代，地理大发现，早期殖民扩张兴起

　　公元 15 世纪的欧洲，经济有了进一步的发展。当时的地中海地区，海外贸易越来越受到各国的重视。各国纷纷建立庞大的舰队，以从事贸易、海战或者殖民扩张。其中最具有代表性的国家，便是西班牙和葡萄牙。

　　西班牙和葡萄牙两国都位于伊利比亚半岛。公元 15 世纪末，随着再征服运动的完成，两国逐渐发展为强大的基督教统一封建国家。由于两国地处地中

近代战争图

海直布罗陀海峡地区，地理位置得天独厚，两国各自开始向海外发展。

而东地中海地区的强国奥斯曼土耳其，此时也完全控制了东地中海的制海权。因为奥斯曼土耳其地处欧亚交界处，他们控制了东西方的通商要道。帝国对过往的客商课以重税，同时市场有海盗在东地中海地区劫掠。这基本上宣告通往东方的商路被堵死。在这种情况下，西欧的商人都希望能够开辟一条通往东方的要道。

1484 年，葡萄牙的王宫里来了一位叫哥伦布的年轻人，他向国王提出了自己的设想：如果一直向西航行，一定可以到达东方。国王拒接了他的请求。两年后，他又来到了西班牙的王宫，这一次他得到了女王的支持，女王给予他资金的帮助，他开始了自己的探索之旅。

1492 年，哥伦布率领三艘帆船从西班牙启航，向西方驶去。经过两个月的漫长航行，当哥伦布已经陷入绝望之时，水手在海平线上发现了陆地。这是人类历史的一个重大转折点，美洲大陆被哥伦布所发现。

哥伦布发现新大陆后不久，西欧掀起了狂热的航海热和殖民潮。大批的西欧人涌向了美洲，发起了早期的殖民扩张活动。其中，西班牙和葡萄牙人表现得最为踊跃。1493 年，两国在教皇的仲裁下划分了势力范围，各自开始了殖民之路。

15 世纪末，大批的西班牙殖民者来到美洲，在当地进行了一系列勘察后，展开了对美洲当地

巴巴罗萨·海雷丁：

奥斯曼土耳其人，是公元 16 世纪称雄于地中海地区的海盗。海雷丁生于一个传统的穆斯林家庭，自小便憧憬海外贸易。公元 16 世纪初，他组建了自己的舰队，在地中海南岸进行劫掠，时常与西班牙舰队发生冲突并多次获胜。1516 年，海雷丁占领北非城市阿尔及尔，将这里变成了海盗的大本营。从这时候开始直到 16 世纪中叶，海雷丁一直是地中海舰队的致命克星。他本人英勇善战，在地中海地区横行无忌，并得到了奥斯曼苏丹苏莱曼大帝的支持，于 1532 年认命他为奥斯曼海军元帅，同时管理北非。海雷丁就任后继续在地中海征战，致使西欧各国的海上贸易受到沉重打击，奥斯曼帝国的势力蒸蒸日上。1546 年，海雷丁逝世于伊斯坦布尔，他死后被后人誉为"海盗王"。

玛雅文明：

古代美洲中部的印第安人文明。大约在公元前1000年发展到定居的农业文明，建立起奴隶制帝国。玛雅社会奴隶占有制比较发达，社会组织以农村公社为单位，农业是其经济基础。玛雅人的天文、数学有很高的成就，玛雅历法十分精确，同时还使用玛雅象形文字，修建了大金字塔。地理大发现之后，大量的殖民者入侵美洲。1546年，西班牙殖民者将玛雅帝国灭亡。

的征服运动。美洲本地的居民是印第安人，他们大约在公元前3世纪建立起了自己的奴隶制帝国。但由于地理环境的闭塞，发展较为缓慢。西班牙人的入侵让他们无力反抗。16世纪初，西班牙殖民者将美洲本土的帝国尽数消灭，在这里建立起了最早的殖民地，进行奴隶贸易和资源掠夺。

葡萄牙人也不甘落后，和西班牙人一样，他们也十分热衷于海外殖民。他们的目标是非洲大陆。公元15世纪末的航海热中，他们通过远航到达了非洲的南端，进而通过麦哲伦的远航发现了到达东方的航线。从那时开始，葡萄牙人就开始了对非洲的殖民。经过数十年的征伐，在公元16世纪初，葡萄牙将自己的势力扩大到了整个非洲南部和东南亚，建立起了庞大的海上帝国。

早期的殖民运动都是残暴而无良的。殖民者将殖民地上的资源大批地掠回国内，并从事罪恶的奴隶贸易。这使得被殖民地区受到了难以估量的损失。而早期的殖民国家西班牙和葡萄牙却从中获得了暴利。这种杀鸡取卵的做法并没有使他们的利益长久化，很快便在西欧其他国家的经济渗透下宣告了失败。

继西班牙之后，荷兰人和英国人也开始了自己的殖民活动，他们使殖民运动进一步扩大化了。随着殖民运动的发展，资产阶级也开始登上历史的舞台。西欧经济的快速发展，势必导致其政治体制的变化，封建社会开始逐步向着资本主义过渡。整个世界都面临着一场巨大的挑战与革命。

木桅帆船

地理大发现主要成就			
名称	时间	人物	备注
迪亚士航行	1487 年	迪亚士	越过非洲南端进入印度洋
新大陆的发现	1492 年	哥伦布	美洲大陆被发现，打破了各地的孤立
达·伽马航行	1497 年	达·伽马	开创了东西方之间最短航线
环球航行	1519 年	麦哲伦船队	至 1522 年完成首次环球航行

表五十九　地理大发现主要成就

公元 14 世纪～17 世纪
欧洲文艺复兴

早在 14 世纪，意大利的学者已经着力于从事对希腊罗马古典文化的研究。在此基础上，他们又进行了新的创作，揭开了文艺复兴的序幕。

文艺复兴早期，但丁、彼特拉克、薄伽丘等学者都曾为其做出过很大的努力。但丁的不朽之作《神曲》抨击了教会的腐朽和封建统治的黑暗；彼特拉克的《十四行诗》表现了以个人为中心的人文主义思想；薄伽丘的代表作《十日谈》则进一步传播了人文主义思想，促进了文艺复兴运动的发展。

人文主义是一种以人为中心，为创造现在的幸福而奋斗的乐观精神。当时西欧正在逐步由封建社会向资本主义社会过渡，人文主义成为了资产阶级的指导思想。地理大发现也是在人文主义的引领下完成的。

16 世纪，文艺复兴进入全盛阶段。运动的中心是罗马。教皇对艺术的保护是很重要的原因之

但丁：

　　文艺复兴时期意大利诗人，其不朽的代表作是《神曲》。《神曲》讲述了一个虚构的故事，作者以梦游的形式游览了地狱、炼狱和天堂，在这三个地方遇到了各种各样的人物，抨击了教会的贪婪和封建统治的黑暗，歌颂了自由的理性和求知的精神。但丁被恩格斯称为"中世纪的最后一位诗人，同时又是新时代的最初一位诗人"。

一。文艺复兴全盛时期出现了三位伟大的艺术家，他们分别是拉斐尔、米开朗基罗和达·芬奇。他们是这一时期的杰出代表，并称为文艺复兴三杰。

拉斐尔擅长绘制宗教题材的油画。他一生创作了三百多幅作品，绘制了许多圣母像。其中最著名的作品有《花园中的圣母》和《西斯廷圣母》等油画，以及绘制在梵蒂冈宫中的《教廷成立及其巩固》系列壁画，其中，《雅典学院》是这一系列壁画中最为优秀的作品。拉斐尔用世俗的描写方法处理宗教题材，塑造的圣母具有普通女性的淳朴善良的特征，表现了他世俗的理想。拉斐尔被后世尊为"画圣"，对17世纪~18世纪以后的古典主义产生了深远的影响。

米开朗基罗最著名的代表作是《大卫》雕像。他用大理石雕刻了古代英雄大卫即将战斗前的神情，同时还表现出了大卫雄伟的体魄。另一雕像《摩西》则被认为是近代雕刻史上的最高成就。除此之外，米开朗基罗还擅长绘画，他绘制的祭坛画《末日审判》现保存于西斯廷教堂的墙壁上，教堂中同时还保存着他的天顶壁画《创世纪》。他以生活中的人物为模特，表现了其以人为本的人文主义精神。

达·芬奇是三杰中成就最高的一位艺术家，他的代表作是壁画《最后的晚餐》，这幅画取材于《圣经》中关于耶稣被出卖的传说，通过对画面上人物的不同姿态和表情的刻画，显示出了他非凡的艺术修为。达·芬奇的另一代表作是肖像

《哈姆雷特》：

英国剧作家莎士比亚的代表作品之一。又译为《王子复仇记》。同《麦克白》《李尔王》和《奥赛罗》一起组成莎士比亚"四大悲剧"。讲述了丹麦王子哈姆雷特为父亲复仇的故事。其中哈姆雷特在逆境中奋斗的过程，表现了人文主义的思想。

画《蒙娜丽莎》，这幅画上一位年轻的妇人轻轻微笑，成为后世数百年来不朽的传奇。

文艺复兴运动除了在艺术方面的成就外，在政治思想也有重要建树。马基雅维利的《君主论》反映了资产阶级对政治的看法和建议，表现了资产阶级的政治要求。另一位有重要成就的政治思想家康帕内拉则是一位空想社会主义者，他著有《太阳城》一书，构想了空想社会主义制度。

在意大利文艺复兴的影响下，西欧各国纷纷涌现出一系列带有人文主义思想的作品，如英国乔叟的《坎特伯雷故事集》，莎士比亚的戏剧《罗密欧与朱丽叶》，法国作家拉伯雷的《巨人传》，西班牙作家塞万提斯的《堂吉诃德》等。除此之外，文艺复兴还带动了科学的发展，哥白尼提出的日心说影响了整个世界，哈维发现的人体血液循环现象为后世的医学发展打下了坚实基础。

文艺复兴是人类在思想领域的一次重要革命。这项运动唤起了西欧的觉醒，开始了对世界的探索和开拓，西欧开始逐渐成为当时世界的重要文化中心。同时，文艺复兴促使人们走向了新时代的发展。另一方面，文艺复兴为世界留下了宝贵的艺术财富，在人类的文明历史上大放异彩。

（意）达芬·奇:《岩间圣母》
（油画）

文艺复兴主要成就			
类别	代表作	代表人物	备注
文学	《神曲》《巨人传》	但丁、莎士比亚	传播了人文主义思想
艺术	《蒙娜丽莎》《大卫》	达·芬奇、拉斐尔	讴歌了现实主义精神
哲学	《君主论》《乌托邦》	马基雅维利	反映了资产阶级的要求

表六十　文艺复兴主要成就

公元 15 世纪前期
欧洲宗教改革

中世纪的西欧天主教会是一个庞大的组织，它拥有大量地产，是西欧封建剥削者的一分子，它向人民收取高额地租和什一税。到了 15 世纪中后期，教皇甚至颁布了一个敲诈性的法规，那就是出卖赎罪券，教皇将购买赎罪券作为信徒是否能够进入天堂的标准，这使得人民受到了更严重的剥削。除此之外，买卖圣职的现象在教会中越发猖獗，教皇的选举甚至都可以通过贿赂来进行。在这样的局面下，宗教改革便应时而生。

宗教改革最先爆发于德国。15 世纪末，德国的经济有了较大发展。但此时的德国仍处于分裂割据当中，而且是受到教会压榨最严酷的地区。罗马教廷每年从德国榨取的财富比德国皇帝的年收入还要多出好几倍，这些财富都是直接从劳动人民的手中剥削出来的，使得宗教改革首先在德国爆发了。

德国宗教改革的领导者是马丁·路德。他出生于一个富裕的家庭，从小信仰十分虔诚。1505 年，他成为了一名修道士，在修道生涯中，他逐渐认清了教廷的腐败与贪婪，继而对教会的赎罪得救制度产生怀疑，经过多年的钻研，发现天主教会的制度远远背离了基督教的原始教义，他悟出了"信仰耶稣即可得救"的道理，并由此否定了教皇的权威。

1517 年，路德在卡尔斯教堂大门上粘贴了《九十五条论纲》。在《论纲》

新教：

即基督教新教。由 16 世纪宗教改革运动中脱离罗马天主教的教会和基督徒形成的一系列新宗派的统称。16 世纪中叶，新教的三个主要宗派，即马丁·路德创立的路德宗，加尔文创立的归正宗和作为英格兰国教的安立甘宗，都已在欧洲出现，并同罗马天主教相抗衡。三大宗派的信徒人数当时占新教徒的绝大多数，因此也被称为新教的主流教派。

中，他痛斥了出售赎罪券的行为，并且提出了"因信称义"的原则。这实际上就是否认了教皇的神权。内容不胫而走，很快传遍了全德，并且随即传到了教皇立奥十世那里。教皇发现这是一起很严重的事件，决定严肃处置路德。但是当时萨克森选侯同情路德，便规劝教皇将此事搁置了起来。

两年后，路德在莱比锡参加了辩论会，和著名的天主教神学者艾克进行了辩论，在辩论中，路德侃侃而谈，将自己的思想表达得淋漓尽致。但艾克并不赞同他的观点，双方最终都愤愤离开了会场。之后，路德埋头写文章来抒发自己的观点，逐渐赢得了广大人民的支持。到 1520 年 6 月，路德的思想传遍了整个天主教世界，这使教皇终于下定决心开除了路德的教籍。

路德不为所动，他得到了萨克森选侯的保护，他虽然不再是天主教修道士了，但他依然不断地写文章来宣传自己的教义。沃姆斯会议结束后，爆发了反对天主教会的起义，许多教堂受到了冲击和抢劫，路德的教义也通过这次起义得到了更为广泛的传播。

虽然路德的教义客观上具有反封建的思想，但是他仍然未能完全摆脱经院思想的影响。他极度反对人民的起义，并且支持君主的权威是神授这一思想，这使得他日益变成封建主的奴仆。这时，广大人民便抛弃了他，而团结在宗教改革运动左翼领袖闵采尔身边。

闵采尔出生于 15 世纪末，他自幼攻读神学，是一名虔诚的基督徒。1517 年他开始追随路德，成为了宗教改革的一分子，但是他的思想更为激进，不满意路德的保守态度。1520 年，他与路德分道扬镳。之后，他到达布拉格，写下了《布拉格通告》，表现了他对教会和封建势力的痛恨，不久后他就被布拉格驱逐。他的思想越发激进，于 1524 年宣称"整个世界必须进行一次大震荡"，明确地表示了他的革命态度。

闵采尔受到了封建统治者的仇视和通缉，他开始了自己的逃亡生涯。在逃亡过程中，他继续宣传自己的主张，在人民群众中引起了很大反响。在他的不懈努力下，德国于当年爆发了规模宏大的农民起义。起义进行了近一年，1525 年 5 月，闵采尔率领的起义军战败，闵采尔也壮烈牺牲。

农民起义虽然失败了，但它沉重地打击了天主教会的势力。而路德的新教派也得以继续传播，宗教改革进一步深化了。在 1552 年，路德派新教在德国北部得到了正式承认。

继德国之后，瑞士也发起了宗教改革运动，运动先后由慈温利和加尔文领导。前者宣传了"因信称义"的原则并且主张教会实行共和制，在他的努力下，瑞士的几个州成为了新教州，但是仍有一些地区反对改革。双方不断地发生冲突，导致了 1531 年战争的爆发，战争中慈温利阵亡，瑞士分裂成了新教州和天主教州。

加尔文于 1536 年到达日内瓦，出版了《基督教原理》一书，详细阐述了宗教改革的观点，提出了系统的新教神学理论，引起了极大反响。不久后他被驱逐出境，直到 1541 年才再次返回日内瓦，开始主持宗教改革。他积极地传播新教思想，敦促教会组成新的机构，他的改革获得了很大成功。

英国的宗教改革也在同一时期发生，与其他国家不同的是，英国的宗教改革是由英国王室发动的。从亨利八世统治时期开始，路德教在英国得以广泛传播，亨利八世借此向天主教会开火，收回了许多原本属于教会的权力，增加了王室的收入。教皇开除了亨利八世的教籍，但亨利八世不以为然，反而和天主教廷决裂。1534 年，英国议会通过了"至尊法"，宣布国王是英国教会的唯一首脑，并同时宣布断绝与教皇的一切来往。

但是英国的宗教改革并不彻底，经历了多次的反复，直到伊丽莎白女王在位时期，她才通过严酷的措施强迫英国人接受新教的教义。至此，英国的宗教改革才彻底完成。

天主教会虽不甘心失败，并发起了反宗教改革运动，但新教的传播已让教皇无力控制。教会虽然做了一定的改革，但最终仍然只在某些地区保留了天主教的权威。宗教改革运动的胜利具有重大的意义，为近代资产阶级的革命拉开了序幕。

各国宗教改革一览表			
国家	发起人	影响	结果
德国	马丁·路德	冲击了天主教会	新教派的出现
瑞士	慈温利	扩大了宗教改革的范围	新教州出现，改革范围扩大
英国	亨利八世	英国天主教势力受到严重打击	确立了新教派的地位

表六十一　各国宗教改革一览表

公元 1485 年 ~ 1688 年

英国都铎王朝的兴衰，圈地运动兴起，"光荣革命"

15 世纪末，英国爆发了名为"红白玫瑰战争"的内战，兰开斯特家族获胜，开始了都铎王朝的统治。都铎王朝从第一位君主亨利七世统治时期开始实行专制制度。亨利七世继位时内战刚刚结束，英国国内仍处于动荡之中，时有叛乱发生。亨利七世采取了强硬的手段将反叛镇压，并颁布了新的法令禁止贵族招募私兵，加强了王权，都铎王朝的统治逐渐稳定下来。

从 16 世纪开始，英国工场手工业有了迅速发展。作为传统工业的毛织业在工业中占有很大的比重，这引起了羊毛需求量的增加。养羊有利可图，许多贵族地主就用篱笆把土地圈起来变成养羊的牧场。这便是英国的圈地运动。15 世纪末 ~ 16 世纪初圈地运动形成高潮，致使大量的农民被迫失去了土地，这严重影响了国王的税源和兵源。亨利七世在 1489 年下令禁止将那些至少有 20 英亩土地的农庄圈为牧场。但是，法令从没有被认真执行过，政府对违背法令的资产阶级和新贵族也从没有追究。因为那些执行这些法律的法官，本身就是圈地运动的获利者。

大量的农民失去土地，流离失所。但亨利七世之子亨利八世又在其后不久颁布了禁止流浪的法令。到爱德华六世统治时期，这一法令被再次重申，破产农民受到了严重的迫害。他们被迫进入了工场进行劳动，成为了廉价的劳动力。

辉格党与托利党：

英国政党，产生于17世纪末。"辉格"一词起源于苏格兰的盖尔语，意为马贼，英国资产阶级革命时，有人用它来讥讽苏格兰长老派。辉格党于1839年改称自由党。"托利"一词起源于爱尔兰语，意为不法之徒。在1679年议会讨论詹姆斯公爵是否有权继承王位时，赞成的人则被政敌称为"托利"。托利党于1833年改称保守党。

克伦威尔：

克伦威尔是英国政治家和军事家。17世纪英国资产阶级革命中独立派的首领。在1642年和1648年两次内战中，他多次战胜了王党的军队，奠定了统治地位。1649年他处死国王查理一世，宣布成立共和国。1653年，他建立军事独裁统治，自任护国公。他死后不久斯特亚特王朝复辟。

圈地运动和迫害流浪者的血腥立法，激起广大人民群众的坚决抵抗。整个16世纪，农民起义风起云涌。1549年，诺福克郡爆发了声势浩大的农民起义，沉重打击了封建统治，一定程度上遏制了圈地的狂潮。一些自耕农的土地被保留下来，他们也成为了17世纪资产阶级革命中的主力军。

1558年，伊丽莎白一世继位。都铎王朝也在这一时期开始了对海上霸权的争夺。当时的海上强国西班牙独占了美洲地区，掌握了欧美地区的制海权。英国人为了在海上贸易中获得一席之地，展开了和西班牙的争霸战。从16世纪60年代起，英国海盗时常劫掠西班牙的商船，以此作为打击西班牙的重要手段。此外，英国还暗中支持尼德兰革命。西班牙也实行报复，企图暗杀伊丽莎白。两国的斗争日益激烈，终于在1588年爆发了大规模的海战。战争中西班牙的"无敌舰队"被击败，英国初步建立了海上贸易的航线，为后来向美洲扩张打下了基础。而西班牙却自此走向衰落，一蹶不振。

伊丽莎白一世统治英国45年，她在位时期英国的资产阶级逐渐成长起来，国家的经济有了较大发展。她于1566年成立了皇家交易所，这就是东印度公司的前身。1568年她又特许成立皇家采矿公司和冶炼公司，使英国的军需品制造得以自给。都铎王朝也在这一时期达到了鼎盛。但伊丽莎白一世终身未嫁，她死于1603年。因为她无嗣，都铎王朝也就此结束，斯图亚特家族的詹姆斯继承了英国王位，他就是詹姆斯一世。英国进入了斯图亚特王朝的统治时期。

詹姆斯一世统治初期，财政遇到了很大困难，他为了解决这一问题，企图增加税收。但这触犯了资产阶级和贵族的利益，使得矛盾被加深了，造成了王权统治的危机。到他的儿子查理一世统治时期，苏格兰爆发了人民起义，为筹措军费，查理一世召开了停开 11 年的议会。但议会拒绝了国王的要求，反而提出了议会应该享有何种权利的问题。查理一世愤怒地将议会解散。但经费问题得不到解决，他只得在当年 11 月再次召开议会。这届议会成为了反对查理一世的中心，最终引发了资产阶级革命。

1641 年，英国议会通过了《大抗议书》，列举了查理一世滥用职权的行为，要求政府保证工商业自由，实行政府对议会负责的制度。之后议会不断提出限制王权的要求，查理一世逮捕了数位议员。不久后伦敦发生了暴动，查理一世无计可施，于 1642 年逃离了伦敦。当年秋天，他到达了北方，积极准备发起内战。

查理一世集结了一批王党分子，1642 年 8 月，他宣布开始讨伐叛乱议会，内战爆发。战争伊始，议会军遭到了一连串的失败，到 1642 年 10 月，王党占领了牛津，开始威胁伦敦。此时议会内部统一了意见，主战派掌握了领导权。1643 年，议会与苏格兰人签署了协约。苏格兰人于次年进入英国，帮助议会作战。1644 年 7 月，马斯顿荒原之战中，王党被击败，战斗中克伦威尔领导的议会军作战英勇，获得了"铁军"的称号。但王党的势力并没有被彻底消灭，只是退回了西北部。

1645 年，议会在克伦威尔的要求下改组了军队，克伦威尔掌握了军队的实际统治权。此后议会军开始了大规模的进攻，当年 6 月在纳斯比战役中彻底击败王党军队，1646 年攻占牛津，第一次内战以议会军的胜利而结束。

此后议会成为了英国的统治机构，但是，议会内部的平等派（代表下层人民利益）和独立派（代表资产阶级利益）的矛盾随即便爆发出来。1647 年，克伦威尔率军镇压了平等派。此后王党势力再次抬头，于 1648 年挑起了第二次内战。

第二次内战爆发后，苏格兰人成为了王党的盟友，开始进攻议会军。此时

平等派和独立派再次联合，克伦威尔果断出击，于当年 7 月击败了南威尔士地区的反叛军，之后不久又消灭了汉米尔顿公爵的部队，切断了王党与苏格兰人的联系。到 8 月底，王党的最后一个根据地科尔切斯特投降，克伦威尔仅用了短短的几个月便将王党彻底击败。

内战结束后，国王被送上了审判席。1689 年，查理一世以国家公敌罪被斩首，英吉利共和国正式建立，以克伦威尔为首的独立派获得了统治权。此后的几年中，克伦威尔为巩固自己的统治，再次镇压了平等派和掘地派。并征服了爱尔兰和苏格兰，将苏格兰合并于英国。此时的克伦威尔，已经建立起了稳固的独裁专制制度。1653 年，克伦威尔解散议会，成立护国公制，由他自己担任终身护国公。这一职位和君主并无实质区别。他一直施行专制统治，直到1658 年去世。

克伦威尔死后，他的儿子理查德继任护国公。这引起了包括军队在内的广大人民的强烈不满，觉得这已经背离了民主共和原则，于是各阶级都起来反对护国公。1660 年，军官蒙克率领部队进驻伦敦，他在当年 4 月召开了一次保守议会。议会决定政权应该属于国王，于是派人到荷兰去和查理一世的儿子查理谈判复辟事宜。查理发表了《布列达宣言》，宣称自己不会没收内战中被议会没收的土地，停止宗教迫害，除直接杀死查理一世的人以外，其他反对国王的人一律不予追究责任。这个宣言使他得到了英国人民的支持，他于 1660 年5 月返回英国，继位为查理二世，斯图亚特王朝复辟。

王朝复辟后，封建王党极力想恢复革命前的状态，但是在英吉利共和国统治的近二十年中，资本主义已经有了很大发展，王党也无可奈何。王权衰落已经不可避免。议会成为了事实上的统治机构。

1685 年，查理二世去世，他的弟弟詹姆斯继位，称詹姆斯二世。他是一个天主教徒，在他继位前，议会曾就他是否有继承权的问题展开激烈辩论。并因此而形成了辉格党和托利党。他最终继位后，不顾英国已有的宗教习惯，企图恢复天主教在英国的权威，这引起了各界人民的不满。但詹姆斯二世固执己见，对此不以为意。于是，以英国主教为首的新教教徒向詹姆斯二世在荷兰的女儿玛丽（她信奉新教）写了一封密信，请她和丈夫威廉一起回国来保护新教。威廉接受了邀请，率军进攻伦敦。

威廉三世

1688年，詹姆斯二世战败，于当年12月逃亡至法国。议会决议由玛丽和威廉共同统治英国，统治向威廉提出了一个"权利宣言"，要求国王不经议会同意不可更改法律，不得增税，且今后任何天主教徒不能担任英国国王。威廉逐一应允。他成为了新的英国国王，称为威廉三世。1689年，议会通过了"权利宣言"并制定为不可更改的法律，这就是"权利法案"。

1688年的政变被称为"光荣革命"。这场不流血的斗争后，英国资产阶级革命胜利完成，英国建立起了君主立宪制的原则。资产阶级正式走上了政治舞台，引领着英国走上了资本主义发展道路。

17世纪英国革命进程表			
时间	主要内容	过程	备注
1640年	短期议会	查理一世召开议会解决军费问题	三周后解散
1640年	长期议会	查理一世再次召开议会	英国革命开始
1642年	第一次内战	王党发起内战，进攻议会政权	王党战败
1645年	纳比斯战役	克伦威尔统领军队击败王党	第一次内战结束
1648年	第二次内战	王党势力卷土重来	很快被镇压
1653年	护国公制度建立	克伦威尔解散议会，自任终身护国公	军事独裁统治时期
1660年	斯图亚特王朝复辟	查理二世回到英国继位	发表《布列达宣言》
1688年	光荣革命	玛丽和威廉成为英国国王	资产阶级革命结束

表六十二　17世纪英国革命进程表

公元 16 世纪 ～ 17 世纪末
西欧殖民扩张，英法海上争霸

　　16 世纪初，西班牙和葡萄牙是世界上最强大的两个殖民帝国。前者独占美洲，后者则占有非洲和东南亚地区。后来两雄争霸，西班牙取得了胜利。1588 年，西班牙又被英国击败，失去了霸主地位。随后西欧各国相继建立海军，展开了海上争霸的时期。

　　荷兰在 17 世纪初成为了新兴的头号殖民帝国，拥有强大的海上力量。荷兰商人几乎垄断了全世界的海上贸易。大量的殖民掠夺使荷兰很快完成了资本原始积累，到 17 世纪中叶，荷兰商业极度繁荣，国力强盛，被称为"海上马车夫"。1602 年，荷兰成立了荷兰东印度公司，它把荷兰在亚洲的殖民地连成一片，建立起完善的贸易网络，垄断了东方的香料贸易，除此之外荷兰还从事奴隶贸易，使亚、非、拉三大洲的人民遭受了沉重的苦难。

　　英国在 17 世纪完成了资产阶级革命，成为了一个标准的资本主义国家。它为了建立海上霸权，开始与荷兰争霸。1650 年 ～ 1663 年间，英国连续颁布了三个《航海条例》，规定任何商品都不得输往和输出英国殖民地，除非由英国船运送。这严重限制了荷兰人的利益，荷兰拒不接受。英国在 1652 年 ～ 1674 年间发动了数次对荷战争，荷兰在战争中受到严重损失，一蹶不振，自此失去海上霸主的地位。

法国的波旁王朝被推翻后，也在这一时期开始着力于进行海外殖民。它在美洲建立了加拿大和路易斯安那两个殖民地，并且开始征服印度。为了夺取海上霸权，法国很快和英国展开了战争。英国人采取了精明的战略，支持欧洲大陆上反对法国的国家建立同盟，让他们跟法国作战，而英国自己却集中海上力量在海外打击法国。

英法争霸经历了四次重要战争，分别是圣·奥格斯堡同盟战争、西班牙王位继承战争、奥地利王位继承战争和七年战争。战争在英国的殖民地和欧洲各地展开，英国取得了最终的胜利。法国在印度的势力被英国全部消灭，北美地区也仅剩下几个岛屿。七年战争结束后，英国成为了最大的殖民帝国，殖民地遍布全球，被称为"日不落帝国"。

殖民行为加速了西欧的经济发展，并直接影响了随后到来的工业革命。而世界其他地区受到了西欧列强的入侵，遭受了严重的损失，自此，东方世界开始明显落后于西方。但是，殖民行为客观上给被征服地区带来了先进的文化和生产方式，使得这些地区有了新的发展方向，在其后的几个世纪中，西方文明开始引领世界的发展。世界各国之间的联系也进一步加强，逐渐形成了世界性的资本主义市场。到1760年为止，世界各国已经逐渐连接成一个有机的整体，任何一个国家都不再单一独立的发展了。

英荷战争：

英荷战争是17世纪英国为争夺海上霸权而挑起的战争，前后共有三次。第一次战争爆发于1652年，双方在北海进行主力舰队决战。次年8月，荷兰战败，英国控制了制海权。第二次战争爆发于1664年，英荷争夺海外殖民地，初期英国获胜，荷兰失败后和丹麦、法国组成了反英联盟进攻伦敦，英国被迫签定《布雷达和约》，在贸易权上做出了让步，并重新划定了海外殖民地。最后一次战争爆发于1672年，英国联合法国一起进攻荷兰，1673年3月荷兰海军击退英国舰队。6月英法联合舰队与荷兰进行了两次斯库内维尔海战，8月法国退出战争，英、荷都无力继续战争，于1674年2月签定《威斯敏斯特和约》，战争结束。荷兰自此彻底衰落，但英国不久后恢复了实力，成为新的海上霸主。

七年战争：

　　1756 年～1763 年间，由欧洲主要国家组成的两大交战集团在欧洲、北美洲、印度等广大地域和海域进行的争夺殖民地和领土的战争。七年战争包括三十余次会战，英国是战争最大的获利者，而法国受到了严重损失，失去了大量殖民地。这次战争对于 18 世纪后半期国际战略格局的形成和军事学术的发展均产生了深远影响。由于参战国家众多，温斯顿·丘吉尔认为这才是真正的第一次世界大战。

欧洲列强殖民范围一览		
国家	**殖民范围**	**殖民特点**
英国	世界各地	私人殖民公司，既有暴力掠夺又有经济掠夺
法国	美洲，印度	起步较晚的经济掠夺
西班牙	美洲地区	奴隶贸易等血腥掠夺
葡萄牙	非洲地区和东南亚	奴隶贸易，垄断东方航线
荷兰	世界各地	私人殖民公司，垄断香料贸易

表六十三　欧洲列强殖民范围一览

公元 1776 年 ~ 1781 年

北美独立战争，来克星顿枪声，萨拉托加大捷，约克郡战役

随着西班牙海上霸权的衰落，英国开始在北美建立殖民体系。到 18 世纪前期，英国已经在北美建立了 13 个殖民地，统称为 "英属北美殖民地"。由于地理环境和历史条件的差异，这 13 个殖民地形成了三种不同的经济类型：第一种是以工业为主的新英格兰殖民地，进行传统的 "三角贸易"；第二种是中部的农业殖民地，主产农作物；第三种是南部的种植园殖民地，盛行奴隶贸易和奴隶制种植园。

英属殖民地上的居民大多是来自英国的移民，大部分是普通劳动者。由于殖民地受到了英国政府的严格控制和严重剥削，致使当地的居民生活非常贫困。随着民主思想的传播和生产技术的进步，到 18 世纪中叶，北美殖民地在政治经济上已经日趋成熟。

1763 年，七年战争结束后，英国加大了对北

本杰明·富兰克林：

北美独立战争时期著名资产阶级代表人物。他深受启蒙思想的影响，坚持殖民地利益，始终反对英国的殖民统治。独立战争中他积极参与殖民地事务，拥护美国独立，主张普选制和一院制议会。同时，他还是一名实业家和科学家，创建了北美第一座公共图书馆、医院和大学，在科学方面他以发明避雷针而闻名。他的头像也被印在面值一百的美元上。

《独立宣言》：

北美独立战争时期，第二届大陆会议于 7 月 4 日通过的一份重要文件。作者是托马斯·杰斐逊。内容宣称：人人生而平等，有追求幸福的权利，人民有权推翻任何一个损害了人民利益的政府。同时这份文件还宣布解除北美殖民地对英国的隶属关系，废止与英国的所有政治联系。它的发表标志着美利坚合众国的诞生，7 月 4 日也成为美国国庆日。

美殖民地的压迫。这引起了当地人民的反抗。到 1770 年，殖民地已经形成了具有反抗性质的秘密组织"通讯委员会"，以加强各地的联系，来反抗英国的统治。

由于英国东印度公司濒临破产，英国政府允许公司向北美殖民地销售茶叶，且不收取入口税，这使得这些茶叶的价格比走私的茶叶还要便宜 50%。但是此时北美反英情绪高涨，对殖民地的人民来说，自由更为可贵。各地召开联合会议，禁止东印度公司的茶船进港。1773 年 12 月，波士顿人民在夜间偷偷登上船只，将价值上万英镑的茶叶倒入大海，这便是"波士顿倾茶事件"。

这一事件引起了英国政府的震怒。于是很快颁布了报复性的高压法令，封锁了波士顿港，并取消了马萨诸塞的自治权和司法权，同时开始在波士顿驻军。但是波士顿人民进行了顽强的抵抗，各殖民地也积极支持波士顿人民。

1774 年，各殖民地联合在费城召开了第一届大陆会议，会议通过了一项决议：向英国政府请求，撤销对殖民地的高压政策，并且表示在这一条件被接受前，将停止一切对英贸易。但是英国政府依然表示了拒绝，并派遣了大量军队，准备用武力解决问题。

各殖民地人民此时也开始积极备战。1775 年，北美大陆已经全民皆兵，决心捍卫民主与自由，与英国进行决战。当年 4 月 18 日，英军驻北美总司令盖奇派遣部队去康科德搜查秘密军火库，并企图逮捕通讯委员会的领导成员亚当斯和汉考尔。通讯委员会的情报人员得知这一消息后，马上将英军的行动通知到了各地。北美民兵积极组织对抗，19日，双方冲突开始，响起了"来克星顿枪声"，北美独立战争自此爆发。

来克星顿战争中北美部队获胜，鼓舞了各殖民地人民的士气。不断有人民来加入这支队伍，很快壮大到2万多人，将波士顿围困起来。战争进行的同时，第二届大陆会议召开，杰斐逊和富兰克林参加了会议。会议任命华盛顿为殖民地军总司令，战争规模开始进一步扩大。

1776年7月4日，大陆会议通过了杰斐逊的《独立宣言》，这深刻反映了北美人民渴望独立的愿望。不久后华盛顿击退波士顿的英军，迫使英军退到了哈利法克斯。但英国很快调集了数千英军从英国本土赶来支援。英国舰队也到达了斯塔登岛。8月27日，长岛战役爆发，美军遭到了沉重打击，华盛顿率领残部撤到特拉华河西岸。

华盛顿没有被失败打倒，他积极准备着下一场战斗。1776年12月，他出兵奇袭特伦敦，取得了巨大胜利。之后英军的战略计划出现巨大失误，美军进一步击败了萨拉托加的英国部队，当地英军被迫在1777年投降。

但是战争并没有就此停止。英国政府不甘心失败，继续调遣部队进攻美国。但此时的美国同法国签署了同盟条约，法国正式参加到反英的战争中来，不久后西班牙和荷兰也加入了这个同盟。这样，到1780年，美英战争已经扩大为国际性的战争。

英军在萨拉托加战役中失败后，转变了战略，开始进攻美国南部，战局开始产生变化。华盛顿派遣格林为南方部队的统帅，自己领兵在北方继续战斗。格林是一位优秀的统帅，他使南方的英军疲于奔命，无力驰援北方。

1781年，华盛顿率军南下，在法军的配合下，将英军逼到了约克郡附近并将其包围。走投无路的英军只得向美军投降。至此，北美战场的战争宣告结束。美国人赢得了独立战争的最终胜利。

公元 1589 年 ~ 1815 年

法国波旁王朝的兴衰，法国大革命，法兰西第一帝国的建立，滑铁卢战役

16 世纪的法国，随着百年战争的结束，逐渐的有了新的发展。法王路易十一基本统一了全国。到法兰西斯一世统治时期，王权进一步强化，他实行符合资产阶级利益的政策，使法国经济有了很大的发展。宗教改革时期，法国爆发了胡格诺战争，这是天主教和新教之间爆发的冲突，战争中法王亨利三世被杀，胡格诺派首领波旁·亨利掌握了政权，他于 1589 年继位，称亨利四世，法国开始了波旁王朝的统治。

路易十四

亨利四世加强了国家的统一，巩固了王权，使法国专制制度基本定型。之后波旁王朝通过各种途径增加政府收入，资产阶级有了一定的发展。1610 年，亨利三世被刺，贵族的分裂活动再次兴起，宗教战争重新爆发。此后的 15 年中，法国陷入了内乱之中。1624 年，路易十三继位，很快平息了内乱和宗教冲突。工商业也有所发展，专制王权再次得到

了巩固。1643 年，路易十三去世，他只有 5 岁的儿子继位，称为路易十四。

路易十四继位之初，由其母摄政。贵族们趁机叛乱，史称"投石党运动"。巴黎爆发了大规模的动乱，王室于 1648 年和 1649 年两次逃离巴黎。各省的叛乱也严重威胁了王室的统治。直到 1652 年，动乱才被彻底平息下去。路易十四的童年在动乱中度过，这使得他深知权力的重要性。他亲政之后坚决贯彻君主专制统治，在他执政的 54 年中，把国王的权力发展到了顶峰。他的恐怖手段和专制政策使得法国陷入了恐慌之中，大量的政治犯被关进了巴士底狱，这座监狱也因此成为了专制制度的象征。

路易十四统治后期被权力冲昏了头脑，一改勤政节俭的作风，转而执行侵略政策。从 1688 年到 1715 年，他长期与整个欧洲为敌，致使法国国力很快衰落下来。侵略战争没有给法国带来光荣，反而使法国陷入了穷困潦倒的境地。1715 年，路易十四去世，他的重孙路易十五继位。

路易十五统治时期，法国日益衰落，对外战争的失败加深了专制制度的危机，在 18 世纪的欧洲战场上，法国始终处于劣势。特别是七年战争时期，法国失去了大量的海外殖民地，再也无力与英国争夺海上霸权，它的声望也一落千丈。路易十五贪图享乐，于 1774 年病死。由其孙路易十六继承王位。

路易十六性格优柔寡断，继位后多次更换首相和部长，任由内阁内讧，从激进的改革到保守的节俭措施，政策变化无常。他本人也无心于朝政，只喜欢制作各种锁。18 世纪 80 年代，法国财政极度紧张，路易十六不得不召开中止 175 年之久的三级会议。但是议会并没有通过路易十六的要求，反而和顽固守旧的他产生了严重的对立。路易十六企图无理解散议会，最终激发了巴黎人民的大起义。

1789 年 7 月 14 日，巴黎人民攻陷巴士底狱，法国资产阶级革命正式开始。革命进展迅速，使得路易十六不得不采取妥协态度，推行君主立宪制。但他并不想接受这样的现实，1791 年，路易十六出逃，但不久便被追回。之后他又不得不签署通过了《1791 宪法》，同意了君主立宪制。之后不久，新选出的立法议会开幕，法国资产阶级革命进一步发展。而此时普鲁士、奥地利等欧洲

《马赛曲》：

1792 年 7 月，在法国大革命中各地群众成立结盟军进驻巴黎，其中马赛结盟军将斗争引向高潮。他们高唱《献给吕内克元帅的军歌》，起到了很大的鼓舞士气的作用，并迅速普及开来。由于巴黎人第一次从他们那里听到这首歌，就称之为《马赛曲》，这就是后来的法国国歌。

封建国家开始干涉革命的发展，联合发表宣言，要求法国恢复君主制。法国于 1792 年分别向奥地利和普鲁士宣战。

但是战争开始后，法军节节败退。路易十六对于这样的失败十分期待，他专横地否决了立法议会的各项决议，专制势力重新抬头。被激怒的巴黎人民再一次发动了起义，在雅各宾派的带领下，于 8 月 10 日再次占领了巴黎。起义成功的当天，立法议会废黜了国王，任命临时行政会议行使行政权。9 月 22 日，法兰西第一共和国成立。

共和国成立后，于 1793 年 1 月 16 日审判路易十六，5 天后，路易十六被送上了断头台。5 月 4 日，罗伯斯庇尔提出了《粮食最高限价法案》，奠定了雅各宾派与人民群众联盟的基础。

此时，西欧各封建国组成了第一次反法同盟，对法国发动军事进攻。雅各宾派政府的限价政策也逐渐引起了人民的不满，国内暴动四起。罗伯斯庇尔采取了恐怖镇压的方式来维持统治，这种倒行逆施加速了自己的灭亡。1794 年 9 月，热月政变爆发，罗伯斯庇尔被逮捕，次日便被送上了断头台。

恐怖统治结束后，热月党开始执政，但当时法国经济严重衰退，人心惶惶，热月党无力解决日益严重的经济问题，令人民十分不满，此时的热月党公然采用雅各宾派的恐怖手段实行镇压，最终激起了人民起义，王党也趁机反扑，但最终都被热月党所镇压。

1795 年，共和三年宪法正式生效（1795 宪法）。仍规定法国为共和国，行政机构定为由五名督政官组成的督政府。督政府成立初期，法国面临严重的经济困难，督政府不得不进行一系列的改革。使得财政情况略有好转，但是督政府在政治方面摇摆不定，很快便使人民对它失去了信任。

1799 年 11 月，法国军官波拿巴·拿破仑发动了政变，夺取了政权。他解散了督政府，迫使立法团选举包括他在内的三人为执政官，成立了执政府。自此法国开始了拿破仑军事独裁统治时期。

拿破仑上台后，执行了以实现稳定为首要目标的政策，顺应了社会要求，社会混乱有所缓解。他通过镇压和笼络的手段将各种反对势力消灭，之后采取了宽容的宗教态度，缓和了国内的矛盾。拿破仑清醒地认识到，改革财政和重振经济是执政府的当务之急，他废除了督政府的一切恐怖年代颁布的经济立法，稳定了国内民众的情绪，紧接着便进行了大刀阔斧的经济改革。到 1803 年，执政府已经实现了收支平衡，并略有结余。这是之前的数届政府都没有做到的。

拿破仑一世

在军事上，拿破仑首先举起了和平的旗帜，向各国君主建议停战。他的战略思想是：避免与普鲁士开战，争取让俄国退出反法同盟，全力击败奥地利，之后再集中力量打败英国。这一战略思想后来被证明是极其正确的。

1800 年，拿破仑包抄到奥地利军队后方发起进攻，奥地利战败求和。这场胜利使得第二次反法同盟彻底瓦解，英国也陷入了孤立。之后拿破仑集中力量打击英国，英国无力再战，于 1803 年同法国签订了《亚眠和约》，法国取回了在印度地区的殖民地。

短短的几年中，拿破仑以出色的才干为法国赢回了稳定、发展和荣誉。他在法国的声望日高，这也助长了他的政治野心。1802 年，他就任终身执政官，并在不久后确定了世袭制度，这实际上已经宣布了他的君主地位，仅仅差一个名号了。

1804 年，拿破仑颁布了《民法典》（又称《拿破仑法典》），这部法典反映了资产阶级的要求，但也在一定程度上具有封建家长制的色彩。法典颁布后不久，拿破仑加速了称帝的步伐。当年 5 月，议院在拿破仑的授意下，宣布法国法制为帝国，拿破仑任皇帝，即拿破仑一世。法兰西第一帝国正式建立。12 月，拿破仑在巴黎圣母院加冕为法国皇帝。

帝国建立后，拿破仑采取了贸易保护政策，并继续与英国作战，他发布了《大陆封锁令》，禁止任何船只驶入不列颠，所有法国控制的殖民

拿破仑遗嘱：

1821 年 5 月 5 日，拿破仑在圣赫勒拿岛上去世。他临终前留下遗言中，有留给他的儿子的一段话，内容如下："我的儿子，永远不要忘记你是一位法兰西的王子，你绝不能成为压迫欧洲人民的执政者手中的工具，也永远不要以任何方式对抗和损害法兰西。你应当牢记我的座右铭：一切为了法兰西人民。"

地港口也不对英国开放。英国出口额锐减，蒙受了很大损失，但法国却因此受到了更严重的打击，大大削弱了帝国的统治基础。

拿破仑的征服战争仍在继续。从 1807 年到 1810 年间，他先后占领了西班牙、葡萄牙、意大利、德意志大部。华沙大公国、比利时和荷兰地区。帝国强盛一时，成为西欧首屈一指的强国，但这些征服战争也引起了当地人民的强烈反抗。英国和奥地利又组成了新的反法同盟。虽然拿破仑再次将它们击败，但帝国内部此时已经矛盾重重，走向末路了。

1812 年，拿破仑进攻俄国，遭到了失败。1813 年，英国、俄国、普鲁士、奥地利和西班牙组成了第六次反法同盟，开始共同对法作战。双方与 8 月在莱比锡展开了大规模的会战。长期的战争致使法军军需匮乏，但仍拼死抵抗。战斗异常激烈，但是一直协同法军作战的萨克森军队突然倒戈，致使拿破仑遭到了失败，他突围返回巴黎。

此时，帝国已经陷入崩溃状态。外部的领土全部丧失，法国回到了 1793 年的情况，面临着各国的入侵。1813 年 12 月 4 日，同盟国发表宣言，声称应由拿破仑个人承担全部战争责任，法国人民与此无关。拿破仑于 1814 年 1 月 25 日离开巴黎再次迎战联军。2 月 1 日，他被三倍于己的兵力击败，被迫接受谈判。4 月 4 日，拿破仑退位，20 日被押送到地中海的厄尔巴岛。5 月 3 日，路易十八回到巴黎，斯图亚特王朝复辟。

拿破仑在厄尔巴岛上被囚禁了 10 个月，1815 年，他感到时机来临，率领900 名卫士离岛，偷渡返回法国。3 月 1 日，他在法国登陆，赶往格罗诺布尔，一路上受到了农民的欢迎，里昂的工人和市民也热烈拥戴他。复辟王朝派已归顺的内伊元帅去逮捕拿破仑，但内伊见到故主后又归于拿破仑的麾下。3 月 20日，拿破仑在"皇帝万岁"的欢呼声中重返巴黎。路易十八再次出逃。

拿破仑重登帝位，制定了帝国宪法补充条款，提高立法机构的权力，承认新闻自由。正在维也纳举行国际会议的各国元首对拿破仑重登帝位这一奇迹无不表示震惊，他们匆忙组成了第七次反法同盟，集结了七十多万军队，再度进攻法国。

拿破仑也集结了近 70 万的军队，但是军需奇缺，真正进入战场的仅有 12 万人。他击败了普鲁士的军队，随后与英军激烈交战。6 月 18 日，双方在滑铁卢展开了决战，战争伊始，法军稍占优势，但不久后普鲁士军队赶到，加入了战局，于是形势突变，拿破仑战败。

6 月 22 日，拿破仑再次退位，7 月 3 日，法军向联军签署了投降书，8 日，路易十八重新复位。拿破仑被送往大西洋的圣赫勒拿岛，于 1821 年在那里去世。法兰西第一帝国也在他退位后彻底消亡。

历次反法同盟一览		
次数	参与国家	备注
1	德、普、英、荷、西	1797 年在意大利败于拿破仑
2	德、英、土、俄	1800 年在意大利败于拿破仑
3	奥、英、俄	1805 年奥斯特里茨战役后瓦解
4	英、俄、普	1807 年败于拿破仑
5	普、奥	1809 年败于拿破仑
6	匈、普、俄、瑞、英、德	1813 年击败拿破仑并将其流放
7	英、俄、普、奥	1815 年再次击败拿破仑将其流放

表六十四　历次反法同盟一览

公元 18 世纪中叶
工业革命的兴起

18 世纪后半期，随着经济的发展，英国发生了工业革命。所谓的工业革命，主要是指从资本主义手工工场向资本主义大机器生产过渡的全面社会改造过程。

在英国，最早采用机器生产的行业是棉纺织业。1733 年，英国工人发明了飞梭，将织布效率提高了一倍，到 1760 年，飞梭已经被广泛应用到纺织工业的各个部门。随后不久，"奖励工艺协会"发出文告，鼓励人们创造能加快纺织速度的机器。1765 年，珍妮纺纱机被制造出来，它可以由一个人操作，同时纺织出 8 根纱线。之后这种机器不断被改进，很快就可以同时纺织 80 根纱线。到 18 世纪 80 年代末，珍妮纺纱机也被普及，代替了旧式的纺纱机。

纺纱机改进之后，由于大量制造机器，金属的需求也日益增加。当时英国的铁产量有限，不得不从外部进口。改进冶炼技术就成了英国的一个重要问题。1784 年，亨利·科特发明了搅炼法，生铁可以炼成熟铁。从 18 世纪 80 年代起，冶金业和采煤业的技术不断改进，英国的钢铁产量很快翻了几倍。

大量的工厂由此兴起，但是，这时的主要动力是水力，很大程度上限制了生产。人们迫切需要一种新的动力来进行生产。1706 年，纽科门发明了最早的蒸汽机，但并不能来带动机器。直到 1765 年，苏格兰人瓦特对蒸汽机进行

火车的发明：

1804 年，英国矿山技师德里维斯克利用瓦特的蒸汽机，造出了世界上第一台蒸汽机车，时速为 5 公里至 6 公里。因为当时使用煤炭或木柴做燃料，所以人们都叫它"火车"，于是一直沿用至今。火车经过数十年的改进，在 19 世纪后期成为了及其重要的交通运输工具，交通运输的快捷也是工业革命的一个重要标志。

了改进，这种机器才开始在全国广泛应用。

蒸汽机使用简便，仅需要煤作燃料来开动，不受其他条件的限制。而英国的煤矿十分丰富，这为蒸汽机的普及提供了便利。英国的工厂急剧增加，经济也开始高速发展。

到 19 世纪，工业革命逐渐从英国扩散到整个欧洲大陆，进而扩散到全世界。法国和美国紧跟英国的步伐，开始了工业革命，国力也很快强盛起来。德国工业革命开始的时间略晚，这主要是由于德国的分裂局面所造成的，但德国的工业革命进行得十分迅速，到 19 世纪 70 年代，已经基本完成。

之后工业革命的浪潮扩散到了东欧，俄国也开始了工业革命。当时的俄国仍处于沙皇专制统治下，是农奴制的国家，但在西欧各国的影响下，沙皇也逐渐意识到科技的重要性，工业革命于是展开。到 19 世纪 80 年代末，俄国的工业革命也宣告完成，但是俄国的工业革命无论是在程度上还是在普及面上来看，都远远不如法国和美国，它的支柱产业依然是农业。

工业革命引起了社会生产力的巨大增长。其意义对于人类社会，实际上超过了一般的政治革命。同时，随着生产力的增长，社会阶级关系日益分化，受到资产阶级剥削的工人阶级，也开始正式登上历史舞台。

工业革命主要成就		
名称	时间	特点
纽科门蒸汽机	1706 年	蒸汽机最早的雏形
飞梭	1733 年	极大提高了织布效率
珍妮纺纱机	1765 年	提高纺纱速度数十倍
水力纺纱机	1768 年	提高纺纱效率
瓦特蒸汽机	1769 年	以蒸汽为动力的机械
骡机	1779 年	综合了珍妮纺纱机和水力纺纱机的优点
水力织布机	1785 年	提高了织布速度数十倍
搅炼法	1784 年	生铁可以炼成熟铁

表六十五　工业革命主要成就

公元 1854 年 ~ 1877 年

美国南北战争，南方重建

约翰·布朗起义：

19 世纪 50 年代末发生的一次以废除奴隶制为目的的人民起义，领导者为约翰·布朗。他出身于一个白人农民家庭，从小受到废奴主义的熏陶。成年后，约翰积极投身于废奴运动。曾参加过堪萨斯内战。1859 年 10 月，约翰·布朗带着他的 3 个儿子、13 个白人和 5 个黑人，在弗吉尼亚州境内的哈波斯渡口发动武装暴动，开始解放奴隶。经过两天激战，被奴隶主武装残酷镇压，约翰·布朗被俘，于 12 月就义，他是废奴主义运动中的一位著名英雄。

19 世纪前期，美国通过购买和武力征服等手段实行大规模的领土扩张。到 19 世纪中叶，美国的领土已经扩展到了美洲大陆西岸，邻接太平洋。

同时，美国开始在东亚地区进行殖民活动。1844 年，美国通过《望厦条约》获得了在中国的"领事裁判权"和"最惠国待遇"。1854 年，它又用武力迫使日本对外开放。之后又在 1866 年入侵朝鲜，但被朝鲜击退。

领土扩张和海外掠夺使得美国的资本原始积累很快便完成了。加上工业革命的影响，美国的工业也有了飞速的发展，资产阶级开始在政治上有更大的要求。但是同一时期，美国南部的奴隶制庄园经济也有了很大发展，凭借新式机器和奴隶的使用，让南方奴隶主大发横财，他们拒绝用资本主义发展方式来代替奴隶制经济。南北两种经济制度的矛盾日益尖锐起来。

从 19 世纪 20 年代起，美国南北之间的斗争日益激烈。双方围绕着新增加的领土，就如何在那些地区建立合适的制度展开了长期的对抗。北方资产阶级一再让步，南方奴隶主则得寸进尺。

1854 年，南方奴隶主操纵国会，通过了《堪萨斯—内布拉斯加法案》。这一法案宣布由堪萨斯和内布拉斯加两个新加入联邦的州自己来选择社会制度。同时，南方奴隶主派出大量部队进入这两个州，企图以武力来威胁当地居民以蓄奴州来加入联邦。这一行径引发了北方群众的愤慨，他们自发武装起来，在堪萨斯和奴隶主武装展开了战斗，这次事件被称为"堪萨斯事件"，它揭开了美国内战的序幕。

此时，废奴运动达到了高潮。1860 年，亚伯拉罕·林肯当选美国总统。他是一位始终拥护资本主义制度的总统，坚持反对奴隶制度。他的就任使南方奴隶主感到了恐慌，这成为了内战的导火索。

为了让南方的奴隶制继续存在，南方奴隶主决定在林肯就任前发动叛乱。先后有 7 个蓄奴州宣布脱离联邦政府，并于 1861 年宣布成立"美利坚诸州同盟"，正式与北方政权对抗。林肯就任后曾试图与南方和解，但是遭到了奴隶主们的拒绝。1861 年 4 月，叛乱武装开始向美国北部进攻，林肯政府正式宣布对南部同盟对战，内战由此爆发。

战争初期，北方政府虽然在人力、物力和政

亚伯拉罕·林肯：

美国第十六任总统。他于 1860 年当选，之后美国南方爆发了奴隶主叛乱，南北战争开始。林肯就职后积极领导北方人民展开了一系列的卫国运动。1862 年，他颁布了《解放宣言》和《宅地法》，引起了美国社会的巨大变更，继而领导北方赢得了南北战争的胜利。1865 年 4 月 14 日，他在华盛顿福特剧院被枪击身亡，时年 56 岁。他是美国历史上最有作为的总统之一，也是首位死于暗杀的总统。

美国南北战争

治方面比南方优越很多，但是在军事上却遭受了一连串的失败，这主要是因为北方政府的准备不足。1862年，叛乱军一路北上，甚至直接威胁到了首都华盛顿。

林肯面临着严酷的战局。他经过深思熟虑，于1862年颁布了《解放宣言》。《宣言》中规定，从1863年1月1日起，南方叛乱州的奴隶全部获得自由。这份文件一发表，马上产生了巨大的效果。南方奴隶开始成批的逃亡，他们纷纷来到北方联邦营地要求参军。到1864年，由黑人奴隶组成的军队约有12万余人，成为了一支重要的军事力量。

1862年5月，林肯又颁布了《宅地法》，规定每个拥护共和国的公民只要缴纳10美元的登记费，就可以领取160英亩土地，耕种五年后变为私有财产，这极大地鼓舞了广大士兵的战斗热情。

这些措施大大提高了北方军队的战斗力。1863年，联邦政府发起了反攻，很快获得了葛迪斯堡大捷。从这时候开始，北方掌握了战争主动权。1864年，联邦军队从东西两面同时向南部同盟发起进攻，东线部队把叛乱军队的主力逼到了里士满附近；西线部队则一路南下，攻占萨凡纳，使南部同盟被截为两段。1865年4月，叛乱军的主力陷入了联邦军的重重包围，只好向联邦政府投降。美国内战至此结束。

内战的结束使得美国恢复了统一，但是内战结束后仅仅5天，联邦总统亚伯拉罕·林肯遇刺，不久后逝世。这位英明睿智的政治家和美国内战一起，被铭刻在美国人民的心中。林肯死后,约翰逊继任为总统,他是一位亲奴隶制总统,不久后就赦免了南方所有的奴隶主。奴隶制势力重新抬头,这引起了国内人民的强烈愤慨。1867 年,国会不顾约翰逊的反对,强行通过了《南方重建方案》,从而开始了民主重建南方的时期。至 1877 年,南方重建基本完成,资产阶级在全国建立了稳定的统治。

美国内战实质上是美国的第二次资产阶级革命。其重要意义在于粉碎了奴隶主的政治势力,工业资产阶级掌握了全部国家政权。继而使美国的资本主义走上了全面发展的道路。

南北战争前南北方力量对比表		
项目	北方	南方
人口	2200 万	900 万
军队服役人数	150 万	100 万
工业产量	91%	9%
海军	700 艘船	少数快船

表六十六 南北战争前南北方力量对比表

公元 1853 年～ 1874 年
俄国农奴制改革，克里米亚战争

　　自 16 世纪伊凡四世加冕为沙皇后，俄国一直处于沙皇专制统治之下。1613 年，新沙皇米哈伊尔·诺曼诺夫继任为新沙皇，开始了罗曼诺夫王朝的统治。沙皇俄国是以农奴制为基础的国家，18 世纪后期，随着工业革命的完成，俄国封建农奴制有了较大的发展，开始跻身于欧洲列强的行列，之后不久，俄国便展开了一系列对外扩张掠夺。

（俄）列宾：《伏尔加河上的纤夫》（油画）

1853年，俄国发起了对土耳其的侵略战争。土耳其地处欧、亚、非三大洲交界处，具有重大的经济和战略意义。俄国发动战争的目的在于将土耳其纳于自己的控制之下，以便于进一步向欧洲扩张势力。

但是，英国和法国也有同样想法，企图控制土耳其。对于俄国的行为它们不可能不管不问。这便导致了俄国和英法之间的军事冲突。战争初期，土耳其在俄国的进攻下遭到严重失利，英法不久后便向俄国宣战。英法联合舰队向俄国沿海城市发动猛烈袭击。但是战争仅局限在克里米亚半岛上，因此这场战争被称作克里米亚战争。

俄国不久后便在两国的打击下战败。究其原因，俄国是封建农奴制国家，而英法已经完成了资产阶级革命，国力和军事实力都远远超过了沙皇俄国。战争的失败使俄国的国际地位一落千丈，同时也加剧了国内人民的不满情绪，激化了内部矛盾。这使得俄国的统治者认识到，只有尽快废除农奴制，实现资本主义工业化，才能使俄国强大起来。

俄国和西欧国家不同，没有爆发资产阶级革命来改变社会性质，而是通过自上而下的改革完成了向资本主义的过渡。1861年，沙皇亚历山大二世颁布了《关于脱离农奴依附关系的农民法令》和《1861年2月19日宣言》（这两个文件合并简称为《二一九宣言》），宣布以赎买的方式开始农奴制改革。虽然改革具有很大的局限性，但是

亚历山大二世：

俄国沙皇，1855年~1881年在位。他继位之前，正值俄国在克里米亚战争中失败，王朝统治力量削弱，岌岌可危。他清醒地认识到农奴制的落后性，决心有所改革，使俄国摆脱落后的现状。他成为沙皇之后不久，便向莫斯科贵族谈及废除农奴制的问题。他认为，与其等待革命，不如由统治者来进行改革。从1857年开始，亚历山大二世便着手进行改革的准备工作，至1861年，农奴制改革正式施行。俄国逐渐强盛。他晚年还和普鲁士、奥地利组成了三皇同盟，发起了俄土战争，扩大了俄国的疆域。

农奴制在实质上被废除，这对俄国的资本主义发展有着重要意义。改革废除了地主对农民的封建统治权力，从而使俄国逐步过渡到资本主义社会，这是俄国的重大转折点。

俄国在改革之后国力逐渐加强，资本主义的发展十分迅速。19世纪70年代开始，欧洲资本主义开始了飞速发展，俄国也在这时跟上了发展的步伐，完成了向资本主义国家的最终转型，在短短的几十年间，俄国成为了欧洲重要的资本主义国家之一。到20世纪初，俄国资本主义已经进入垄断时期，辛迪加成为垄断组织的主要形式。

1874年，俄国进行了军事改革，以义务兵制代替了募兵制。这使得俄国的军事力量得到了很大的加强，国际地位也有了提高。充足的兵源和先进的武器使得俄国统治者的野心再度膨胀，俄国很快便走上了谋求霸权的道路。

克里米亚战争

公元 1867 年 ~ 1871 年

日本明治维新，戊辰战争

德川家康于 1603 年建立了幕府统治，日本进入了德川幕府时期。德川时期的日本，仍处于自然经济占主导地位的情况。除南部一些港口外，日本实行闭关政策，这使得日本很快便落后于世界，面临着被西方列强入侵的威胁。

19 世纪中叶，美国发起了对日本的殖民战争，强迫日本对外开放口岸。在强大的武力威胁下，日本被迫接受了要求，被卷入世界资本主义市场。同时，西方列强获得了在日本的各种特权，使得日本人民处于十分悲惨的生活境地。

日本的一些有识之士开始考虑摆脱现状的办法。这些人通过努力探索后逐渐发现，为了挽救民族危机，必须驱逐外国势力，实行开国进取政策。而为达成这个目的，必须推翻封建幕府的腐朽统治。1858 年，倒幕运动开始兴起。倒幕志士提出了"草莽联合论"，开始建立倒幕武装。至 1867 年，

高杉晋作：

日本幕末时期的著名政治家和军事家，长州尊王倒幕派领袖之一，奇兵队的创建人。他领导奇兵队在京都发起政变，推翻幕府统治，并最终消灭幕府残余势力。当明治维新的胜利曙光依稀在望之时，高杉晋作因肺结核于 1867 年 5 月 17 日逝世于下关新地，遗命葬在奇兵队驻地吉田，时年不足 28 岁。他死后被称为明治维新前三杰之一。

269

自由民权运动：

日本民治维新时期发起的一次民权主义运动。该运动开始于 1874 年，爱国工党和励志社的成立是其标志。到 1881 年自由党成立，这是日本历史上第一个资产阶级政党。该党的纲领要求主权在民，与统治阶级产生分歧，到 1884 年自由党被迫解散，自由民权运动也宣告结束。自由民权运动使自由民主思想得到了进一步的传播，为日本完全过渡到资本主义社会奠定了深刻的基础。

日本出现了萨摩、土佐同盟。后来又出现了萨摩、长州和安艺的同盟。在他们的引导下，日本的人民起义四起。

与此同时，幕府也积极对付倒幕势力。1866 年德川庆喜继任将军，不久后孝明天皇去世，明治天皇继位。德川庆喜面对山雨欲来的国内形势，采取了以退为进的策略，实行"奉还大政"，将"政权奉还朝廷"。

但是，倒幕派的态度非常坚决，他们按照既定计划把大军开到京都。1868 年，倒幕派发动政变，以天皇的名义发布"王政复古"诏书，宣布废除幕府将军制，将政权还给天皇。德川庆喜不久后出逃至大阪，开始和天皇政权对抗。

德川庆喜仍掌握着一万多人的军队，倒幕派要求他"辞官纳地"，他以人心动摇为借口，拒不接受。1868 年 1 月，幕府军队分为两路，向京都进军，企图推翻新政府。政府组织部队抵抗。26 日晚，双方在鸟羽、伏见展开了遭遇战。战争进行了三天，幕府军队大败，德川庆喜逃至江户。4 月，政府军进攻江户城，德川庆喜顽抗了一月之后宣布投降，德川幕府的统治至此结束。

之后政府军继续征讨各地的封建保守势力，至 1869 年，幕府残余势力基本被肃清，历时一年半的战争以政府军的胜利而结束，因为这次战争发生在农历戊辰年，故称为"戊辰战争"。

随着明治天皇亲政，日本政府开始进行一系列资产阶级性质的改革。这就是"明治维新"。

维新内容涉及政治、经济和社会等诸多方面。1869 年，政府首先废除了全国的所有藩地，两年后改为由中央统一管理的 3 府 72 县，所有地方官吏由政府直接任免。废藩置县的措施彻底地消灭了封建割据，并在事实上废除了封建领主土地所有制。1872 年，天皇政府又废除了封建身份制度和武士特权，实现了形式上的人人平等。同年有进行土地改革，废除了土地不得买卖的禁令，并重新丈量土地，发给土地实际所有者以土地执照。这项措施使得封建

日本明治天皇

土地所有制被彻底废除，自耕农和新地主成为了合法的土地所有人。

　　至 20 世纪初，明治维新宣告完成，日本通过积极地改革加强了国力，进入了资本主义时代。然而，日本虽然经历了一次深刻的社会变革，但在政治、经济和意识形态中仍保留了大量的封建残余，如天皇制、半封建的地主所有制等。日本在明治维新后很快走上了军国主义道路，这给被侵略国和日本人民带来了深重的灾难。

明治维新主要内容	
类别	主要成就
政治	废藩置县，加强中央集权，颁布宪法
经济	"殖产兴业"，学习西方先进技术，兴办近代工业
社会	改历，易服，剪发
军事	建立近代化军队，改革军制，实行征兵制
文化	建造近代高等学校，派遣留学生去西方学习
思想	传播西方启蒙思想，革除封建理念

表六十七　明治维新主要内容

公元 1848 年～ 1871 年

德意志的统一，普奥战争，普法战争

德国宪法纠纷：

德国在统一过程中出现过两次宪法纠纷，第一次发生于 1860 年，陆军部长洛恩提出了一个军事改革方案，遭到了议会的否决。之后政府强行推行军事改革并解散议会，从而导致了军事改革是否合法的争论，这就是第一次宪法纠纷。第二次宪法纠纷爆发于 1862 年，宰相俾斯麦就职后关闭了议会，开始了军事独裁。他下令增加军费，封闭反对派刊物，禁止自由派运动，这些行为被指责为违宪，这就是第二次宪法纠纷。1864 年俾斯麦对丹麦的战争获得很大胜利，征服了朝野上下，议会以事后追认的方式通过了俾斯麦之前的所有行为，第二次宪法纠纷以此告终。

19 世纪初，神圣罗马帝国在拿破仑领导的法兰西第一帝国的进攻下解体，皇帝弗兰西斯二世放弃帝号，改称奥地利皇帝弗兰西斯一世。拿破仑在德意志的扩张，使普鲁士感到了极大的威胁，普鲁士联合欧洲列强不断与拿破仑作战，最终在 1814 年灭亡了法兰西第一帝国，但是德国的分裂依旧存在。

1848 年欧洲发生了规模浩大的资产阶级革命，革命失败后德国内部的分裂局面日益加剧，这使得由农业社会向工业社会过渡的普鲁士感到难以忍受。到十九世纪五六十年代，德国的统一问题被提上了日程，资产阶级开始登上政治舞台，他们时刻期望着德国的统一。

统一逐渐成为了人心所向、大势所趋，但是，由于德意志资本主义发展较为落后，在组织上还很脆弱，不可能完成统一大业，于是统一的重任就落在了普鲁士王朝的肩上。普鲁士王朝是一个由力量雄厚的容克地主阶级所支持的王朝，自 17 世纪以来，他们就拥有强大的政治、军事和经济力量。1862 年俾斯麦就任普鲁士宰相，他是一个典型的资产阶级容克地主代表，他上台后倡言以"铁和血"来解决重大问题，因此他被称作铁血宰相。

在俾斯麦的领导下，普鲁士不久便发起了统一战争。1864 年普鲁士对丹麦宣战，通过战争夺取了两个丹麦国王所控制的邦国；其后他又发动了对奥地利的战争，战争进行了不到一个月，奥地利战败，被迫向普鲁士求和。这为后来德意志的统一打下了坚实的外交基础，同时也统一了北部德意志。1870 年德国发起了对法国的战争，在战争中德国诸邦并肩作战，法国最终战败。在这次战争结束后，俾斯麦与德国南部四个邦国之间缔结了联合条约，宣布与普鲁士合并成立德意志帝国。1871 年，普鲁士国王威廉一世在凡尔赛宫正式继位为德意志帝国皇帝，德国终于完成了统一。

德意志的统一结束了国家长期的分裂状态，形成了统一的国内市场。此后德国资本主义迅速发展，很快就变成了欧洲头号工业强国，国际地位也有了很大的提升。俾斯麦在统一过程中扮演了主角，在他的杰出领导下，德国有了很大发展。此后为遏制法国实力的增长，俾斯麦凭借高超的政治手段，先后与英国、俄国和奥地利等国结成了一系列的同盟关系，其中俄国和奥地利两国与德国签订的战略协议标志着三皇同盟的建立，这在欧洲重新建立起了均势格局。

到 1890 年俾斯麦辞职后，德国开始逐步背离俾斯麦的战略构想，推行扩军备战的世界政策，欧洲也分裂为相互对抗的两大阵营，为第一次世界大战的爆发埋下了隐患。

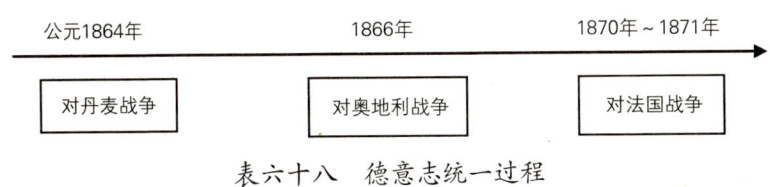

表六十八　德意志统一过程

现代世界

公元 1882 年 ~ 1917 年

维也纳会议与欧洲均势的形成，两次巴尔干战争，萨拉热窝事件，第一次世界大战

19 世纪初期，欧洲各国在巴黎签署了《巴黎和约》，规定法国只能保留 1790 年的边界并赔偿大量的赔款。之后，列强在维也纳召开了重新瓜分欧洲领土的国际会议，这次会议被英国、普鲁士、俄国和奥地利所操控，恢复了欧洲各国被推翻的封建王朝统治，对欧洲领土重新进行了划分。

为防止欧洲各国民族革命运动的爆发，维也纳会议之后建立了"神圣同盟"和"四国同盟"。神圣同盟是由俄国、奥地利和普鲁士三国成立的，同盟确立了三国之间的军事合作关系，但不久后在 1848 年欧洲资产阶级民主革命的冲击下瓦解。四国同盟是由英国、俄国、奥地利和普鲁士所缔结的同盟关系，旨在维护欧洲和平以及大国利益。

维也纳会议所确立的新的欧洲军事被称作维也纳体系，该体系维系着欧洲列强之间脆弱的关系长达数十年。德意志统一后，俾斯麦领导德国与奥匈帝国和俄国皇帝缔结了三皇同盟。1879 年，德国和奥匈帝国建立了军事同盟，之后，俾斯麦为进一步孤立法国，拉拢意大利加盟。

1882 年，德国、奥匈帝国和意大利正式缔约，三国同盟正式成立。这个同盟与三皇同盟同时存在，但矛头却指向俄国和法国，随着德国的不断扩展，意大利感到担心，开始改善与法国的关系。与此同时，英国和德国在欧洲的矛盾日益尖锐，英国为限制德国的扩张，与俄国和法国组成了军事同盟，三国协约建立，至此，欧洲两大军事集团形成。

两大军事集团之间为争夺世界霸权和殖民地，不断爆发各种冲突，矛盾日益激化，最终导致了第一次世界大战的爆发。1908年，奥匈帝国吞并了波黑，塞尔维亚政府认为战争不可避免，便进行战争动员开始积极备战。同时，塞尔维亚向俄国求援，以期获得军事援助。此时，德国对俄国进行了有力的干涉。俄国由于财政拮据，再加上英国和法国的态度不甚明了，最终没有出兵援助塞尔维亚，并劝告塞尔维亚政府屈服。奥匈帝国得以在巴尔干半岛地区扩张，这引起了东南欧地区局势的动荡。

1912年，保加利亚、塞尔维亚、希腊以及门的内哥罗四国联合发动了反土耳其战争，土耳其战败并丧失了几乎所有的巴尔干领土。同年12月，伦敦召开国际会议，协约国在会上表示了对巴尔干同盟的支持，但是同盟国却支持土耳其。1913年，土耳其与巴尔干同盟签订合约，同盟四国取得大片领土，土耳其几乎丧失欧洲地区的所有领土。这次战争被称作第一次巴尔干战争。

第一次巴尔干战争结束后不久，巴尔干同盟各国在分配战果时发生了分歧，希腊支持塞尔维亚，共同反对保加利亚，之后罗马尼亚也加入了这个行列。1913年，在奥匈帝国的支持下，保加利亚向希腊和塞尔维亚发起进攻，挑起了第二次巴尔干战争。此时土耳其也趁机加入反对保加利亚的阵营，保加利亚于8月战败，被迫签订和约，同意马其顿由希腊和塞尔维亚两国瓜分，不久后又将亚得里亚堡割让给土耳其。这次战争导致巴尔干同盟消亡，巴尔干诸国分裂为两大集团，各自受到协约国和同盟国的支持，同时也使得同盟国和协约国之间的矛盾日益激化。

两次巴尔干战争使塞尔维亚的实力和威信大增，波黑此时希望摆脱奥匈帝国的统治与塞尔维亚合并，塞尔维亚也希望建立一个统一的南斯拉夫国家。这与奥匈帝国产生了极其严重的冲突和矛盾，使得奥匈帝国决心用武力来吞并塞尔维亚。1914年6月28日，奥匈帝国的皇储斐迪南大公，在波黑首府萨拉热窝检阅并指挥军队进行了以塞尔维亚为假想敌的军事演习，这一行为激怒了塞

斐迪南大公：

20世纪初奥匈帝国皇储。1908年，他极力主张吞并波黑，加深了俄国与奥匈帝国之间的矛盾，导致波斯尼亚危机。他极力反对南斯拉夫独立，主张吞并克罗地亚和塞尔维亚。1914年6月，在塞尔维亚边境参观军事演习后，访问波斯尼亚—黑塞哥维那首府萨拉热窝时，被塞尔维亚爱国青年刺死，此事成为第一次世界大战的导火索。

尔维亚的民族主义者。演习结束后，斐迪南夫妇在返回市政厅的途中被塞尔维亚青年普林西普枪杀，这次事件被称作萨拉热窝事件，它成为了第一次世界大战的导火索。

1914年7月23日，奥匈帝国向塞尔维亚政府发出最后通牒，26日正式宣战。俄国针对这一情况，于30日发布全国动员令。次日，德国向俄国宣战。8月3日，德国向法国宣战。8月4日，德国入侵比利时，英国向德国宣战。第一次世界大战全面爆发。欧洲各国陷入了一场大混战。

战争初期，德国认为自己无法避免两线作战的情况，因此必须集中优势兵力在西线，只留少量兵力在东线和俄国军队周旋。这一构想是用来向法国实施速战计划的，但未能得到实施，因为他低估了法国的战斗力，战争拖入相持阶段。不久后德国修改了作战计划，在一定程度上加强了对付俄国的兵力，这样一来，德国在西线的兵力更加削弱了。

9月5日，德国西部战线出现了50公里的暴露地段，英法联军果断揳入该地区，严重威胁德军。德军被迫撤退至埃纳河一线防守，马恩河战役由此展开。双方参战兵力超过150万，战争持续五天，最终以英法联军的胜利而告终。这次战役成为了第一次世界大战的第一个转折点，打破了德军迅速击败法国的构想，双方进入了僵持阶段。

与此同时，德军的东线战场与俄军展开了坦能堡战役，德军利用俄军部队配合失当的弱点，将俄国第二集团军彻底歼灭，并进一步进攻第一集团军，迫使俄国退出了东普鲁士。此时意大利抛弃了德国和奥匈帝国，加入了协约国的行列，并于1915年对奥匈帝国宣战，战争形势开始倒向协约国一方。

1916年，协约国和同盟国展开了殊死决战，战争首先爆发于凡尔登，2月11日，德军利用50万军队向凡尔登发起进攻，攻克法军数个阵地。但是法军随后发起了反攻，双方展开了连续的拉锯战。战役历时十个月，双方伤亡共70万人，而凡尔登也被称为"绞肉机"。

同年6月，英法联军为减轻凡尔登方面的压力，向德军发起了索姆河战役，这次战役双方投入超过150个师的兵力，是第一次世界大战中规模最大的一场战役，同时也是最大的一次消耗战。联军并没有达到突破德军防线的目的，仅仅夺回了小部分土地。不过这次战役依然有效地牵制了德军在凡尔登的攻势。

日德兰海战也在1916年爆发，英国出动了151艘军舰，德国出动了99艘军舰，这场海战极具戏剧性，双方的海军统帅分别显示了自己在战略和战术上的不同造诣，英国损失的军舰吨位几乎是德国的两倍，但仍然掌控着北海海面；而德国军队虽然在战术上获得了一定的成功，但始终无法突破英国的海面封锁，被围困在港口之内。

1917年，德国意识到战争很可能走向失败，决心孤注一掷。德皇威廉二世命令自2月1日起

福煦元帅的列车：

福煦元帅是第一次世界大战时期法国陆军统帅。在战争中，他作为法国第九集团军总司令对德作战，为最终战胜德国起了重大作用。1918年，德意志帝国战败，被迫在他的火车车厢中与法国签订了停战协定。第二次世界大战时期，希特勒在击败法国后在同一节车厢中强迫法国与德国签订了停战协议。福煦元帅的列车也由此闻名。

实行无限制潜艇战，即无论协约国还是中立国的船只不加警告一律由潜艇击沉。希望以此切断英国的海上供应，逼迫英国投降，英国随即实行护航制，无限制潜艇战没能达到预想效果。

不久之后，美国宣布参战，加入到协约国方面，这对战局产生了积极影响，中国、巴西、印度纷纷加入协约国一方，在世界范围内形成了对同盟国的绝对优势。同盟国的地位每况愈下，失败已不可避免。

1918年，俄国沙皇政府在十月革命中被推翻。新成立的政府与德国签订了合约，退出了第一次世界大战，德国双线作战的压力已不存在，转而全力进攻英法联军，但没有得到太大的战果。协约国在此时展开了积极反攻。9月，德军被赶出法国和比利时。同月，协约国在巴尔干地区发起进攻，保加利亚旋即投降。10月，土耳其投降。11月，奥匈帝国投降，德国国内发生革命，德皇宣布退位，不久即宣告投降。至此，第一次世界大战画上了句号。

第一次世界大战是人类历史上的一场巨大的灾难。多个国家卷入战争，对世界各国产生了巨大的影响，战后，德意志、沙皇俄国、奥匈帝国皆宣告瓦解，而美国和日本开始崛起，对未来的世界格局产生了重大影响。

			时间：1914 年 6 月 28 日
第一次世界大战	萨拉热窝事件		地点：萨拉热窝
			标志：斐迪南遇刺
	奥匈帝国进攻塞尔维亚		时间：1914 年 7 月 26 日
			影响：俄国参战
	德国向俄、法、比利时宣战		时间：1914 年 8 月 1 日 ~4 日
	英国向奥匈帝国和德国宣战		时间：1914 年 8 月 4 日
	马恩河战役		时间：1914 年 9 月 5 日
			参战双方：德国，英法联军
			结果：德军被迫后撤，速战计划告破
	土耳其加入协约国		时间：1914 年 11 月
	意大利加入协约国		时间：1915 年 5 月
	保加利亚加入同盟国		时间：1915 年 10 月
	葡萄牙加入协约国		时间：1916 年 3 月
	美国参战		时间：1917 年 4 月
			影响：影响世界各国加入协约国
	十月革命爆发		时间：1917 年 11 月 7 日
			内容：布尔什维克党领导武装起义推翻沙皇
			影响：俄国退出第一次世界大战
	美国参战		时间：1917 年 4 月
			影响：影响世界各国加入协约国
	协约国开始最后进攻		时间：1918 年 9 月
			影响：同盟国最终战败

表六十九　第一次世界大战进程表

同盟国和协约国			
类别	参与国	协议签订时间	备注
同盟国	德国、奥匈帝国、意大利	1882 年	德国作为主要发起者
协约国	英国、法国、俄国	1907 年	英国作为主要发起者

表七十　同盟国和协约国对比

公元 1919 年 ~ 1922 年

巴黎和会，华盛顿会议，凡尔赛—华盛顿体系的形成

《国际联盟盟约》：

国际联盟简称国联，最早的构想是由美国总统威尔逊在"十四点原则"中提出的，意图建立一个美国占优势地位的国际组织，在组织中讨论对战败国的处理，继而使美国建立世界霸权。但是，英法在第一次世界大战后世界仍处于支配地位，国际联盟最终按照英法的意图建立，因此美国没有加入国联。1920 年，国际联盟正式成立，颁布《国际联盟盟约》，它规定：组织中各国有促进国际合作，保证国际和平与安全的责任。国际联盟是世界上第一个政治性的国际组织，它的成立显示了世界在逐步发展成为一个整体，但是国联实际上成为英法的工具，没能发挥应有的作用。

第一次世界大战结束以后，原有的国际关系格局发生了翻天覆地的变化。首先，以德国为首的同盟国集团战败，国力急剧衰退，成为了被宰割的对象。其次，以英国和法国为首的协约国集团之间实力对比也发生了巨大变化：老派资本主义强国——英国和法国虽然赢得了最终的胜利，但是它们在战争中损失惨重，国力渐衰；美国和日本借机崛起，成为了欧洲世界的严重威胁。

与此同时，沙皇俄国的统治也被十月革命的浪潮所推翻，共产主义成为了世界政治舞台上的新角色，开始了与资本主义的对抗。这就使得资本主义各国之间必须立即建立一种新的统治秩序，以阻碍共产主义的萌生。

1919 年，第一次世界大战中的战胜国集团在巴黎召开了一次国际会议，这就是"巴黎和会"。英国首相乔治、法国总理克里蒙梭、美国总统威

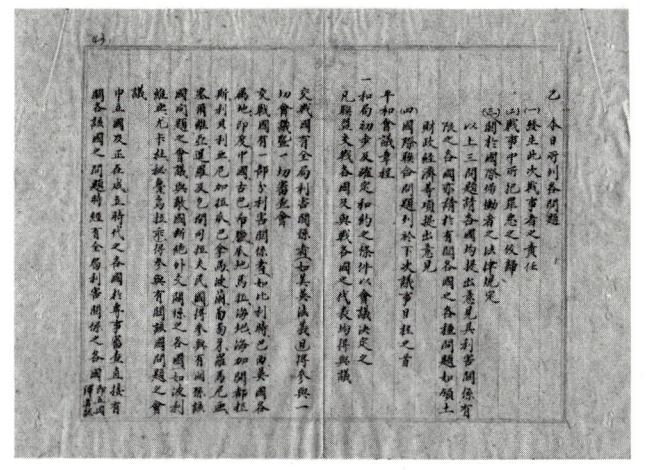

巴黎和会文件

尔逊成为了这次会议的操纵者,在会议中主持了对第一次世界大战战果的分赃。

英国企图保持住自己世界霸主的地位,意图削弱德国并牵制法国的力量;法国希望从德国那里获得大量的赔款以建立自己的统治;美国企图维护欧洲军事以实现自己的霸权;意大利企图坐收渔利建立自己在东地中海地区的霸权;而日本则希望建立在东亚和太平洋地区的霸权,要求将德国在中国的特权移交给日本。各国之间矛盾重重,反复争吵了五个多月,最终达成了暂时的妥协,签订了《凡尔赛和约》。

《凡尔赛和约》共有15部分,包括440个条款和1项议定书。主要内容是:由德国及其同盟国承担战争责任;重划德国疆界;瓜分德国殖民地;限制德国军备;德国偿还大量军事赔款。这些条约的签订使德国受到了严重的削弱,为第二次世界大战的爆发埋下了隐患。

值得一提的是,在巴黎和会中美国所要求的"十四点计划"没有得到承认,这使得它的霸权计划遭到了失败,因此美国拒绝在《凡尔赛和约》上签字,并于1921年单独与德国签订了合约。

1921年,美国在华盛顿召开了一次国际会议,共有9个国家参加。会议中讨论了太平洋及远东问题,并对各国的海军军备做了一定的限制。这次会议

凡尔赛宫

英日同盟：

20世纪初，英国和日本两国为联合对付德国而建立同盟。1902年，第一次同盟条约签订，实质上使英国和日本成为了军事盟国。第二次盟约于1905年签订，英国承认了日本对朝鲜的控制。1911年又签订了第三次盟约，两国成为牢靠的军事盟国。华盛顿会议期间，美国凭借强大的国力向英国和日本施加压力，迫使英日同盟解散，以《四国条约》代替了英日之间原有的同盟关系。

埋葬了英日同盟，同时使英国正式承认了美英海军力量对等原则，并限制了日本的扩军计划。此次会议是美国外交史上的重大胜利。会后，各国签订了《九国公约》使得美国长期追求的"门户开放"政策在中国终于成为现实，打破了日本对中国的独占，中国陷于各帝国主义国家共同支配的局面下。至此，凡尔赛—华盛顿体系正式形成。

凡尔赛体系是欧洲列强在欧洲势力的重新划分，它以牺牲战败国的利益为原则，来确保各战胜国之间的利益，这使得战胜国和战败国之间的矛盾急剧加深。同时战胜国之间分赃不均，也激发了许多新的矛盾。华盛顿体系的形成，使得美国和日本的矛盾也日益加深。但不可否认的是，凡尔赛—华盛顿体系在短时期内维持了世界的和平，暂时避免了新一轮世界大战的爆发，使得世界各国都有了短暂的缓冲与发展，其中德国受到的残酷待遇让人民

华盛顿会议

极度不满，民族主义情绪膨胀，最终走向了法西斯军国主义道路。

"凡尔赛—华盛顿体系"建立	巴黎和会	时间	1919 年 1 月
		地点	巴黎近郊的凡尔赛宫
		内容	对敌后的世界做出安排（又称"分赃会议"）
		操纵者	三巨头：美（威尔逊）、英（劳合·乔治）、法（克里蒙梭）
		《凡尔赛和约》内容	内容： 领土：由法国收回阿尔萨斯和洛林 军事：禁止德国实行义务兵役制；不许拥有空军，陆军人数不得超过 10 万；莱茵河东岸 50 千米内，德国不得设防 政治：德国承认并尊重奥地利的独立 赔款：由协约国设立"赔款委员会"，决定德国战争赔款总额 殖民地：德国的全部海外殖民地由英、法、日等国瓜分
		凡尔赛体系的建立	构成：《凡尔赛和约》连同协约国同奥地利、保加利亚、匈牙利和土耳其签订和约，构成"凡尔赛体系" 影响：凡尔赛体系确立了帝国主义在欧洲、西亚和非洲统治的新秩序
	华盛顿会议	时间	1921 年~1922 年
		与会国	美、英、日、中、法、意等九国
		《九国公约》内容	1. 公约宣称尊重中国的主权、独立与领土的完整
			2. 遵守各国在中国的"门户开放""机会均等"的原则
			3. 其实质"又使中国恢复到几个帝国主义国家共同支配的局面"
		影响	华盛顿会议确立了帝国主义在东亚、太平洋地区的统治秩序

表七十一 "凡尔赛—华盛顿体系"建立

公元 1923 年～1945 年

啤酒馆暴动，德意日法西斯的崛起，第二次世界大战

凡尔赛体系建立后，德国受到了很大的削弱，同时德国承担了巨额赔款。根据《凡尔赛和约》，法国收回了阿尔萨斯—洛林地区，并取得了对萨尔煤矿 15 年的代管权。

1923 年，法国军队以德国不履行赔款义务为借口占领鲁尔地区，德国发生了恶性的通货膨胀，德国纳粹党领袖希特勒认为夺权的时机已经来临，他率领一批冲锋队员冲进了慕尼黑一家啤酒馆，将在此集会的巴伐利亚邦长官数人绑架，企图推翻政府。但是，这次暴动很快即被平定，希特勒也被捕入狱。

德国的经济濒于崩溃，无力支付赔款，美国先后实施了"道威斯计划"和"杨格计划"来帮助德国恢复经济以期德国按约偿付赔款。但是，1932 年，德国宣布无力支付赔偿，以后也不会在任何条件下支付赔款，自此，战败赔款最终没有

奇怪战争：

1939 年，德国向波兰发起闪电式进攻，两日后英法对德宣战，然而，英法并没有配合波军在西线对德发起进攻而是静坐在西线宣而不战，任由波兰孤军奋战最终被德军灭亡。这种宣而不战的局面被称作"假战争"或"奇怪战争"。这是英法绥靖主义的明显表现。

继续支付。

1929 年到 1933 年之间，资本主义世界爆发了一场严重的经济危机，导致各国生产力大幅度下降。美国总统罗斯福开始实行新政，逐渐地恢复了美国的经济发展；德、意、日三个法西斯政党统治的国家却在经济危机中走上了国民经济军事化的道路，在政治上也日益法西斯化。

此时刑满出狱的希特勒成为了德国的领导人，他于 1933 年炮制了国会纵火案，打压了德国共产党，随即又建立了以希特勒为首的军事独裁统治。自此，纳粹党开始准备积极扩张，他们疯狂地进行扩军备战，1936 年德国进军莱茵河军事区，并干涉西班牙内战；1938 年德国吞并奥地利；1939 年德国吞并捷克斯洛伐克。意大利法西斯党成为了德国的盟友，他们也积极地进行对外侵略，先后于 1936 年和 1939 年出兵埃塞俄比亚和阿尔巴尼亚。日本则在中国制造了九一八事变并发起了全面的侵华战争。第二次世界大战即将爆发。

1937 年，德、意、日三个法西斯国家结成政治军事同盟，形成了轴心国集团。此时，英、法、美为保全自己的利益对法西斯国家采取绥靖政策，这使得法西斯国家的气焰越发嚣张。1939 年，德国向波兰发起了闪电战，英国和法国被迫仓促对德宣战，第二次世界大战拉开了帷幕。

战争初期，德军军力强盛，用闪电战的策略先后击败了波兰和比利时。之后开始进攻法国，意大利也在此时参战。1940 年 5 月，德军绕过法

东京审判：

第二次世界大战结束后，远东军事法庭在东京重点审判了日本法西斯政府的 28 名战犯，以东条英机为首的 8 名甲级战犯被判处死刑。这次审判并不能代表所有被侵略国家人民的意志。但确认侵略战争为国际法上的犯罪，策划、准备、发动或进行侵略战争者列为甲级战犯，是对国际法战犯概念的重大发展。

国的马奇诺防线，侵入法国境内，随后直逼英吉利海峡，把四十多万英法联军逼迫到敦刻尔克附近。英法动用了大量船只把 34 万士兵运过海峡，撤入英国。这被称为敦刻尔克大撤退。

1940 年 6 月，巴黎陷落，新政府对德投降。而坚持抵抗德国侵略的戴高乐将军，在英国领导法国部队继续战斗，成为了反法西斯的重要力量。8 月，德国发起对英国的大规模轰炸，英国蒙受重大损失，许多工业城市被夷为平地，但是英国空军顽强抵抗，德国没能达成征服英国的目的，入侵英国的"海狮计划"被无限期推迟。德国企图征服全世界的计划落空了。

1941 年 6 月，德国撕毁了《苏德互不侵犯条约》，兵分三路向苏联发动全面进攻，苏德战争的爆发，使得第二次世界大战进一步扩大。苏联红军与德军展开了激烈战斗，虽然德国占领了大量的苏联领土，但始终未能征服苏联，战争进入相持阶段。

日本在东亚地区的侵华战争中受到了中国人民的顽强抵抗，由于战线过长，日本的兵力被大量分散，作战不利，消耗了大量的人力、物力，战略意图始终未能达成。1941 年，日本偷袭美国珍珠港，美、英对日宣战，太平洋战争爆发，第二次世界大战达到了最大规模。日军为了彻底摧毁美国太平洋舰队，于1942 年 6 月向中途岛发起进攻，战前日军的作战计划被美军截获，致使日本在中途岛海战中遭到了惨败。太平洋战场的形势很快发生了逆转。

1942 年，26 个国家在华盛顿举行会议，签署了《联合国家宣言》。各国组成了世界反法西斯同盟，开始了对法西斯国家的反击。1943 年，美英联军登陆西西里岛，墨索里尼政府很快垮台，法西斯统治在意大利不复存在，轴心国开始解体，这是反法西斯同盟的重大胜利。

1942 年 7 月，德军主力进攻斯大林格勒，9 月，德军突入市中心，双方展开激烈的巷战，至 11 月，苏军援军到达，反将德军包围。其时天气寒冷，德军弹药缺乏，陷入绝境。1943 年 2 月，这些德军被全歼，至此德军被迫从战略进攻转为战略防御，苏军也趁机展开了反击。斯大林格勒战役是第二次世界大战的重要转折点。

1944 年，盟军进攻法国诺曼底地区，盟军在诺曼底登陆后，成功地开辟了对德作战的第二战场。此时，德国的失败已成定局。苏联、美国和英国三国首脑斯大林、罗斯福和丘吉尔于 1945 年在苏联的雅尔塔举行了会议。他们协调了盟国的行动，加快了对德日法西斯进攻的步伐，战争进程被加快了。

1945 年 4 月 25 日，美苏军队在易北河岸会师，5 月苏军攻克柏林，德国宣布无条件投降，欧洲战场战争结束。但此时的东方战场上，战争仍在继续。为尽快击败日本，美国在日本的广岛和长崎分别投下原子弹，日本损失惨重。数日后，日本天皇宣布日本无条件投降。第二次世界大战至此结束。

第二次世界大战是人类历史上规模最大的一场战争，给人类造成了前所未有的破坏和灾难。与此同时，帝国主义国家也遭受了严重的削弱，美国和苏联却借机登上了世界霸主的宝座，掌握着世界各地的局势发展并相互对抗，世界很快进入了冷战时期。

第二次世界大战照片

第二次世界大战	慕尼黑协定	时间：1938 年 9 月
		签订者：张伯伦（英）、达拉第（法）、希特勒（德）、墨索里尼（意）
		地点：德国慕尼黑
		内容：规定捷克斯洛伐克必须在 10 天内把苏台德等地割让给德国，史称"慕尼黑阴谋"
	实质	大国出于自身利益考虑，牺牲弱小国家利益
	影响	1. 把绥靖政策推向顶峰
		2. 刺激了法西斯国家的侵略野心，削弱了反法西斯力量
	德国进攻波兰	时间：1939 年 9 月 1 日
		标志：第二次世界大战全面爆发
	德国进攻苏联	时间：1940 年 6 月，德军进攻苏联，苏德战争爆发，第二次世界大战扩大
	日本偷袭珍珠港	时间：1941 年 12 月 7 日，太平洋战争爆发
		标志：第二次世界大战规模达到最大
	反法西斯联盟	时间：1942 年 1 月 1 日
	主要国家	中、美、英、苏等 26 国
	标志	签署《联合国军宣言》
	意义	国际反法西斯联盟的建立是打败法西斯的最重要保证
	雅尔塔会议	时间：1945 年 2 月
		参加国首脑：美国（罗斯福）、英国（丘吉尔）、苏联（斯大林）
		地点：苏联的雅尔塔
		内容：1. 会议决定打败德国以后，要对德国进行军事占领彻底消灭德国的法西斯主义； 2. 决定成立联合国； 3. 苏联承诺在德国投降三个月后，参加对日本法西斯的作战
	斯大林格勒战役	时间：1942 年 7 月 ~1943 年 2 月
		作战双方：苏联、德国
		标志：是苏德战争的转折点，更是第二次世界大战的重要转折点
	诺曼底登陆	时间：1944 年 6 月 6 日
		作战双方：美英等反法西斯盟军、德国
		标志：开辟了欧洲第二战场，加快了德国灭亡的进程
	攻克柏林	时间：1945 年 5 月 2 日，苏军攻克柏林 1945 年 5 月 8 日，德国签署投降书
		作战双方：苏联、德国
		标志：第二次世界大战欧洲战场结束，德国法西斯溃亡
	日本投降	时间：1945 年 8 月 15 日，日本宣布无条件投降 1945 年 9 月 2 日，日本签署投降书
		标志：第二次世界大战结束

表七十二　第二次世界大战进程表

公元 1945 年
雅尔塔体系形成，联合国建立

第二次世界大战结束后，美、苏、英三国根据之前进行的一系列会议，达成了一系列的协议、公告和宣言。它们对战后的世界进行了新的安排，划分了各自的势力范围，构建起了雅尔塔体系。

雅尔塔体系确立了对法西斯主义的严格限制，对日本、德国进行了很强的制约；并重新绘制了欧亚政治地图，特别是重新划定德、日、意这些法西斯国家的疆界和它们所占领的国家的归属和边界问题；根据英、美的构想，联合国成立大会于 1945 年 4 月 25 日在美国旧金山隆重开幕，联合国就此建立，它成为了雅尔塔体系的重要组成部分。

联合国作为一个国际性的反法西斯性质的国际组织，并不仅仅是美国维持霸权的工具。联合国的建立反映了世界人民爱好和平的共同心愿，在《联合国宪》章的第一条中，即规定了联合国的宗旨：维护国际和平及安全；发展国际以尊重

《五国和约》：

第二次世界大战结束后，美、苏、英、法、中五国就如何处置战败国而制定的和约。和约于 1946 年 12 月 12 日形成正式文件，次年 2 月 10 日，各有关国家在《五国和约》上签字，和约是战争结束后欧洲军事政治形势演变的产物，是四大国（美、苏、英、法）特别是美、苏两国相互妥协、划分势力范围的结果。但《五国和约》的缔结同时也是战后初期美、苏在战败国问题上所达成的唯一成果。

布拉格之春：

1968年春在捷克斯洛伐克掀起的一场改革运动。这次改革是一次全面的大改革，有着明显的摆脱苏联模式的倾向，得到了捷克斯洛伐克全国人民的支持。西方人士把捷克斯洛伐克这一时期出现的现象称之为"布拉格之春"。改革持续两个月，以苏联武装干涉而告终。

人民平等权利及自主原则为根据的友好关系；促成国际合作，以解决国际经济、社会、文化及人类福利性质的国际问题，增进并鼓励对于全体人类的权利、基本自由的尊重；成为协调各国行动的中心等。

雅尔塔体系带有明显的大国强权政治色彩，在事实上划分了美、苏的势力范围，美、苏不断扩展、自己的势力，矛盾逐渐升级最终形成了以它们各自为首的两大阵营。由此可见，雅尔塔体系的特点是划分大国的势力范围以及维持战后大国之间的合作。

美、英、苏三大国为了维护各自的利益，将雅尔塔体系作为建立霸权的工具，在一定程度上来说，雅尔塔体系缓解了它们彼此间的分歧和矛盾，但实际上并没有消除它们之间的对立和冲突，反而为战后国际关系留下了矛盾的种子，对战后国际秩序产生了巨大的影响。

图四十五　雅尔塔三巨头

公元 1946 年 ~ 1990 年
"冷战"，第三世界的兴起，苏联解体

　　1946 年，英国前首相丘吉尔发表了"铁幕演说"，在他看来，苏联为首的社会主义阵营已经成为了资本主义国家的头号"敌人"。他的演讲被认为是"冷战"的第一枪。1947 年，美国总统杜鲁门在国会宣读了一篇国情咨文，表明了美国的外交政策态度，这被称之为杜鲁门主义。苏联此时也予以还击，建立了共产党情报局，加强了对东欧的影响。

　　1949 年，英、法、美等 12 个国家在华盛顿签订了一个《安全条约》，各缔约国组成了一个最大的军事同盟，这就是北大西洋公约组织，它是冷战政策的主要支柱，北约的成立使得西欧和美国的力量形成了联合，共同与苏联对抗，"冷战"进一步升级。

　　1955 年，苏联、波兰、捷克等国家在华沙缔结了《华沙条约》。条约中规定各缔约国组成军事同盟，这就是华沙条约组织。华约是苏联对北约的一项重大挑战，它的建立使世界两大军事集团的对立正式形成。

　　由于意识形态不同，美国和苏联进行了长达近半个世纪的"冷战"，这影响了东西方的交流，使得世界长期不得安宁；另一方面，由于两大集团彼此忌惮对方的势力，都不敢轻易发起战争，这在客观上避免了新的世界大战的爆发。

　　第三世界国家在这一时期逐渐发起了民族独立运动，使得帝国主义殖民体

系完全解体。中国、印度以及非洲诸多国家通过民族独立运动逐渐成为影响世界的重要力量。西欧资本主义各国在战后重新调整了经济模式，逐步恢复了经济的繁荣。1965 年，西欧六国（法国、德国、意大利、荷兰、比利时、卢森堡）组成欧洲共同体，1992 年欧共体各国签订《欧洲联盟条约》，1993 年欧洲联盟正式成立。欧洲各国陆续加入，至 2004 年，欧盟已经拥有 25 个同盟国。欧洲逐渐走向了一体化。

苏联在 20 世纪 50 年代末由其领导人赫鲁晓夫进行了一系列的改革。为加强对东欧地区的控制，苏联的大国沙文主义日益加强，超级大国地位开始逐渐动摇。1985 年，戈尔巴乔夫当选为苏共中央总书记，他进行了一系列改革，这些改革表明苏联彻底放弃了马克思主义思想和社会主义的方向，最终直接促成了苏共的瓦解，也导致了苏联的急剧变化与解体。

公元 *20* 世纪中前期
第三次技术革命

第三次科技革命发生在 20 世纪。早在 20 世纪初期，它的科学理论革命首先发生；到三四十年代，技术革命也相继开始；科学技术革命成果的推广和广泛应用则是在第二次世界大战后的五六十年代。

第三次科学技术革命是社会发展的必然要求，它有着广阔的社会经济、政治背景以及内在发展机制。它不仅是科学理论和技术上个别的、一般意义上的变革，而是几乎在所有科技领域都发生了深刻的变化，出现了划时代的飞跃，产生了一系列新兴科学技术，如原子能、电子计算机、空间技术、新型材料、生物工程技术等新技术的发展，引起了社会各个方面的深刻变革。

在科技发展的推动下，社会进步也是显而易见的。第三次技术革命使科学技术进入了一个突飞猛进的阶段，发生了体系性的变革，呈现出许

阿尔伯特·爱因斯坦:

美籍德国犹太裔，理论物理学家，相对论的创立者，现代物理学奠基人，他提出相对论时仅有不到 27 岁，1921 年获诺贝尔物理学奖。十九世纪末期是物理学的大变革时期，爱因斯坦从实验事实出发，重新考查了物理学的基本概念，在理论上作出了根本性的突破。他的一些成就大大推动了天文学的发展。他晚年加入美国籍，继续进行一系列的物理研究，1955 年病逝，时年76 岁。

多前所未有的特点，如规模空前、机器部分代替脑力劳动、科学技术日趋社会化、科学技术发展趋于加速化和一体化等。

　　第三次技术革命对世界历史发展的影响是巨大的，当今世界出现的新情况、新特点、新趋势都同它有一定关系。它推动了社会生产力的迅猛发展、使人类的劳动方式发生革命性的变化，同时也促使世界经济、政治和国际关系发生深刻变化。科技的进一步发展同时也使得世界经济越来越成为一个整体，人类的发展轨迹也走上了新的道路，开辟了一个前所未有的时代。